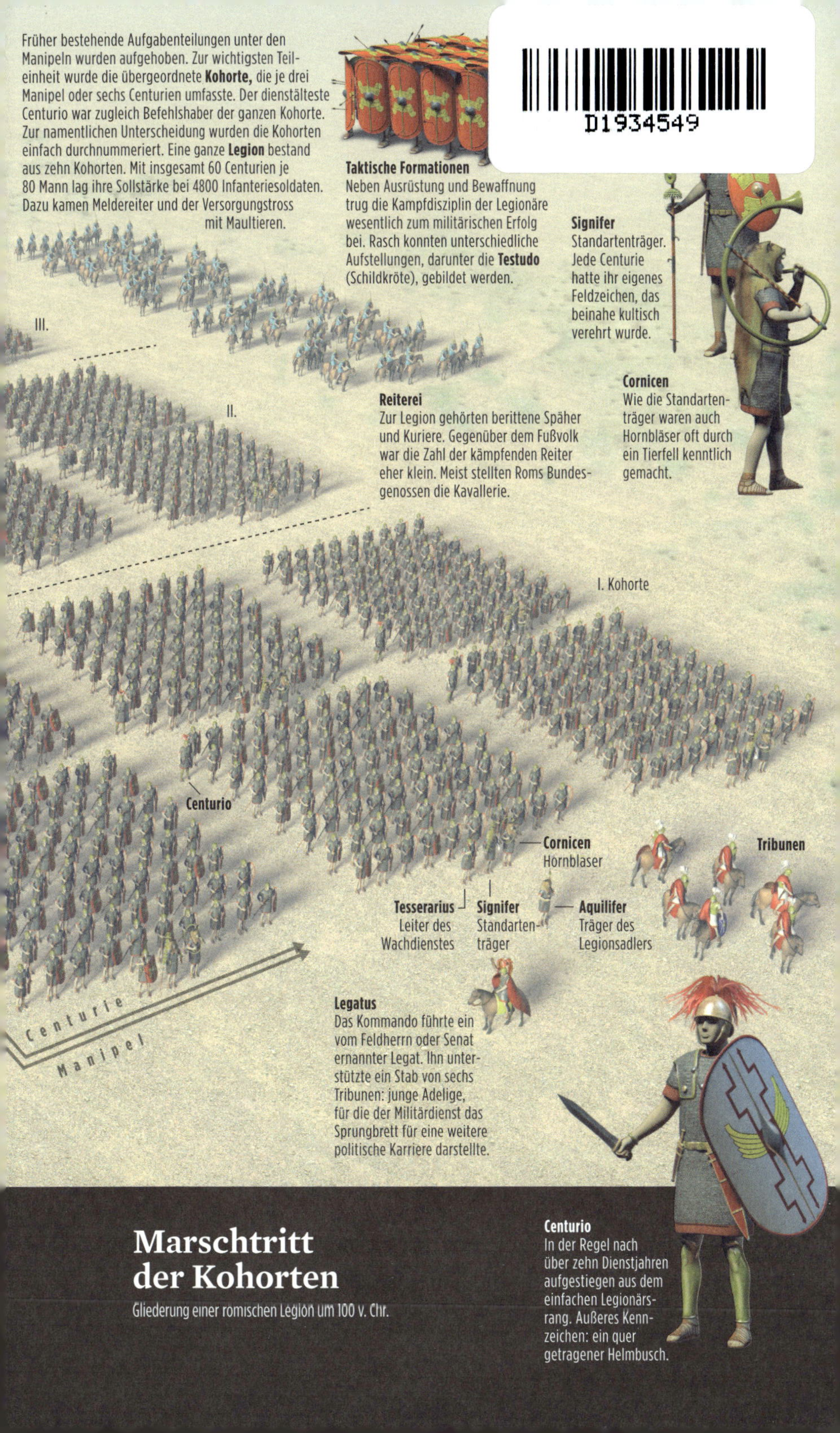

Marschtritt der Kohorten

Gliederung einer romischen Legion um 100 v. Chr.

ROM

Dietmar Pieper und
Johannes Saltzwedel (Hg.)

ROM

Aufstieg einer antiken Weltmacht

Felix Bohr, Thomas Darnstädt, Bigna Fink,
Angelika Franz, Christoph Gunkel, Wolfgang Höbel,
Nils Klawitter, Charlotte Klein, Petra Kleinau, Uwe Klußmann,
Joachim Kronsbein, Nils Minkmar, Joachim Mohr,
Bettina Musall, Norbert F. Pötzl, Jan Puhl, Eva-Maria Schnurr,
Mathias Schreiber, Michael Sontheimer, Stephan Speicher,
Katharina Stegelmann, Wilfried Stroh, Andreas Ulrich,
Marc von Lüpke, Andreas Wassermann,
Susanne Weingarten, Christian Wüst

Deutsche Verlags-Anstalt

Die Texte dieses Buches sind erstmals in dem Heft
»Aufstieg und Fall der Republik Rom« (Heft 5 / 2015) aus der
Reihe SPIEGEL GESCHICHTE erschienen.

Der Verlag weist ausdrücklich darauf hin, dass im Text enthaltene externe Links vom Verlag nur bis zum Zeitpunkt der Buchveröffentlichung eingesehen werden konnten. Auf spätere Veränderungen hat der Verlag keinerlei Einfluss. Eine Haftung des Verlags ist daher ausgeschlossen.

MIX
Papier aus verantwortungsvollen Quellen
FSC® C014496

Verlagsgruppe Random House FSC® N001967

1. Auflage

Umschlaggestaltung: Büro Jorge Schmidt, München
Typografie und Satz: DVA/Andrea Mogwitz
Gesetzt aus der Stone Serif
Druck und Bindung: GGP Media GmbH, Pößneck
Printed in Germany
ISBN 978-3-421-04736-6

www.dva.de

Dieses Buch ist auch als E-Book erhältlich.

INHALT

TEIL II
VORMACHT AM MITTELMEER

TEIL III

KULTURNATION ROM

TEIL IV

DER ZERFALL DER REPUBLIK

ANHANG

VORWORT

Wo liegen die Ursprünge unseres Abendlandes? Kulturell gewiss zum größten Teil im antiken Griechenland – aber politisch und sprachlich lassen sich die entscheidenden Denkformen, öffentlichen Einrichtungen und Traditionen des Kontinents auf das alte Rom zurückführen. Unauslöschlich hat das Staatswesen der Lateiner Europa geprägt, hat als römisch-deutsches Imperium sein eigenes Ende auf erstaunliche Weise zu überleben gewusst und bleibt für Geschichtsinteressierte der Modellfall schlechthin.

Wer wissen will, wie es dazu kommen konnte, kann es kaum besser machen als schon der Florentiner Machttheoretiker Niccolò Machiavelli, der sich zwischen 1513 und 1519 ausgiebig in die ersten Bücher des augusteischen Historikers Livius vertiefte: Wo wäre die Erklärung zu finden, wenn nicht am Anfang, in den ersten Regungen Roms und seiner Entfaltung zur wehrhaft-expansiven Res publica, dem Gemeinwesen als »öffentlicher Sache«? Woran ließen sich besser politisches Kalkül und Durchsetzungsvermögen, aber auch die Gefahren innerer Zwietracht klarer erkennen als am Schicksal jenes von einer Senatsaristokratie regierten Reiches, das aus kleinsten agrarischen Anfängen am Tiber schier unaufhaltsam die antike Welt unterwarf?

Gerade dass diese erst gemächliche, dann gewaltige Expansion unter Kämpfen stattfand, die wiederholt die Substanz des Gemeinwesens zu zerrütten schienen, hat Realisten der Politik immer aufs Neue beeindruckt. Dass ständische Beharrlichkeit, die sich nur zu gern auf ihre bäuerlichen Wurzeln berief, bei allem Hausmachtdenken letztlich zu Kompromissen bereit sein konnte, dass die rechtliche Grundlage trotz aller Versuchungen,

Machtrivalen per Paragraph auszumanövrieren, ein Mindestmaß an Berechenbarkeit der Abläufe sicherte, kann bis heute verblüffen. Nicht minder eigentümlich ist, wie Roms Oberschicht ohne Rücksicht auf die reichen kulturellen Angebote des Mittelmeerraums eine Identität als Militärmaschinerie aufbaute, der man sich als zarter besaiteter Nachbar lieber fügte, da sonst langwierige, wenig aussichtsreiche und in aller Regel auch blutige Reibereien drohten.

Vielleicht das Überraschendste an diesem Buch ist die Einsicht, wie wenig wir überhaupt genau wissen. Fakten zu erhärten kann im Fall des frühen Rom zum Geduldspiel werden. Vom Text des Zwölftafelgesetzes, den noch ein Cicero auswendig gelernt haben will, haben sich nur Bruchstücke erhalten; nicht einmal wann das Konsulat eingeführt wurde, mögen Experten eindeutig datieren, geschweige denn die vielen aus der Schule geläufigen Sagen um Romulus oder gar den Ahnherrn Aeneas. Geradezu skrupellos hätten es die alten Lateiner darauf abgesehen, in der »antiken Weltöffentlichkeit« als respektabler, wenn nicht gar respektgebietender Faktor mitzuspielen, das heißt als Kultur mit uralten Wurzeln, erklärt im Gespräch der Essener Althistoriker Wolfgang Blösel. Da durften die Daten von ein paar Schlachten schon mal passend verschoben werden.

Ebenso kaum geläufig ist, wie erstaunlich lange es brauchte, bis die Römer auch nur die Halbinsel Italien kontrollierten, wie hartnäckig die als »Bundesgenossen« militärisch verpflichteten Nachbarvölker ihre Eigenständigkeit gegen die Zentralmacht zu wahren wussten. Erst nach dem Sieg über den Erzrivalen Karthago, wodurch die Kornkammern Siziliens und Nordafrikas erschlossen wurden, wandelt sich das republikanische Rom zur echten Kolonial- und Hegemonialmacht. Doch genau in dieser Zeit beginnt auch der innenpolitische Zerfall, der in den Usurpationen eines Sulla und dann Caesars Regiment seine Höhepunkte findet und nach Caesars Ermordung in einen quälend langen Machtkampf mündet, dessen Sieger Octavian die alte Verfassung fortan als Hülle seiner Prinzipatsherrschaft dient.

Es ist also ein ideologisch-historisches Gesamtphänomen, das auf den folgenden Seiten neu zu erkunden ist: Eine alte Geschichte von unerbittlicher Zähigkeit und stolzem Pragmatismus, zwischen deren offiziell überlieferten Zeilen nun häufiger als bisher auch Glück und böser Zufall spürbar werden. Ein Epochen-Panorama, das bei allen Zweifeln im Detail seine monumentale Bedeutung behält. Und darum weiterhin ein Musterfall dessen, was Geschichte heißen kann.

Wir wünschen Ihnen gute Lektüre!

Hamburg, im Frühjahr 2016

Dietmar Pieper
Johannes Saltzwedel

TEIL I

VOM KÖNIGTUM ZUR REPUBLIK

ALLES FÜR DAS VATERLAND

Wie gelang es Rom, vom Kleinstaat zur Weltmacht aufzusteigen? Neben Mut und Zähigkeit war offenbar immer wieder eine Menge Glück im Spiel – auch wenn Historiker das später nicht wahrhaben wollten.

Von Johannes Saltzwedel

Der 23. August des Jahres 319 v. Chr. war für die Römer ein festlicher Tag. Vom Bäuerlein bis zum Fernhändler, vom reichen Staranwalt bis zur Prostituierten hatten sich Tausende im Zentrum der Stadt versammelt, um eine große Siegesparade mitzuerleben. Konsul Lucius Papirius Cursor hatte Roms schmähliche Niederlage gegen die Samniten blutig und umfassend gerächt; nun erwies man ihm dafür die höchste Ehre, die einem Feldherrn zuteilwerden konnte: Mit Kriegern und Beute, in Glanz und Gloria durfte er als »Imperator« entlang der Heiligen Straße zum Haupttempel auf das Kapitol ziehen und dort opfern.

Der Triumphzug folgte einer altehrwürdigen Regie. Auf dem Marsfeld, dem großen, offenen Gelände westlich der sieben Stadthügel, wo sonst Heerschauen und Volksversammlungen stattfanden, gruppierte sich der Zug. Vorneweg schritten Senatoren, hohe Beamte, ein Trupp Hornisten. Symbole des Sieges waren zu sehen, anschließend wurden die gefangenen Samniten vorbeigeführt. Musterstücke der reichen Kriegsbeute konnte man bestaunen: Goldgefäße zum Beispiel, aber auch Feldfrüchte. Opfertiere und Ehrengaben für den erfolgreichen Strategen reihten sich an.

Nahe der Tiberinsel gelangte der Zug ins Innere der Stadt und passierte das Triumphtor, bog unterhalb des Kapitolshügels in

Richtung Forum ein, umrundete dann aber in weiter Rechtskurve die Niederung des alten Rindermarkts und setzte am Circus Maximus seinen Weg fort um den Palatin, den alten Palasthügel der Könige. Sobald nach Beutestücken und Opfergut eine Abteilung Liktoren herankam, jener Ordnungsbeamten, die als Zeichen römischer Amtsgewalt wie gewöhnlich ein Bündel Ruten samt ihrem Richtbeil trugen, war allen klar: Jetzt nahte die Hauptperson.

Auf einem prunkvoll verzierten Kriegswagen stehend, durfte der Triumphator in die Stadt einfahren, deren Ruhm er gerettet hatte; die vier Schimmel des Gefährts waren mit Kränzen geschmückt. Über einer purpurnen, goldgesäumten Tunika trug der Sieger einen weiten, ebenfalls mit Stickerei geschmückten Prachtumhang, der seinen Träger königlich erscheinen ließ.

In der Rechten hielt Konsul Papirius einen Lorbeerzweig, in der Linken das herrscherliche Zepter aus Elfenbein, bekrönt vom römischen Adler. Sein Gesicht war mit rotem Mennige geschminkt wie ein Götterbild. Über seinem Kopf sah man eine goldene Eichenkrone, die ein Sklave von hinten hielt. Und noch etwas tat dieser Sklave. So laut das Publikum klatschen und jubeln mochte, in das Ohr des Gefeierten drang immer wieder die geflüsterte Mahnung: »Denk daran, dass du nur ein Mensch bist.«

Hinterdrein marschierten in Reih und Glied die Legionäre, auch sie mit Lorbeer bekränzt. Die Umstehenden hörten genau hin: Bei einem solchen Anlass durften die Krieger nämlich Lieder auf ihren Feldherrn anstimmen, und es kam immer wieder vor, dass allerlei Spott auf den Triumphator erklang. Solche Gesänge waren mehr als bloß ein Gag: Sie bestätigten, dass hier ein Staatswesen sterblicher Menschen seinen Sieg feierte, und wendeten so die mögliche Eifersucht von Göttern und Geistern ab.

Nach Umrundung des Palatins war das Forum erreicht. Mitten durch das politische Herz des Staates, vorbei an Comitium und Curia, wo sonst Volksversammlungen und der Senat ihre Beratungen abhielten, führte der Triumphzug schließlich steil bergan auf den kapitolinischen Hügel. Dort, am Tempel des Iuppiter

Optimus Maximus, des »besten und größten« Obergottes, warteten schon Priester, mit deren Hilfe Papirius die Feldherrninsignien offiziell zurückgab und sein Dankopfer darbrachte. Spenden an den Staatsschatz, Beuteverteilung, Hinrichtung des gefangenen Feldherrn, Prämien für die Legionäre, Spiele und allgemeiner Schmaus rundeten das Fest ab.

Gut drei Jahrhunderte später, als der Historiker Livius (siehe S. 25) unter Roms erstem Kaiser Augustus das Ereignis würdigte, machte er aus dem großen Tag kaum mehr als eine Aktennotiz. Verständlich – wie ein Triumphzug ablief, wusste jeder Zeitgenosse nur zu gut. Wichtiger waren für den Geschichtsschreiber die Hintergründe: Was sagte das Jubelfest über den Zustand der Tiberrepublik? War Papirius ein guter Feldherr und Staatsmann? Und wie verlässlich waren die Nachrichten von Siegen überhaupt?

Mit den Samniten oder Sabellern, einer selbstbewussten Stammesgruppe aus den bergigen Landstrichen im Nordosten Neapels, also nördlich des Vesuvs, lagen die Römer tatsächlich seit Mitte des 4. Jahrhunderts im Krieg. An einer Passenge nahe dem Ort Caudium hatten ihnen die Samniten eine unvergessliche Demütigung zugefügt: Um lebend davonzukommen, waren die Legionäre gezwungen worden, waffenlos und halb nackt unter einem Joch aus Speeren hindurchzugehen – was beinahe der Versklavung gleichkam. Obendrein hatten die Samniten 600 Reiter als Geiseln genommen.

Diese unerhörte Schmach, so Livius, habe Konsul Papirius zwei Jahre später gerächt: Bei Einnahme der Stadt Luceria seien 7000 Samniten unterjocht worden, und man habe »riesige Beute« gemacht. Ein Mann von kräftigem Appetit übrigens, dieser Papirius, und ein wackerer Läufer – daher stamme, so der Historiker, sein Beiname »Cursor«.

Führungsstärke habe Papirius auch durch Schlagfertigkeit bewiesen. Einen Prätor, der seine Truppen allzu vorsichtig an die Front gebracht hatte, habe er zum Beispiel antreten lassen und dann einem seiner Liktoren befohlen, das scharfe Richtbeil zu zücken. Dem Offizier sei schon ganz schlecht geworden, da habe

Papirius zum Liktor gesagt: »Hau diese Wurzel da raus, sie stört beim Gehen.« Der schlotternde Untergebene sei mit einer Geldstrafe und dem Schrecken davongekommen.

So nett die Pointe klingt, mehr als symbolischen Wert hat sie wohl leider nicht. Die meisten Spezialisten zweifeln heute, ob der Rachefeldzug des Papirius und sein Triumph von 319 als historische Fakten gelten können. Geraume Zeit vor Livius dürften patriotische Chronisten alte Geschichten passend arrangiert haben, um zu belegen, welche schier grenzenlosen Kraftreserven Rom besaß. Livius, der öfter frühere Berichte gegeneinander abwog, traute in diesem Fall seinen Quellen, doch Experten wittern deutliche Spuren nachträglicher Erzählregie. Dass in dieser Epoche die Samniten bezwungen wurden, liegt nahe, aber wo genau und wie triumphal, dafür fehlen alle Belege.

Leider gilt dieser Vorbehalt für weite Strecken der römischen Frühgeschichte. Farbige Details, fesselnde Geschichten, scheinbar auf den Tag genaue Daten – die sich aber bei gründlicher Prüfung kaum je als verlässlich erweisen: Mit diesem Grundproblem schlagen sich die Forscher seit Langem herum. Nicht einmal die altgewohnten Denkmuster historischen Erzählens, in denen Roms Schicksal oft als Paradefall erschien, haben sich halten können.

Vorbei die hehren Zeiten, als der Staatsdenker Charles de Montesquieu (1689 bis 1755) am Wachsen des lateinischen Imperiums das Wesen und die Gefährdung kulturellen »Gemeingeistes« studierte. Dahin die Epoche, in der der Altertumswissenschaftler Theodor Mommsen (1817 bis 1903) voll deutsch-republikanischem Pathos Roms Verfassung, ja sein »Staatsrecht« rekonstruierte und die Entwicklung seiner »Bürgerschaft« aus dem Geist einer konservativen Revolution gegen das monarchische Zwangsregiment beschrieb.

Der nüchterne Fachmann Jochen Bleicken urteilte, Roms regionale Führungsrolle in frühen Zeiten stelle vermutlich kaum mehr als den »Reflex einer Geschichtsklitterung« dar, mit der die vom Zerfall bedrohte Republik ihre angeblich heroischen Ursprünge und ihre politische Ausdauer beschwören wollte. Und erst kürzlich hat Christian Meier, Doyen der deutschen Althistoriker und ein Spezialist für Verfassungen, die angeblich so festgefügte »Ordnung der Römischen Republik« als fortgesetztes Pokern aller gegen alle beschrieben, als unentwegtes, erbittertes Kräftemessen ohne Erfolgsgarantie.

Immerhin, an der Person des kernigen Papirius Cursor zweifeln nur wenige. Und was von ihm erzählt wird, hat allemal hohen symbolischen Wert: Verfassung ist in Rom, wie so häufig in der Antike, zunächst Kriegsverfassung. Die von tapferen und auch sonst charakterstarken Typen bevölkerten Ursprungserzählungen spiegeln in aller Regel ein brutales Ringen um Ackerland, bei dem viele kleine Stämme, häufig unter regionalen Anführern zu Zweckbündnissen vereinigt, Jahr für Jahr ihre Durchsetzungskraft testen.

Der charismatisch-strenge Lucius Papirius, »Sohn des Spurius, Enkel des Lucius«, konnte laut den offiziellen Akten gleich drei Siegesparaden feiern. Das macht ihn für römische Verhältnisse zur legendären Gestalt. Militärische Begabung und politische Autorität waren offenkundig ein Erbteil des altadligen Sippenzweigs: Auch der Sohn, wiederum mit Namen Lucius, soll 293 und 272 als Konsul die Samniten samt ihren süditalischen Verbündeten bezwungen haben, darunter die Handelshochburg Tarent, und durfte Triumphe abhalten.

Als bleibenden Dank soll er auf dem südlichsten der sieben Stadthügel, dem Aventin, einen Tempel für den archaischen Erntegott Consus bauen lassen haben, nicht ohne Denkmal seiner selbst im Ornat des Triumphators. Dass dieser Papirius, der anscheinend keine Nachkommen hatte, zudem die erste öffentliche Sonnenuhr gestiftet, also Pünktlichkeit und Takt im Gemeinwesen dauerhaft verbessert haben soll, bildet den perfekten Schlusspunkt einer Familiensaga vorbildlichen Römertums.

Mut und totaler Einsatz im Krieg, Gemeinsinn, Prinzipientreue und pflichtbewusste Redlichkeit im öffentlichen Amt: Simple, geradezu einfältig-derbe Tugenden fern aller Intellektualität sind es, aus denen die frühen Römer ihre Stärke herleiten. Wer dem Mos maiorum, der alten Vätersitte, treu bleibt, darf auch seinem Schicksal trauen. Redliches Ackern und wackerer Kampfgeist halten Kriegslisten, Räubertücke und selbst der wechselnden Gunst der göttlichen Mächte stand – dieses kollektive Bewusstsein unbeugsamer Zähigkeit war und blieb das Fundament römischen Selbstbewusstseins.

Den Einzelnen vorwiegend als aktuellen Statthalter und Repräsentanten seiner Familie zu begreifen ist in aristokratischen Sphären bis heute ein vertrautes Denkmuster. Bei den Römern aber wurde es zur staatstragenden Ideologie überhöht. Gab es Streit zwischen den Generationen, so galt er spätestens dann als abgetan, wenn das Porträt des Vorfahren in die Reihe der verehrten Ahnen, fast auf Augenhöhe mit den göttlichen Schutzmächten der Familie, eingerückt war. Gleiches galt für die politische Großsippe: Mochten innenpolitische Kontroversen auch oft erbittert ausgefochten werden, in Senatsbeschlüssen wollte man Nachbarvölkern einmütig gegenübertreten, Feinden sowieso.

Das war auch nötig – die Konkurrenz blieb jahrhundertelang erbittert. Das frühe Rom der sagenhaften Könige, die man nach Ansicht jüngerer Forscher eher als Warlords einstufen sollte, wurde in seiner Sonderexistenz von den mächtigen, stolzen Etruskern im Norden nur widerwillig geduldet. Quälend lang, bis nach 300, dauerte es aus römischer Sicht, allein die vielen Städtchen-Staaten und Stämme Latiums in einem fragilen System von Bündnissen zu bezwingen; Gebirgsvölkerschaften im Südosten wie die Hirpiner, Pentrer und Caudiner taten immer wieder Ähnliches, wenn sie sich mit Nachbarn zur Heeresmacht der »Samniten« oder »Sabeller« formierten.

Roms spätere Historie, vor allem das noch in seinen Bruchstücken monumentale, um die Zeitenwende geschriebene Werk des Titus Livius, unterlegte dem mörderischen Gezerre um oft winzige Gemarkungen, Uferbastionen und befestigte Örtlein eine Richtung: die heroische Unterwerfung Mittelitaliens mit dem Fernziel der Weltherrschaft.

Verdächtig oft reagiert Rom in diesen Erzählungen auf »Hilferufe« von Nachbarn. Da es aber heute, von ein paar Inschriften abgesehen, praktisch keine andere Überlieferung mehr gibt als die der Sieger, müssen Althistoriker, was die frühere Römische Republik angeht, skeptische Detektive sein.

Weder Etrusker noch Samniten, noch auch die in drei erbitterten »Punischen Kriegen« niedergerungene phönizische See- und Handelsgroßmacht Karthago, schon gar nicht die unterworfenen Iberer, Helvetier, Ligurer oder Gallier haben Gegendarstellungen zur angeblich so triumphalen Ausbreitung Roms hinterlassen können. Auch das bis Mitte des 2. Jahrhunderts besiegte Makedonenreich fiel der imperialen Geschichtsschreibung zum Opfer.

Mit geradezu exponentiellem Schub breitete sich das Regime der kriegerischen Pragmatiker von Latium über die antike Welt aus. Knallharte Unterwerfung, drückende Abgaben, aber auch Schulen und ein Recht, das jedem seine Rolle zuwies, also Berechenbarkeit schuf: Nach diesem Erfolgsrezept fügten sich Kolonien und später Provinzen zum Imperium Romanum.

In dieser keineswegs einheitlichen Welt lief der Alltag gewöhnlich eher unspektakulär ab. Weit gereist waren die wenigsten – schon Sprachbarrieren fesselten Menschen an ihre Ursprungsregion. Von Kriegsverwüstungen abgesehen, beackerten Bauern eigenes Land und das von Grundbesitzern; gemeinsam kam man regelmäßig den militärischen Aufgaben nach. Reichere waren zur Anschaffung einer kostspieligen Rüstung genötigt. Wer sich überdies ein Pferd leisten konnte, galt steuerlich als »Eques« (Reiter, bei den Forschern gewöhnlich »Ritter«). Viele wenig begüterte Bauern zählten ferner zur Schar der »Klienten«, die das Vermögen des Grundbesitzers mehrten, dafür aber auch, gerade in Friedenszeiten, von ihrem Patron »Wohltaten« (beneficia) erwarten durften.

So turbulent der Historiker Livius oft politische Reibereien schildert, muss doch im Stadtleben die Normalität überwogen haben. Auf seinem erstaunlich weiten Areal, 426 Hektar innerhalb der alten servianischen Tuffsteinmauern, entfaltete das Rom der früheren Republik wenig Glanz. Tempel, wie sie als ausgegrabene Ruinen heute noch etwa am verkehrsreichen Largo Argentina auf dem Marsfeld zu sehen sind, bestanden in der Regel aus Steinquadern; von marmorner Pracht war selten etwas zu sehen.

Ältester noch erhaltener Marmorbau ist ein um 210 entstandener Rundtempel an der Flussbiegung, wo einst Hafen und Rindermarkt das Handelszentrum der Stadt bildeten. Höchstwahrscheinlich das Werk eines griechischen Baumeisters, ist er vermutlich dem Sagenhelden Herkules geweiht gewesen, der hier offenbar von Ölhändlern verehrt wurde.

Doch so viel kaufmännisches Geschick in der Tiberstadt aktiv war, ringsum Eindruck machten die Römer vorwiegend mit ihrer nahezu jährlich aufgebotenen Militärmacht. Sie galten als emsig, hart und erschreckend zäh, gesegnet mit einem aus Sicht der Nachbarvölker geradezu »pathologischen Durchhaltevermögen«, wie der Historiker Martin Jehne es nennt.

Schon der Geschichtsschreiber Polybios schrieb um 130 v. Chr. mit kritischer Sympathie, die Römer seien erfahren auch dank mancher »augenscheinlichen Misserfolge«. Als »Meister der Kriegskunst« mit eisernem Willen pflegten sie, »was sie sich in den Kopf gesetzt« hätten, brutal durchzusetzen. Nur so habe ihnen das Unerhörte gelingen können, »in noch nicht ganz 53 Jahren die ganze bewohnte Erde unter ihre Herrschaft« zu bringen und damit dem Lauf der Welt einen »einheitlichen Zielpunkt« zu setzen.

Oder war dieses vermeintliche Ende der Geschichte doch wieder nur ein Durchgangsstadium, ein täuschend glorioser »Scheitelpunkt der Entwicklung«, dem irgendwann erfahrungsgemäß die »Wende zum Schlimmen« folgen musste? Polybios, im Jahr 167 als Geisel nach Rom gelangt, aber rasch von höchsten Kreisen als Hauslehrer und intellektueller Berater engagiert, mochte sich nicht festlegen. Immerhin hielt der belesene Hellene die politische Ordnung der Tiberrepublik im Vergleich für die »beste Verfassung, die es heute gibt« – gerade weil Elemente der Königs-, Adels- und Volksherrschaft in ihr kombiniert seien.

Rom als Maßstab: Der Historiker Livius

Nur ein Bruchteil des großen Werks, in dem der um 59 v. Chr. geborene Titus Livius die Geschichte Roms »Ab urbe condita« (seit Gründung der Stadt) aufgezeichnet hat, ist erhalten: Buch 1–10 und 21–45. Von den übrigen existieren nur Inhaltsangaben und Fragmente; 142 Buchrollen waren es ursprünglich. Livius stützt sich oft auf heute weitgehend verlorene Chroniken und Annalen. Roms mühevollen Weg zur Großmacht und die inneren Kämpfe beschönigt er kaum, aber letztlich würdigt er das Römertum als moralische Weltinstanz.

Als der brillante Redner, Politiker und philosophische Kopf Marcus Tullius Cicero zwischen 54 und 51 über Staatsformen nachdachte, geriet ihm sein Werk »De re publica« auch zur Antwort auf Polybios. Entgeistert über despotische Führerfiguren wie Sulla oder Caesar, deren kalkulierte Willkür die überkommene politische Ordnung seit Jahrzehnten immer weiter ausgehöhlt hatte, beschwor er die große alte Res publica als »res populi«, als Sache des Volkes. Roms vaterländische Weltmacht sei vom Schicksal befugt, Gerechtigkeit im menschlichen Miteinander zu sichern. Ausgerechnet den jüngeren Scipio, Zerstörer Karthagos und dann eine intellektuelle Leitfigur, in deren Nähe auch Polybios verkehrt hatte, machte Cicero zum Wortführer des Dialogs.

Fazit der Erörterungen: Der »pactio«, dem staatsbegründenden »Vertrag« zwischen Volk und Machthabern, seien Konkurrenz, Widersprüche, ja die Rivalität von Einzelnen und Gruppen und ihr gegenseitiges Misstrauen geradezu dienlich. Selbst ein Bürgerzwist bewege sich durchaus im Rahmen des Normalen – solange prinzipiell »concentus« (Einklang), »harmonia« und »concordia« (Einmütigkeit), also das Wissen um die im Kern gemeinsame Sache, nicht infrage stünden. Erst echte Zwietracht setze das

Gemeinwesen aufs Spiel. Sie könne von »dissensio« (Meinungsverschiedenheit) über »discordia« (Uneinigkeit) bis zur »seditio« (Zerwürfnis, Aufruhr), zum fatalen Zustand völlig gegensätzlicher Zielvorstellungen eskalieren.

Genau diese ruinöse Entwicklung hatte Cicero, der leidenschaftliche Praktiker in Wort und Tat, seit Jahrzehnten beobachten müssen. Gab es überhaupt noch Hoffnung für die Republik – und wenn ja, welche? Musste das Werk, in dem er die Grundlagen römischer Größe analysierte, nicht zwangsläufig in schwärzestem Pessimismus enden? Um der Verzweiflung zu entrinnen, nahm der Meisterredner Zuflucht zu einem Kunstgriff, den er sich beim griechischen Philosophen Platon abgeguckt hatte: Wurde die Vernunft unsicher und reichten Argumente nicht mehr aus, ließ sich doch immer noch eine Geschichte erzählen. In diesem Fall ein Traum: Darin begegnete Scipio, Held des Dialogs, seinem Vorfahren Scipio Africanus, der 202 zum ersten Mal Roms härtesten Gegner auf eigenem Territorium besiegt hatte.

»Wenn du dann«, so weissagt der Ahn seinem Erben, »Karthago zerstört und einen Triumph gefeiert und als Zensor geamtet und als Gesandter Ägypten und Syrien und Kleinasien und Griechenland besucht hast, wirst du während deiner Abwesenheit ein zweites Mal zum Konsul gewählt werden und wirst den größten Krieg erfolgreich beenden: Du wirst Numantia zerstören. Und wenn du als Triumphator auf dem Wagen nach dem Kapitol gefahren bist, wirst du den Staat in einem Zustand der Zerrüttung antreffen ... du wirst der Einzige sein, auf dem das Heil des Staates beruht, und um es kurz zu sagen, du wirst genötigt sein, als Diktator den Staat in Ordnung zu bringen.«

Mehr Ruhm, als in dieser knappen Aufzählung steckt, war für einen Römer kaum denkbar: zwei glanzvolle Eroberungen, zwei Triumphe, und dann auch noch die Alleinherrschaft zur Rettung des Vaterlands. Der schier übermenschliche Anspruch bringt den jüngeren Scipio in Verlegenheit. Doch schon beginnt sein Vorfahr ihn an das eigentliche Fortleben der Seelen im Jenseits zu erinnern, an die wunderbare, göttliche Harmonie des Weltalls und daran, dass nur der, welcher seinen irdischen Pflichten treu bleibt, nach dem Tod einen himmlischen Ehrenplatz einnehmen darf.

Wie ein Orakel hüllt sich das Bekenntnis in die weihevolle Aura kosmisch-ewiger Wahrheit. Die Helden aus ferner Vergangenheit ersparen es Cicero, sich in den Wirren seiner Gegenwart für eine Seite entscheiden zu müssen. Am Ende des dichterisch-visionär überhöhten Szenarios resümiert Africanus, der Ahn, noch einmal, was Cicero, sein Souffleur, für die »edelsten Angelegenheiten« hält, denen ein Römer sich widmen kann: Dienst am Staatswesen natürlich.

Bloß klingt es jetzt eine Spur anders. Der Erzrepublikaner erinnert auf einmal nicht mehr an die Res publica, sondern an die »salus patriae«, das »Wohl des Vaterlands«. Nicht ausgeschlossen, dass Cicero etwas ahnte vom baldigen bitteren Untergang der Republik – vielleicht sogar, auf welch einzige, so lange undenkbar gewesene Art sein geliebtes Rom in anderer Gestalt fortleben könnte: als Monarchie.

GLORREICHES GESINDEL

Roms Urzeit wimmelt von bewegenden Geschichten. Aber wie viel Wahrheit enthalten sie? Die Anfänge der Republik geben den Fachleuten einige Rätsel auf.

Von Christoph Gunkel

Jahrelang hatte er den Einfältigen gemimt. Den Trottel. So überzeugend, dass seine Zeitgenossen ihm den Beinamen Brutus (»Der Dumme«) gegeben hatten. Doch jetzt, im Jahr 509 v. Chr., zeigte Lucius Iunius Brutus sein wahres Gesicht. Er schwang sich zum klugen und mutigen Revolutionshelden auf, der die Herrschaft des tyrannischen Königs Lucius Tarquinius Superbus beenden wollte. Dessen Sohn Sextus hatte unmittelbar zuvor eine hoch angesehene Frau vergewaltigt: Lucretia, berühmt für ihre Schönheit und Tugendhaftigkeit. Aus Scham über ihre Schändung stieß sich Lucretia daraufhin im Kreise ihrer Familie einen Dolch ins Herz und starb.

Als die Emotionen hochkochten, nahm Brutus den blutverschmierten Dolch, riss ihn in die Höhe und setzte zu einer flammenden Rede an, die ihm niemand zugetraut hatte: »Bei diesem vor dem königlichen Frevel heiligreinen Blut schwöre ich und nehme euch, ihr Götter, zu Zeugen, dass ich den Despoten Lucius Tarquinius mit seiner gottlosen Frau und allen Kindern seines Stammes mit Feuer und Schwert und aller mir möglichen Gewalt verfolgen will.« Damit nicht genug: Brutus plante, wie der Geschichtsschreiber Titus Livius erzählt, gleich die endgültige Abschaffung der Monarchie. Weder Tarquinius »noch sonst jemand« dürfe fortan König von Rom sein.

Was für ein Bruch: Der Überlieferung nach hatten insgesamt sieben Könige 244 Jahre lang in Rom geherrscht, angefangen vom Staatsgründer und Namensgeber Romulus. Nun marschierte plötzlich, so Livius, ein Heer »mit den beherztesten Jünglingen in Waffen« auf die Hauptstadt des Reiches zu. Brutus sei dort als »Befreier« empfangen worden und habe »den ungerechten König« samt dessen Familie ins Exil verbannt, wo der Vergewaltiger Sextus später getötet wurde.

Das alles klingt nach einer würdigen Geburtsstunde der Republik: Als der Despot verjagt war, bekam Rom eine Verfassung mit demokratischen Zügen und weihte dem obersten Gott Jupiter einen Tempel auf dem Kapitol. Der Senat übernahm die Rolle des Gesetzgebers; Lucius Iunius Brutus wurde vom Volk zu einem der ersten beiden Konsuln gewählt, den neuen höchsten Staatsbeamten. Chronisten priesen ihn gar als zweiten Gründer Roms nach Romulus.

Nur: Der in den Quellen so blumig geschilderte Königssturz dürfte zum großen Teil eine Legende sein. Brutus, noch von Cicero als Mann von »großer Geisteskraft und Tüchtigkeit« gefeiert, bleibt eine nebulöse Gestalt. Auch Lucretia, deren Vergewaltigung das Volk erst aufbegehren ließ, hat wohl nie existiert. Fest steht heute allenfalls noch, dass Roms Adel etwa im 6. Jahrhundert das Königtum abschaffte.

Und doch ist die Erzählung vom Ende der Monarchie eine wichtige Quelle. Denn sie zeigt, wie die Römer Jahrhunderte später – dann schon als Großmacht – den Beginn ihrer Republik sehen wollten und was ihnen wichtig war: Werte wie Ehre, Frömmigkeit und Tapferkeit, verkörpert vom Vergewaltigungsopfer Lucretia. Zudem zeigt der Gründungsmythos der Republik exemplarisch, wie aufstrebende Familien ihre Geschichte manipulierten und aufpolierten.

Die Iunii Bruti stammten aus dem einfachen Volk. Das Geschlecht der Iunier stieg erst Ende des 4. Jahrhunderts zu einer angesehenen Familie auf, als sich die Plebejer politische Mitwirkungsrechte erkämpfen konnten. Gaius Iunius Brutus Bubulcus erreichte in dieser Zeit den höchsten Rang; gleich dreimal bekleidete er das Amt des Konsuls. Und doch empfanden es die Iunier als Makel, dass sie keine adligen Wurzeln besaßen. Also halfen sie nach – mit der Geschichte des blaublütigen Urahnen Lucius Iunius Brutus.

Der Freiheitsheld soll demnach ein Neffe des tyrannischen Königs Tarquinius Superbus gewesen sein, den er dann aus Rom verbannte. Experten vermuten heute, dass es der Geschichtsschreiber Quintus Fabius Pictor war, der im 3. Jahrhundert diese Legende in Umlauf brachte. Livius und andere übernahmen sie dann.

Das war kein Einzelfall. Die meisten deutschen Historiker sind überzeugt, dass die ersten Konsuln, unter ihnen eben auch Brutus, nachträglich erfunden worden sind. Sie argumentieren, dass es zu Beginn der Republik statt einer sich gegenseitig kontrollierenden Doppelspitze aus zwei Konsuln weiterhin einen starken Mann gab, der fast königsgleich herrschen konnte: den »Praetor Maximus«. Gewählt vom Senat, hatte er als Oberbefehlshaber des Heeres eine Schlüsselposition inne. Italienische und britische Historiker hingegen halten es weiterhin für plausibel, dass die Republik von Beginn an durch zwei Konsuln gelenkt wurde (siehe Gespräch mit Wolfgang Blösel: »Ideologie der Scholle«).

Dieser schon jahrhundertalte Forschungsstreit dreht sich letztlich um die Frage, wie abrupt man sich den Bruch zwischen der Königszeit und der Republik vorstellen darf. Für einen nicht so radikalen Wechsel von der alten zur neuen Staatsform sprechen zwei Ämter: In Krisenzeiten konnte ein »Dictator« bestimmt werden, der für maximal sechs Monate ohne Kontrolle des Senats regieren durfte. Und es gab das Amt des »Rex Sacrorum«, des Opferkönigs.

Dieser König war ein Herrscher ohne wirkliche Macht. Sein Einfluss beschränkte sich auf religiöse Handlungen: Er nahm rituelle Reinigungen vor, opferte Tiere, organisierte Sühnefeste und führte ein enthaltsames Leben. Sein Amt wirkt wie ein nostalgisches Zugeständnis an all diejenigen, die glaubten, dass ein Ende der Königsherrschaft die Götter erzürnen und Rom im Chaos versinken lassen würde.

Die Ernennung von Opferkönigen war keine Notlösung, sondern ein geschickter Schachzug, typisch für die römische Politik: Da wurde mit viel Pragmatismus und Fantasie ein neues Amt geschaffen, das radikale Veränderungen ermöglichte, ohne die Traditionalisten zu verprellen. Es war nicht zuletzt diese erstaunliche Anpassungsfähigkeit, mit der die Römer ihre Konkurrenten überflügelten.

Vom Zeitalter der römischen Könige zeugen hauptsächlich Legenden wie die über den Staatsgründer Romulus. Er soll, zusammen mit seinem Zwillingsbruder Remus, vom Kriegsgott Mars gezeugt worden sein. Die Brüder hatten nicht nur einen Gott zum Vater. In ihren Adern floss auch königliches Blut, denn ihre Mutter war eine Königstochter und stammte in 14. Generation vom antiken Helden Aeneas ab. Der wiederum war Sohn der Liebesgöttin Aphrodite, die bei den Römern Venus hieß. Aeneas war der Sage nach einst aus dem brennenden Troja entkommen und hatte nach langer Irrfahrt auf dem Meer in Italien die Stadt Alba Longa gegründet, die später zum Vorbild Roms wurde.

Romulus und Remus, illegitim gezeugt, waren in Alba Longa nicht sicher. Die Säuglinge wurden in einem Weidenkorb auf dem Tiber ausgesetzt und an das Ufer am Fuß des Palatins gespült, eines der sieben Hügel des späteren Roms. Dort soll eine Wölfin sie gesäugt haben, bis sie unter Obhut des Schweinehirten Faustulus herangewachsen waren und am Ort ihrer Rettung eine Stadt gründen wollten. Doch wer von ihnen sollte König sein? Göttliche Vorzeichen in Gestalt von Geiern deuteten auf Romulus hin, der schon begann, eine Mauer zu errichten. Als Remus zum Spott über die provisorische Stadtgrenze sprang, erschlug ihn sein Bruder im Zorn. Nach der Bluttat soll er gerufen haben: »So fahre jeder dahin, der nach dir über meine Mauer springen wird!«

Archäologen haben zwar tatsächlich ein zehn Meter langes Mauerfragment am Palatin entdeckt, doch es dürfte deutlich jünger sein als 753 v. Chr., das überlieferte Jahr der Stadtgründung. Romulus jedenfalls hatte größere Probleme als eine Mauer. Er war Livius zufolge ein König ohne Volk und musste daher Fremde anlocken: »Allerlei Gesindel aus den benachbarten Völkern, Freie und Sklaven ohne Unterschied, führte der Wunsch, sich in einem neuen Staat zu versuchen, hierher zusammen.«

Nach der von Livius überlieferten Geschichte gelang dem Brudermörder der Aufbau einer neuen Gesellschaft. Romulus berief eine Volksversammlung ein und gründete ein beratendes Gremium aus 100 adligen »Ratsherren«, den Senat. Selbst als der Staatsgründer nach langer Herrschaft unter Donnerschlägen gottgleich in den Himmel fuhr, sorgte er sich der Sage nach weiter um seine Stadt. Noch einmal sei er zur Erde zurückgeschwebt und habe dort einem Boten aufgetragen, eine wichtige Prophezeiung zu verbreiten: »Melde den Römern, dass nach dem Willen der Himmlischen mein Rom die Hauptstadt der Welt sei.« Die Römer sollten ihr Militär ausbauen, sodass »keine menschliche Macht den römischen Waffen widerstehen« könne.

Die Botschaft lautet also: Rom ist einzigartig, weil es auf wundersame Weise und auf Wunsch der Götter erschaffen wurde. Seine spätere Eroberungswut und die Militarisierung seiner Gesellschaft beruhten nicht etwa auf banalen menschlichen Motiven wie Eroberungslust, Gier oder Ehrgeiz. Nein, der Aufstieg Roms geschah auf himmlischen Befehl. Und schließlich suggeriert die Gründungsgeschichte auch, dass Rom von Beginn an demokratische Gremien wie die Volksversammlung besaß.

Damit rückten die römischen Geschichtsschreiber ihr Gemeinwesen bewusst in die Nähe der griechischen Stadtstaaten, die wegen ihrer Kultur und Tradition allseits bewundert wurden. Es war nur konsequent, dass Romulus als direkter Nachfahre des trojanischen Helden Aeneas dargestellt wurde, dem der römische Dichter Vergil am Ende der republikanischen Jahrhunderte ein literarisches Denkmal setzte: Im Epos »Aeneis« verkündet Jupiter selbst dem Aeneas, er habe den Römern eine »Herrschaft ohne Ende« zugedacht, begrenzt »weder in Zeit noch Raum«. Als Vergil die Verse schrieb, waren sie keine kühne Vorhersage mehr, sondern Realität.

Wie bescheiden nehmen sich neben dem Imperium die Anfänge aus: Schon seit der frühen Eisenzeit gab es kleinere Siedlungen auf dem Palatin und den angrenzenden Hügeln Esquilin und Quirinal, wie archäologische Funde belegen; kein ungewöhnlicher Vorgang. Erst als diese Siedlungen nach und nach zusammenwuchsen oder sich – das ist in der Forschung umstritten – in einem Gründungsakt zusammenschlossen, wurde aus Rom eine Stadt.

Viel her machte sie nicht. Der schroffe Hügel des Kapitols, später Sinnbild der Macht, lag im 7. Jahrhundert noch ziemlich verwaist da. Dem Himmelsgott Jupiter mussten die Römer dort anfangs wohl im Freien huldigen; der erste Tempel wurde Ende des 6. Jahrhunderts errichtet. Nicht einmal die Lage Roms war besonders günstig.

Mit nüchternem Blick stellte Goethe bei seinem Besuch im Jahr 1787 fest: »Ich bin überzeugt, kein Ort der älteren Völker lag so schlecht als Rom.« Der Platz sei anscheinend planlos von »Hirten und Gesindel« besiedelt worden. Das mag übertrieben sein, aber tatsächlich lag Rom 25 Kilometer von der Mündung des Tiber entfernt, der regelmäßig die Senken zwischen den Hügeln überschwemmte. Es verfügte zunächst über keinen Hafen; große Teile des späteren Stadtgebiets waren sumpfig und malariaverseucht. Das Gelände, auf dem das eindrucksvolle Forum Romanum später errichtet wurde, konnte erst im 4. Jahrhundert mit einem riesigen Drainagetunnel, der »Cloaca Maxima«, trockengelegt werden.

Auch sonst befand sich Rom anfangs keineswegs im Vorteil gegenüber den benachbarten Städten der Latiner und Etrusker. Verschiedene antike Listen führten bis zu 53 unabhängige Städte in Mittelitalien auf. Mal schmiedete Rom mit ihnen Bündnisse wie den Zwölfstädtebund. Dann wieder kämpfte es mit ihnen um Gebietsgewinne – und übernahm nebenbei zentrale Elemente ihrer Kulturen.

Besonders viel lernten die Römer von den Etruskern, dem namensgebenden Volk der Toskana. Der ursprüngliche römische Kalender war ebenso von ihnen geprägt wie das Alphabet, der Kult um den Sonnengott Sol oder die Bauform vieler Gebäude. Selbst der Stadtname »Roma« dürfte etruskischen Ursprungs sein. »Mit an Sicherheit grenzender Wahrscheinlichkeit«, urteilt der renommierte Althistoriker Jochen Bleicken, war »die eigentliche Stadtgründung das Werk eines Etruskers« (siehe Beitrag: »Die erste Toskana-Fraktion«).

Die von den römischen Geschichtsschreibern immer wieder betonte Einzigartigkeit der Stadt schon in ihrer Frühzeit war demnach eine nachträgliche Überhöhung. In der modernen Forschung findet sie keine Bestätigung. Die Etrusker-Expertin Luciana Aigner-Foresti stellt für die ersten Jahre der Stadt fest: »Die Ausbreitung der Siedlung Roms entspricht der in ganz Mittelitalien fassbaren Tendenz in dieser Zeit.«

Doch warum stieg gerade Rom zur dominierenden Regionalmacht auf? Die Absetzung der Könige allein kann das nicht erklären, denn auch in anderen etruskischen Städten wurden republikanische Verfassungen ausgerufen. Zudem schien in Rom die Lage nach der Vertreibung des letzten Königs alles andere als gefestigt. Wahrscheinlich besetzte der etruskische König Lars Porsenna die Stadt im 6. Jahrhundert sogar für kurze Zeit – was römische Geschichtsschreiber später meist nur vage andeuteten.

Noch heute rätseln Forscher über genau diese Frage. Hinweise gibt es wegen der dürftigen Quellenlage erst seit dem 4. Jahrhundert: Da taucht etwa ein gewiefter Feldherr namens Marcus Furius Camillus auf. Der Historiker Bleicken beschreibt ihn als »ersten Römer, dessen Gestalt wir durch das dichte Gestrüpp der legendären Überlieferungen etwas deutlicher sehen können«. Danach soll Camillus die entscheidende Rolle bei Roms Kampf gegen seinen ärgsten Konkurrenten, die keine 20 Kilometer entfernt liegende Stadt Veji, gespielt haben.

Mit dem mächtigen Veji, einer etruskischen Stadt, soll Rom schon Anfang des 5. Jahrhunderts heftig aneinandergeraten sein. Dabei wurden angeblich sogar 306 Mann eines alten römischen Adelsgeschlechts getötet und so fast eine Sippe ausgelöscht. Doch es ging um mehr als Rache: Veji konkurrierte mit Rom um die Vormacht und die Kontrolle des wichtigen Mittelmeerhafens Ostia.

Nun, ein Jahrhundert nach dem ersten Krieg, lieferten sich beide Städte erneut einen zermürbenden Kampf. Rom sah sich sogar gezwungen, Veji im Winter zu belagern. Doch die Belastungen lösten den Quellen zufolge wütende Proteste der römischen Bürger aus. Die Wende brachte anscheinend Marcus

Furius Camillus, der im Jahr 396 zum Diktator ernannt wurde. Mit ihm als Feldherrn, heißt es bei Livius, »änderte sich plötzlich alles«.

Camillus disziplinierte sein Heer. Er zog den Belagerungsring um Veji enger und verbot seinen Kriegern, sich auf sinnlose Scharmützel einzulassen. Am wichtigsten war aber ein Tunnel, den er heimlich unter der Mauer graben ließ. Um den Gegner zu verwirren, griff Camillus dann die Stadt von allen Seiten an und schickte gleichzeitig seine »auserlesensten Krieger« in den Tunnel. Als die Eindringlinge von innen die Stadttore öffneten, war Veji verloren. »Nach langem Gemetzel« habe Camillus seinen Kriegern befohlen, die Wehrlosen zu schonen.

Die Schilderung der Eroberung dürfte zwar auch sagenhafte Züge tragen – zu sehr erinnert sie an die List der Griechen mit ihrem Trojanischen Pferd. Fest steht aber, dass der Sieg des Camillus eine Zäsur bedeutete: Rom hatte seine bis dahin wichtigste Schlacht gewonnen und seinen ärgsten Konkurrenten endgültig besiegt. Veji wurde dem Erdboden gleichgemacht und sein Gebiet dauerhaft der Republik angegliedert, indem es römischen Bürgern zugewiesen wurde.

Durch den Erfolg hatte die Republik ihr Staatsgebiet etwa verdoppelt – auf eindrucksvolle 1500 Quadratkilometer. Jetzt ging es Schlag auf Schlag: Rom eroberte Capena und Falerii, zwei weitere Städte, die einst mit Veji verbündet waren. Und es dürfte sich nach Meinung von Historikern zu dieser Zeit auch die Hafenstadt Ostia einverleibt haben; sie gilt als erste Kolonie Roms.

Dem größten Triumph des wehrhaften Gemeinwesens folgte nur wenige Jahre später die schlimmste Demütigung. Im Jahr 387 fielen Kelten aus dem Norden in die Stadt ein, plünderten sie tagelang und brannten sie teilweise nieder; nur vom Kapitol konnten die Römer den Feind fernhalten (siehe Beitrag: »Wehe den Besiegten!«). Doch selbst diese verheerende Niederlage, die als »schwarzer Tag« in die Stadtannalen einging, konnte den Aufstieg Roms nicht bremsen. Nach dem Abzug der Invasoren stärkte Rom seine Verteidigungsanlagen: Schließlich zog sich eine elf Kilometer lange Mauer aus mächtigen Tuffsteinquadern um die Stadt; das Material dafür stammte auch aus Steinbrüchen bei Veji.

Dass Rom diese bedrohlichen Zeiten praktisch folgenlos überstand, verdankte es auch seiner klugen Diplomatie. Mit den Städten der benachbarten Latiner schloss es sich gegen gemeinsame Feinde wie den kriegerischen Bergstamm der Volsker in einem Latinerbund zusammen. Dort erstritt sich Rom schnell die Führungsrolle. »Friede herrsche zwischen den Römern und allen Latinern, solange Himmel und Erde bleiben, wie sie sind«, hieß es pathetisch in dem Vertragstext, der vermutlich im Jahr 370 besiegelt worden war. Die Bündnispartner versprachen einander nicht nur wechselseitige militärische Hilfe und eine faire Aufteilung der Kriegsbeute. Der Bund schuf in einigen Punkten sogar einen gemeinsamen Rechtsraum. So waren beispielsweise alle Städte in Fragen des Handels- und des Eherechts gleichgestellt.

Vielleicht war das, was nun folgte, eines der Erfolgsrezepte Roms: Als die Republik ihre Phase der Schwäche überwunden hatte, scheute sie sich nicht, den einst so blumig verkündeten ewigen Frieden abrupt zu beenden und einen Bruderkrieg gegen ihre Bündnispartner zu riskieren. Der genaue Anlass lässt sich nicht mehr rekonstruieren; vermutlich begehrten die Latiner gegen die römische Dominanz im Bund auf, die die einst versprochene Gleichberechtigung unterhöhlte. Interessant ist aber, mit welcher Mischung aus Geschick und Härte Rom gegen seine einstigen Bundesgenossen vorging. Wohl erstmals vertrauten die Römer einer neuen Kampftaktik und verwirrten damit ihre alten Partner: Sie ersetzten die Phalanx-Formation – Mann neben Mann – durch eine flexiblere, wabenartig angeordnete Aufstellung und errangen damit im Jahr 338 den entscheidenden Sieg.

Wer sich nicht noch rechtzeitig auf Roms Seite geschlagen hatte, wurde nun bestraft. Die meisten latinischen Städte verloren ihre Souveränität und wurden als Kolonien dem römischen Staatsverband einverleibt. Die Bewohner loyaler Gemeinwesen hingegen wurden mit dem römischen Bürgerrecht belohnt. Rom war wieder um ein Mehrfaches gewachsen und herrschte nun über ein gewaltiges Gebiet von 6100 Quadratkilometern – fast siebenmal die Fläche des heutigen Berlin. Es war nun eindeutig die stärkste Regionalmacht Italiens, aber immer noch vorsichtig und klug genug, Besiegte nicht dauerhaft zu demütigen. So beteiligten die Römer die Latiner an späteren Feldzügen und teilten mit ihnen die Beute. Langfristig wurden die Latiner auf diese Art zu loyalen Anhängern der Republik.

Im Inneren funktionierte es ähnlich. Erbittert hatten die adligen Patrizier ihre Privilegien gegenüber den Plebejern – Bauern und Handwerkern – verteidigt. Doch Roms schnell wachsende Armee benötigte immer mehr Kämpfer, die als Gegenleistung für ihren Kriegsdienst größere Mitsprache forderten (siehe Beitrag: »Rebellion gegen den Magen«). Schließlich konnten die Plebejer, zumindest nach den Buchstaben der Konsulatsverfassung von 367, in alle Positionen der alten Oberschicht aufsteigen.

Die Einigung war enorm wichtig: Roms Herrscherelite integrierte nicht nur die früheren Feinde, sondern erreichte auch einen Ausgleich mit dem eigenen Volk. Nun, als die Republik im Inneren und Äußeren gesichert erschien, konnte die Verklärung ihrer Anfänge beginnen. Und so wurde Lucius Iunius Brutus, jener Mann, der einst den letzten König vertrieben haben soll, von den Geschichtsschreibern auch noch zum Retter der eben erst begründeten Republik erhoben.

Angeblich nämlich hatte der vertriebene König Tarquinius Superbus ein Komplott geschmiedet, um wieder an die Macht zurückzukehren. Auf seine Seite hatten sich sogar zwei Söhne des Brutus geschlagen. Als der von der royalistischen Verschwörung erfuhr, zögerte er nicht, die eigenen Sprösslinge hinzurichten. Mehr noch: In der Schlacht suchte Brutus wagemutig den Zweikampf mit Arruns, einem Sohn des einstigen Königs. »Begierig flog er in den Kampf«, schrieb Livius pathetisch. »Sie rannten so erbittert aufeinander, keiner darauf bedacht, sich selbst zu decken, dass beide, durchbohrt vom Stoß des Gegners, sterbend von den Pferden sanken.« Am Ende wehrten die Republikaner den Angriff des früheren Königs ab.

Die hübsche Legende von Lucius Iunius Brutus hatte Jahrhunderte später ziemlich reale Folgen: Marcus Iunius Brutus, angeblich ein Nachfahre des heldenhaften Republikretters, stellte sich nach langer Vasallentreue gegen Caesar, den autokratischen Herrscher. Der Mann mit dem symbolträchtigen Namen, einer der Mörder Caesars, ging in die Geschichte ein. Aber nicht als Retter der Republik vor einem Tyrannen. Sondern als Verräter.

APPELL DER FRAUEN

Die Sage vom »Raub der Sabinerinnen« deutet an, wie die Römer auch später gern gesehen werden wollten: als Draufgänger mit Herz.

Von Andreas Ulrich

In großer Zahl waren die Honoratioren der Nachbarstädte mit ihren Familien der Einladung ins aufstrebende Rom gefolgt. Auf Bühnen gab es Schauspiel und Kampfkünste zu bestaunen. Man amüsierte sich prächtig und rühmte die Gastfreundschaft. Niemand achtete auf die Männer, die unauffällig durch das Publikum strichen und sich vor den schönen Töchtern der auswärtigen Gäste verneigten.

Was als Schmeichelei erscheinen mochte, erwies sich bald als hinterhältiger Trick. Auf ein Zeichen hin stürzten Schauspieler und Soldaten auf die Ränge und entführten die auserwählten Schönen. Väter, Mütter und Söhne wurden aus der Stadt gejagt; erbittert schworen sie Rache. Den geraubten Töchtern rieten die Römer: »Fügt euch in euer Schicksal, so werdet ihr es gut haben.«

Die Sage vom »Raub der Sabinerinnen« zählt zu den bekanntesten Geschichten aus dem archaischen Rom. Nachdem Stadtgründer Romulus bei den umliegenden Gemeinden mit guten Worten und Geschenken nicht weitergekommen war, brauchten er und seine derben Gesellen nun eben Gewalt, um ihrem jungen Gemeinwesen eine Zukunft zu sichern.

Aber die eigentliche Pointe folgt erst. Natürlich mochten die entehrten Nachbarn den Raub ihrer Töchter nicht auf sich sitzen lassen. Voller Wut rückten sie zur Rache an – doch Romulus und seinen kampferprobten Haudegen fiel es nicht schwer, sie zu schlagen und erneut zu demütigen. Nur Sabiner-König Titus Tatius rüstete mit Bedacht auf und brachte die Römer in arge Bedrängnis. Mitten im Kampfgetümmel, so heißt es dann, seien plötzlich die geraubten Sabinerinnen aufs Schlachtfeld gestürzt.

Todesmutig, mit aufgelöstem Haar und zerzauster Kleidung, hätten sie sich zwischen die Streitenden geworfen und ihnen Einhalt geboten. »Wollt ihr als Schwiegerväter die Väter eurer Kinder ermorden?«, riefen sie den Sabinern zu. »Wollt ihr als Schwiegersöhne die Väter eurer Ehefrauen töten?«, hielten sie den Römern entgegen. Frauen also machen dem Gemetzel ein Ende. Die starken Römer und die zivilisierten Sabiner beenden ihre Rivalität. Das ist die eigentliche Botschaft: Stärke und Aussöhnung lassen sich nicht voneinander trennen.

Hinter der schönen Geschichte historische Wahrheit ausfindig machen zu wollen, wäre hoffnungslos; ganz offenkundig ist sie als Gleichnis gemeint. Schon der Historiker Livius, in dessen Panorama der römischen Frühgeschichte die wilde Story überliefert ist, wird das Muster durchschaut haben, wie hier stilisiert wurde: Die Flüchtlinge, Verstoßenen, Entrechteten und vaterlandslosen Gesellen, denen Romulus ausdrücklich eine Heimstatt angeboten hatte, mussten zu respektierten Nachbarn werden – ein langer, mühsamer Weg der Verständigung.

Dass jeder, der die Sage hört, ins Grübeln kommt, ob denn geraubte Frauen so rasch liebevolle Ehepartnerinnen werden können und ob sich überhaupt mit Menschenfängerei Staat machen ließe, ist geradezu gewollt. Auch die anderen großen Erzählungen verlangen nach einer Deutung: wie Roms Stammvater Aeneas, aus dem brennenden Troja geflohen, »fato profugus« (»vom Schicksal umgetrieben«, wie es bei Vergil heißt) nach Italien kommt und dort den durchaus achtbaren Rutulerhelden Turnus überwinden muss, wie später Romulus seine Macht nur sichern kann, indem er den eigenen Bruder erschlägt – all das belegt wieder und wieder: Ohne Blut, Schweiß und Tränen lässt sich kein Reich gründen.

Römertum also ist für Livius – und natürlich seine Vorgänger, die den Stoff arrangierten – Menschentum mit aller Schuld und Tragik. Dass ein Werk, in dem Roms Aufstieg zur Weltmacht das Erzählprogramm darstellt, kaum beschönigt von einer großen Geiselnahme und Massenvergewaltigung erzählt, belegt anschaulich, wie pragmatisch und nüchtern die Römer das irdische Dasein betrachteten, auch und gerade die eigenen Ursprünge.

DIE ERSTE TOSKANA-FRAKTION

Die Etrusker, Vorbilder und Rivalen des frühen Rom, pflegten angeblich ein sinnenfrohes Luxusleben. Reich waren jedoch nur die Adligen. Am Ende ging das einst mächtige Volk im römischen Imperium auf.

Von Norbert F. Pötzl

Rätselhaft und magisch muten die Orte an. Wie Flugobjekte von einem anderen Planeten liegen kreisrunde, von Gras bewachsene Hügel in der toskanischen Landschaft. Ihr Durchmesser beträgt bis zu 28 Meter. In ihrem Innern befinden sich, zugänglich durch einen niedrigen Korridor, meist mehrere voneinander abgetrennte Räume. Ein paar Kilometer weiter führen enge Hohlwege, von Menschenhand bis zu 20 Meter tief in den Tuffstein gegraben und oft nur eineinhalb Meter breit, zu tempelartigen Anlagen mit Säulen und steinernen Figuren, die in den Fels gehauen sind.

Die Erdaufschüttungen und die mysteriösen Felsbauwerke sind Grabstätten der Etrusker, wie sie Archäologen beispielsweise bei Populonia, auf dem Festland gegenüber von Elba, und bei Sovana in der südlichen Toskana freigelegt haben. Besonders eindrucksvoll ist die einst 400 Hektar große Totenstadt von Cerveteri, 40 Kilometer nordwestlich von Rom. Die Heime der Verstorbenen, Tumuli genannt, waren wie Wohnhäuser ausgestattet – samt Betten, auf denen die Toten ruhten. Auch Schmuck, Waffen und Geschirr für ein angenehmes Weiterleben im Jenseits gaben die Angehörigen ihren Ahnen mit. Die Kammergräber von Tarquinia, noch einmal 40 Kilometer weiter nördlich, bergen zudem, wie der Tübinger Archäologe Friedhelm Prayon rühmt, die »prachtvollsten Wandgemälde der Mittelmeerwelt außerhalb von Ägypten«.

Gräber sind jedoch fast alles, was von dem einst mächtigen Volk der Etrusker geblieben ist. Hier und da gibt es noch ein Stadttor wie die Porta all'Arco in Volterra, das Fundament eines Tempels oder Reste einer Stadtmauer – nahezu vollständig überdauert hat lediglich die von Roselle nahe Grosseto, 3270 Meter lang und bis zu sieben Meter hoch.

Jahrhundertelang beherrschten die Etrusker das westliche Mittelmeer, das vor der italienischen Küste noch ihre griechische Bezeichnung »tyrrhenisch« trägt. Sie selbst nannten sich »Rasenna«, die Römer bezeichneten sie als »Etrusci« oder »Tusci«, was der Toskana ihren Namen gab.

Um die Mitte des 1. Jahrtausends v. Chr. stellten sie die wichtigste Macht in Mittelitalien dar. Sie waren Vorläufer und Nachbarn der Römer, wurden deren Rivalen – und gingen schließlich sang- und klanglos im römischen Imperium auf. Schriftliches ist von ihnen kaum überliefert. Zwar weiß man, dass die Etrusker Bücher verfassten und eifrig Korrespondenzen auf Papyrus, Leinentüchern und Wachstafeln pflegten. Aber erhalten sind fast ausschließlich Satzfetzen, meist Inschriften auf Steinen, auf Täfelchen aus Blei oder Gold, auf Gefäßen aus Bronze oder Keramik. Oft steht nicht mehr da als der Name des Besitzers oder der Gottheit, der die Gegenstände geweiht waren.

Altphilologen können die Dokumente problemlos entziffern: Die Etrusker bedienten sich eines westgriechischen Alphabets, das sie von den Hellenen übernahmen, die seit der Mitte des 8. Jahrhunderts Unteritalien und Sizilien kolonisierten. Allerdings schrieben sie die Buchstabenketten meist von rechts nach links. Die Texte zu verstehen fällt indes nicht leicht. Das Etruskische gehört nicht zur indogermanischen Sprachfamilie und weist keinerlei Gemeinsamkeit mit einer der benachbarten italischen Kulturen auf. Bisher sind erst rund 500 Wörter entschlüsselt.

Geholfen haben den Linguisten zweisprachige Inschriften wie die auf Goldblechen aus dem 5. Jahrhundert, die in Pyrgi nahe

Ein etruskischer Krieger zieht in die Schlacht, seine Frau reicht ihm zum Abschied ein Trankopfer, Bronze aus Marzabotto, 4. Jh. v. Chr.

Rom ausgegraben wurden. Weil ein Heiligtum in der Hafenstadt sowohl von Einheimischen wie von phönikischen Händlern besucht wurde, ist in beiden Sprachen festgehalten, dass ein etruskischer König den Tempel der Göttin Uni weihte.

Ungeklärt ist bis heute die Frage, ob und gegebenenfalls woher die Etrusker nach Italien eingewandert waren oder ob sie schon seit vorgeschichtlichen Zeiten dort lebten. Die erste Hypothese stellte der Grieche Herodot im 5. Jahrhundert v. Chr. auf. Danach wären die Etrusker um 1000 v. Chr. vor einer Hungersnot aus dem kleinasiatischen Lydien geflüchtet. Für diese Theorie könnte sprechen, dass es zwischen der etruskischen Sprache und einer Inschrift an einer Stele, die auf der nordägäischen Insel Lemnos gefunden wurde, gewisse Parallelen gibt. Aber ebenso gut können einige wenige kleinasiatische Immigranten oder der rege Handel der Etrusker mit den Völkern des östlichen Mittelmeeres den sprachlichen Gleichklang bewirkt haben.

500 Jahre nach Herodot vertrat Dionysios von Halikarnassos die Auffassung, dass die Etrusker schon immer in Mittelitalien gelebt hätten. Diese These hat sich bis heute gehalten und wird damit belegt, dass sich die etruskische Kultur aus der eisenzeitlichen Villanova-Kultur entwickelt habe. Keramikgeschirr und Schmuckgegenstände, die den Toten beigegeben und um die Mitte des 19. Jahrhunderts in Villanova nahe dem heutigen Bologna gefunden wurden, gelten als früheste archäologische Hinterlassenschaft der Etrusker.

Mangels eigener schriftlicher Zeugnisse stammen die Kenntnisse über die Etrusker vor allem von griechischen und römischen Geschichtsschreibern. Diese Autoren berichten jedoch nur bruchstückhaft und immer tendenziös aus ihrer jeweiligen Perspektive, spätere Generationen übernahmen deren Sichtweise.

Theodor Mommsen, der große deutsche Altertumswissenschaftler des 19. Jahrhunderts, bescheinigte den Etruskern in seiner monumentalen »Römischen Geschichte« einen »zu Gewalttat und Plünderung hinneigenden Nationalcharakter«. Durch Piraterie hätten sie ihre Seemacht aufgebaut; die »wilden Tyrrhener« seien zum Schrecken der Griechen geworden, denen »der Enterhaken als eine etruskische Erfindung« gegolten habe. Aus der »Verbindung von Kaperei und Großhandel« sei »der maß- und sinnlose Luxus« entsprungen, »in welchem Etruriens Kraft früh sich selber verzehrt hat«.

Das Kernland der Etrusker, das nie ein Einheitsstaat war, sondern aus politisch selbstständigen Stadtstaaten bestand, umfasste

die Region zwischen dem Arno im Norden, dem Tiber im Süden, dem Apennin-Gebirge im Osten und dem Tyrrhenischen Meer im Westen. Die Etrusker breiteten sich aber auch in die Poebene, nach Umbrien und Latium hin aus. Eine Zeit lang beherrschten sie sogar Rom – der Name Roma ist vermutlich von dem etruskischen Geschlecht der Rumlna, latinisiert Romilii, abgeleitet.

Drei etruskische Könige aus Tarquinia sollen im 6. Jahrhundert die Tiberstadt regiert haben. In dieser kurzen Zeitspanne, so der Archäologe Prayon, könnten sie »aus der mittelitalischen Kleinstadt ein urbanes Zentrum gemacht« haben: »mit einer fortschrittlichen Kanalisation (der Cloaca Maxima), einer ersten Ummauerung (der sogenannten Servianischen Mauer), monumentalen Bauten (etwa dem Circus Maximus) und dem Tempel der Göttertrias Jupiter, Juno und Minerva auf dem Kapitolshügel«.

Das Ende der etruskischen Regentschaft in Rom hat der zur Zeit von Augustus lebende Geschichtsschreiber Livius so dargestellt: Im Jahr 509 wurde die Etruskerdynastie aus Rom vertrieben, nachdem ein Sohn des Königs Tarquinius Superbus die tugendhafte Lucretia, Ehefrau eines Verwandten, vergewaltigt hatte; das Opfer habe, verzweifelt über die Schmach, Selbstmord begangen. Die Erzählung mag erfunden sein, auch das Datum ist sehr fraglich, doch die »Schändung der Lucretia« bildet einen der Gründungsmythen der Römischen Republik.

Gerade um die Zeit, als die Tarquinier aus Rom verjagt wurden, erreichte die Macht der Etrusker ihren Höhepunkt. Nachdem sie im Bündnis mit dem nordafrikanischen Karthago in der Seeschlacht von Alalia (um 537) griechische Siedler bezwungen hatten, okkupierten sie Korsika. Ihre Schiffe beherrschten sogar die Adria, und auch zu Lande expandierten sie. Der Herrscher der etruskischen Stadt Clevsin (Lateinisch Clusium, heute Chiusi) nahm Rom ein und strebte nach der Hegemonie über ganz Latium. »Es schien«, resümierte Mommsen, »als sei die Einigung Italiens unter tuskischer Suprematie nicht mehr fern.«

Doch bald setzte der Niedergang Etruriens ein. Dazu dürften, wie Zerstörungen und aufgegebene Siedlungen zeigen, auch innere Kämpfe beigetragen haben. In der Seeschlacht von Kyme (474) wurden die Etrusker von einer griechischen Flotte vernichtend geschlagen. In Kampanien brach die etruskische Herrschaft unter dem Ansturm der Samniten zusammen. Die bedeutende Stadt Veji, wenige Stunden Fußweg nördlich von Rom gelegen, wurde um 396 von den Römern erobert und zerstört, »der Anfang des Endes der großen etruskischen Nation« (Mommsen). Wenig später überrannten die Gallier das etruskische Gebiet im Norden. Nach und nach dehnten die Römer ihre Macht auf ganz Etrurien aus, bis es 88 vollends im römischen Staatsverband aufging.

Im Jahr darauf verfasste der griechische Wissenschaftler und Philosoph Poseidonios, der als Gesandter der Insel Rhodos nach Rom kam, die laut Prayon bis heute »prägnanteste Schilderung« der Etrusker. Poseidonios tadelte »übertriebenen Luxus« und »Weichlichkeit« des Volkes. Früher hätten sich die Tyrrhener durch ihre Tapferkeit ausgezeichnet. Das fruchtbare Land, das sie bewohnten und bebauten, habe jedoch »nicht nur zu ausreichendem Lebensunterhalt, sondern auch zu verschwenderischem Genuss und zur Schwelgerei« geführt. Die reichen Etrusker hätten sich »zweimal des Tages üppige Tafeln bereiten« lassen, sie hätten auf »Lagern aus Blüten« geruht, aus »silbernem Trinkgeschirr« gezecht und sich von zahlreichen Sklaven bedienen lassen.

Der Bericht des Poseidonios legt nahe, die Etrusker könnten als hedonistische Toskana-Fraktion der Antike ihre Existenz durch eigenes Verschulden verspielt haben. Damit lag er ganz auf der Linie früherer Autoren, die die angebliche Sittenlosigkeit der Etrusker geißelten. Schon Theopomp von Chios hatte im 4. Jahrhundert behauptet, es sei »bei den Tyrrhenern fester Brauch, dass Frauen gemeinsamer Besitz seien«. Sie übten Gymnastik »nackt oft auch mit Männern« aus, speisten »nicht an der Seite ihrer eigenen Männer, sondern mit wem sie gerade zusammenkommen«, und sie seien »äußerst trinkfest«.

Sinnenfrohe Wandmalereien, die man in den Gräbern von Tarquinia gefunden hat, scheinen das von den Nachbarn gezeichnete Bild zu bestätigen. Da tanzen die Menschen, Paare liegen träge bei einem Bankett und lassen sich von nackten Sklaven bedienen, an anderer Stelle sieht man Harfenspieler musizieren. Doch solche Darstellungen spiegeln nicht den Alltag wider. Wie die Masse der Bevölkerung lebte, blieb bisher im Dunkeln. Etruskische Siedlungen, aus denen Erkenntnisse über das gesellschaftliche Leben gewonnen werden könnten, wurden später meist von anderen Völkern mit ihren eigenen Ortschaften überbaut. Das macht archäologische Grabungen schwierig, wenn nicht gar unmöglich.

Erhellendes versprechen sich Wissenschaftler nun von einer Fundstätte im Mugello, einer Landschaft nördlich von Florenz. Die Siedlung Poggio Colla lag in der nordöstlichen Grenzregion Etruriens, die bisher von Archäologen wenig beachtet wurde, in einem unberührten Waldgebiet. Seit 20 Jahren schürfen hier amerikanische Experten ohne großes Aufsehen. Sie legten auf dem Hochplateau eines Berges die Fundamente einer rechteckigen, von Festungsmauern umgebenen Akropolis frei, zu der auch ein etruskischer Tempel gehörte. Unterhalb des Gipfels, auf einem in mehreren Terrassen abgestuften Gelände, entdeckten sie etruskische Wohnungen und Töpferwerkstätten mit Überresten von Brennöfen.

Die Kunstschätze aus Bronze, Gold und Keramik, die gefunden wurden, stammen aus verschiedenen Epochen. Daraus lässt sich ableiten, dass Poggio Colla mindestens vom 7. bis ins späte 2. Jahrhundert bewohnt war. »Das Besondere an dieser Stätte ist«, sagt der Archäologe Gregory Warden, Präsident der Franklin University Switzerland in Lugano und einer der beiden Leiter des Forscherteams, »dass sie den größten Teil der etruskischen Geschichte überspannt.«

Das unterscheidet Poggio Colla von Marzabotto bei Bologna, der am besten erhaltenen etruskischen Siedlung, die bislang freigelegt wurde. Als die Etrusker um 500 hierherkamen, bauten sie ein rechtwinklig angelegtes Straßennetz mit 15 Meter breiten Haupt- und 5 Meter breiten Nebenstraßen, dazu eine offene Kanalisation und Wasserleitungen. Doch Marzabotto existierte nicht lange: Als die Gallier um 350 in Italien einfielen, ging die Stadt unter.

»Wir beginnen zu verstehen, wie die Menschen lebten«, sagt vorsichtig optimistisch der Architekt Jess Galloway aus dem texanischen Dallas, der in Poggio Colla die Wohnstrukturen studiert. Die Funde offenbaren den Wandel der etruskischen Gesellschaft im Verlauf eines halben Jahrtausends. Aus einer kleinen Dorfgemeinschaft hob sich eine dünne Schicht extrem reicher Adliger heraus; Handwerker genossen immerhin »eine Art von Freiheit«

(Warden), aber die große Masse der Bevölkerung bestand aus Sklaven. Der etruskische Alltag, meint der Archäologe, bot »kein besonders erfreuliches Bild«.

Das Ende von Poggio Colla lässt sich ziemlich exakt datieren: Die Ausgräber fanden Silbermünzen (»Victoriati«), die um das Jahr 211 eingeführt und mit denen römische Soldaten bezahlt wurden. Zu dieser Zeit muss die Siedlung erobert und buchstäblich plattgemacht worden sein. Die meisten etruskischen Herrscher hatten da längst begonnen, sich mit den Siegern zu arrangieren. Während einige Städte wie Veji vernichtet oder wie Volsinii – das heutige Orvieto – vereinnahmt wurden, pflegten andere, etwa Volterra, Perugia und Cortona, bereits gute Nachbarschaft und schlossen Bündnisverträge mit Rom.

Die Römer übernahmen viel Etruskisches, beispielsweise das Atriumhaus, Krummstab und Rutenbündel als Amtsinsignien römischer Konsuln, Kenntnisse in Landvermessung, Landwirtschaft und Kanalisation. Die römische Schauspielkunst (Ludi scaenici), die im 4. Jahrhundert aufkam, begann damit, dass man etruskische Tänzer engagierte. Auch die römischen Gladiatorenkämpfe waren wohl etruskischen Ursprungs (siehe S. 52/53).

Die Bewohner von Cerveteri erhielten als erste Etrusker 335 den Status römischer Halbbürger; abgesehen vom Stimmrecht waren sie den Römern damit rechtlich und gesellschaftlich gleichgestellt. Seit dem 2. Jahrhundert saßen Angehörige der etruskischen Oberschicht im römischen Senat.

Das wohl berühmteste Beispiel für den Assimilierungsprozess ist Gaius Maecenas, ein etruskischer Adliger aus Arezzo. Der Namensgeber heutiger Mäzene, der römische Dichter wie Vergil und Horaz förderte, wurde ein Vertrauter des Kaisers Augustus und quasi dessen Kulturminister.

»Abscheuliche Lustbarkeit« – Die Anfänge der Gladiatorenkämpfe

Ein maskierter Mann peinigt einen Gefesselten, dessen Kopf mit einem Tuch verhüllt ist; zugleich hetzt er einen bissigen Hund auf das wehrlose Opfer. Diese Szene findet sich auf einer Wandmalerei in einem Grab in Tarquinia aus dem 6. Jahrhundert v. Chr., dazu die Inschrift »phersu«. Der »Phersu-Kampf« wurde vermutlich zu Ehren Verstorbener abgehalten, denn das etruskische Wort »phersu« bezeichnete ursprünglich einen Totendämon. Das ungleiche Duell gilt als Vorläufer der späteren römischen Gladiatorenkämpfe.

Zweikampfszene aus dem »Grab der Hirschjagd« in Paestum, um 365 v. Chr.

Grabmalereien aus dem 4. Jahrhundert im kampanischen Paestum, wohin die etruskische Kultur damals stark ausstrahlte, zeigen ebenfalls Zweikämpfe, deren Ausgang jedoch offen ist. Bei Begräbnisfeiern reicher Etrusker mussten schwer bewaffnete Kriegsgefangene auf Leben und Tod gegeneinander antreten. Der Unterlegene wurde als Menschenopfer den Totengöttern dargebracht, um sie dem Verstorbenen gnädig zu stimmen.

Der erste römische Gladiatorenkampf soll im Jahr 264 stattgefunden haben. Zwei Brüder ließen zum Gedenken an ihren verstorbenen Vater, den Senator Decimus Iunius Brutus Pera, auf einem Marktplatz drei Sklavenpaare gegeneinander antreten, die aus 22 Kriegsgefangenen ausgewählt worden waren. Bald folgten weitere römische Adlige dem Beispiel.

Im Laufe der Zeit wurden die Gladiatorenkämpfe, die beim Volk großen Anklang fanden, immer aufwendiger inszeniert. Bald trat die rituelle Totenfeier in den Hintergrund: Den Veranstaltern war jeder Anlass willkommen, solche Schauspiele auszurichten. Römische Politiker sicherten sich die Gunst der Wähler durch die blutigen Gefechte.

Ob die römischen Gladiatorenkämpfe tatsächlich etruskischen Ursprungs waren, ist ungewiss. Theodor Mommsen (1817 bis 1903), der den römischen und griechischen Berichten über die angebliche Sittenlosigkeit der Etrusker misstraute, fand jedoch »mindestens die Angabe begründet, dass die abscheuliche Lustbarkeit der Fechterspiele, der Krebsschaden des späteren Rom und überhaupt der letzten Epoche des Altertums, zuerst bei den Etruskern aufgekommen« sei.

DER MULTIPLE JUPITER

Roms Religion war ein verwirrend buntes Gemisch: Alte Bauernkulte, griechischer Mythenglaube und Wahrsagekünste bestimmten einen Alltag, in dem kaum ein Schritt ohne göttlichen Beistand auskam.

Von Katharina Stegelmann

Siegreiche Feldherren hatten in Rom ein Ziel: oben auf dem Kapitolshügel einen weißen Stier zu opfern. Denn dort stand der Tempel des eigentlichen Helden bei jedem Triumphzug: Jupiter. Dem obersten Gott, dem Göttervater, Herrscher über das Licht, den Himmel, über Donner und Blitz, hatte man einst in jeder Vollmondnacht ein blutiges Tieropfer dargebracht. Weil Jupiter der Mächtigste von allen war, widmeten die Römer ihm viele Festtage.

Seine übermenschlichen Kräfte waren so vielfältig und sein Wirken war so existenziell, dass er unter zahlreichen Namen verehrt wurde: als Jupiter Pluvialis (»der Regenbringer«) in Dürrezeiten, als Jupiter Stator (»der das fliehende Heer zum Stehen bringt«) vor einem wichtigen Kampf. Als Jupiter Latiaris diente er ursprünglich den Latinern als Schutzgott, bevor sie von Rom unterworfen worden waren. Und in der Stadt am Tiber hieß er dann »Iuppiter Optimus Maximus«; auf dem Kapitolshügel bildete er mit den Göttinnen Juno und Minerva als Jupiter Capitolinus eine Trias.

Jupiters multiple Persönlichkeit entspricht den vielfältigen Aufgaben, die den Göttern zukamen. Die römische Religion basierte auf uraltem Bauernglauben, dessen Kulte durch das Leben in und mit der Natur geprägt waren. Alle Naturgewalten wie Regen, Sturm, Dürre oder Vulkanismus waren Ausdruck göttlicher Kräfte, die es zu besänftigen galt.

Auch die Tiere und das eigene Haus waren abhängig von der Gunst der Götter: Rinder wurden beschützt von Bubona, die Speisekammer und der heimische Herd standen unter der Obhut der Penaten. Es war wichtig, ihnen allen Geschenke – Opfer – darzubringen, sich ihren Erwartungen gemäß zu verhalten und Wege zu finden, wie man mit ihnen kommunizierte.

Die Römer haben diese seit Urzeiten üblichen Praktiken weiterentwickelt und hochkomplexe Rituale geschaffen. Manche der alten Götter blieben im Alltag präsent, andere wurden vergessen, viele kamen hinzu, vor allem aus der griechischen Welt. Die Hauptgötter entsprachen einander bald: Jupiter war Zeus, Juno Hera, Minerva Athene.

Je weiter sich die Welt der Römer ausdehnte, desto häufiger kamen sie in Berührung mit anderen Völkern, die alle ihre eigenen Götter verehrten. In Rom störte es niemanden, wenn ein ägyptischer Sklave der Isis huldigte, während gleichzeitig ein Afrikaner seinen Geistern Ehrerbietung erwies. Der römische Polytheismus war tolerant. Zugleich formte sich aber auch die Identität der Römer durch eigene Gepflogenheiten. Jede römische Familie hatte ihre ausgewählten Schutzgötter und vollzog einen Ahnenkult mit der Verehrung der Laren, die über das Haus und seine Bewohner wachten. Viele andere Götter hingegen wurden täglich von allen geehrt. Dankesrituale für die Mahlzeiten liefen in den meisten Häusern ähnlich ab.

Außerdem gab es Kultvereine. So hatte jede Handwerkergilde ihren besonderen Gott. Seilverkäufer ehrten gemeinsam die Göttin des Handwerks, Minerva; Kornhändler beteten zu Ceres. Öffentliche Gottesdienste (Sacra publica) schließlich dienten vor allem dem Kult der zwölf Hauptgötter: Neben Jupiter, Juno und Minerva noch Mars, Venus und Vulcanus, Neptun, Apollo, Diana, Ceres, Vesta und Mercurius. Ihre vergoldeten Statuen standen auf dem Forum Romanum; jedem waren

Ausschnitt eines Marmorreliefs, das Opfer für den Kriegsgott Mars während einer Reinigungszeremonie (links) und eine Rekrutenaushebung zeigt. Das Relief schmückte vermutlich einen Sockel im Inneren des Neptuntempels in Rom und entstand etwa 100 v. Chr.

unterschiedliche, streng geregelte Zeremonien gewidmet. Manche Riten wurden im Verborgenen ausgeführt, andere zelebrierte man – wie zum Beispiel die Triumphzüge – als große Feste in aller Öffentlichkeit.

Die Kosten für Opfertiere, andere Gaben an die Götter wie Renngespanne, Tempelbauten oder den Unterhalt der Priester finanzierte die politische Gemeinschaft aus Steuern, Abgaben und Kriegsbeute. Wer spendete, mehrte seinen Ruhm – mancher stiftete gleich einen Tempel. Dazu zählte genau genommen der ganze symbolisch eingegrenzte Bereich um ein Heiligtum.

Das gemeinsame Feiern, die Teilnahme an stets gleich ablaufenden Zeremonien, stärkte den Zusammenhalt und damit den römischen Staat. Religion war so selbstverständlich wie die tägliche Nahrungsaufnahme. Und wie diese konnte man Religion beiläufig ausüben oder aufwendig inszenieren.

Wer was wann zu tun – oder auch zu lassen – hatte, wussten die Priester, die Pontifices. Sie wachten, geführt vom Pontifex Maximus, über sämtliche religiösen Angelegenheiten der Stadt Rom. Sie hatten die Aufsicht über den Festkalender und erteilten Rat, wenn bei einer Opferzeremonie Fehler gemacht worden waren.

Spezielle Opferpriester, Flamines, dienten nur einer bestimmten Gottheit. Sie erfüllten die religiösen Verpflichtungen des Volkes gegenüber den Göttern, durch Trank- oder Brandopfer.

Eine andere Rolle kam den Auguren zu. Ihr Markenzeichen war ein Krummstab; sie trugen eine Toga mit Purpurstreifen, und bei den großen Spielen erhielten sie einen Ehrenplatz. Auguren waren spezialisiert auf das Deuten von Zeichen aus der Natur, beispielsweise dem Flug von Vögeln. Der Sage nach soll schon Romulus sie den anderen Priestern gleichgestellt haben.

Von der Macht der Auguren berichtet eine schöne Legende: König Tarquinius Priscus, der fünfte Herrscher Roms, habe den Augur Attius Navius loswerden wollen, weil er ein Vorhaben des Königs kritisiert hatte. Er wies Attius an, aus dem Vogelflug zu ermitteln, ob sein nächster Wunsch erfüllbar sei. Der Augur gehorchte und erklärte, das sei der Fall. Der König verfolgte aber eine Hinterlist und wünschte sich, der Augur möge einen Schleifstein mit einem Messer zerschneiden. Attius nahm ein Messer – und vollbrachte das eigentlich Unmögliche.

Anfangs zu dritt, schließlich mit 16 Mann, versahen die allseits geachteten Auguren ihren Dienst. Ihre Tätigkeit beruhte auf einem komplizierten Deutungssystem; die Auguren protokollierten und archivierten ihre Einsätze. Auch der Anwalt, Politiker und Intellektuelle Cicero waltete eine Zeit lang als Augur. Es ging nicht um die Prophezeihung künftiger Ereignisse. Die Auguren sollten vor einer beabsichtigten Handlung den Willen der Götter erkunden, etwa ehe der Senat eine politische Entscheidung traf. Die himmlische Zustimmung sollte sichergestellt sein. Nur die Auguren konnten hier als Übersetzer des göttlichen Urteils fungieren.

Auch Feldherren und Statthalter in den Provinzen nahmen die Dienste der Auguren regelmäßig in Anspruch. In militärischen Fragen wurde die etwas umständliche Vogelflugdeutung nach und nach verdrängt von den »signa ex tripudiis«, der Beobachtung heiliger Hühner. Dabei galt: Fraßen die Hühner so schnell, dass ihnen die Körner wieder aus dem Schnabel fielen, waren die

Götter einverstanden. Es heißt, dass mancher Augur das Federvieh hungern ließ, um diesen Effekt zu erzielen.

Im Prinzip konnte jeder Privatmann sich an die Vogelgucker wenden. Man begab sich auf das Kapitol, wo sich das sogenannte Auguraculum befand. Wie eine Vogelschau im Einzelnen ablief, ist leider unbekannt. Mit Sicherheit wurde zu Beginn ein Himmelsareal festgelegt, wobei der Krummstab zum Einsatz kam.

Zu den wichtigsten Aufgaben der Auguren gehörte es, den Ort festzulegen, wo ein Tempel gebaut werden durfte. Nur sie erkannten, ob ein Ort frei war für die Niederlassung eines Gottes. Nur sie konnten den Platz gebührend reinigen. Laut Cicero führten sie auch Priester in ihr Amt ein – daher der Begriff »Inauguration«.

Anstatt den Vogelflug zu interpretieren, konnten auch Blitze gedeutet werden. Wenn im Verhältnis zu den zahlreichen Fragen, die an die Götter gerichtet wurden, nicht genügend Blitze niedergingen, fand sich eine pragmatische Lösung: Es genügte, dass von einem Blitz an einem anderen Ort berichtet wurde. Göttliche Ansichten ließen sich noch ganz anders aufdecken – zum Beispiel mithilfe der Innereien von Opfertieren. Diese Hieroskopie genannte Sitte, bei der zumeist die Leber unter die Lupe genommen wurde, pflegten bereits die Etrusker.

Mit ihren Riten nahmen es die Römer sehr genau. Der Festkalender strukturierte das Jahr; bestimmte Tage gehörten bestimmten Göttern. Alle profanen Aktivitäten – Handel, Waffengänge, Verträge, Hochzeiten – ordneten sich dem unter. Aber natürlich rief man auch bei Alltagshandlungen den einen oder anderen Gott an, um gutes Gelingen zu erbitten.

Zwar konnte sich prinzipiell jeder Mensch an die Götter wenden, aber als geschulte Vermittler hatten die Priester eine besondere Expertise. Die Furcht, es könne etwas falsch laufen im Austausch mit den göttlichen Mächten, die das Leben so stark beeinflussten, war groß. Schon die kleinste Abweichung vom Ritual konnte Unheil heraufbeschwören. Es soll Situationen gegeben haben, in denen komplizierte Kulthandlungen mehrfach wiederholt wurden, weil ein Mäusepiepsen den Ablauf gestört hatte.

Für die Römer glich der Dialog mit den Göttern einem Tauschhandel: Gebe ich dir Opfer und Aufmerksamkeit, erfülle ich deine Erwartungen, dann erfüllst auch du, die göttliche Macht, meine Bitten. In diesem Geschäft waren die Tauschobjekte klar definiert. Bat jemand um Fruchtbarkeit, dann wusste er, was er Juno oder Ceres – vielleicht beiden – schuldig war. Er konnte die Göttin aber nicht durch eine größere Gabe als üblich bestechen.

Es fehlte der Begriff der Sünde, wie ihn später vor allem das Christentum entwickelt hat. Aber Moral, also Maßstäbe richtigen Verhaltens innerhalb der Gemeinschaft, gab es sehr wohl. Lästerung, Tempelraub, Eidbruch waren Frevel und erregten göttlichen Zorn, was bestraft werden musste.

Angesichts der vielen übermenschlichen Mächte versuchte der Polytheist, zumindest nicht unangenehm aufzufallen – man wusste ja nie. Darum wurde auch nur höchst selten ein Kult amtlich unterdrückt. Im Jahr 186 v. Chr. kam es jedoch so weit: Die Anhänger des Bacchus, der wie sein griechisches Pendant Dionysos für Wein, Weib und Gesang zuständig war, wurden verdächtigt, sie hätten eine Verschwörung geplant. Im Übrigen aber durfte jeder die Götter seiner Wahl ehren.

Ihnen unbekannte Mächte nahmen die Römer durchweg ernst: Mit den Bewohnern neu eroberter Gebiete hielten auch deren Götter in Rom Einzug. Und um ganz sicherzugehen, dass niemand Hohes ungewürdigt blieb, verehrten sie – so versicherte der römische Historiker Lucius Cincius Alimentus – zusätzlich zu den gewohnten Mächten oder Unterweltkräften die Novensiles: eine nicht näher definierte Gruppe aller unbekannten Götter, die es gab oder eventuell geben könnte.

EIN LEBEN FÜR DIE GÖTTIN

Sie genossen höchste Achtung, aber sie mussten keusch bleiben: Die Priesterinnen der Vesta bürgten für Roms Wohlergehen.

Von Susanne Weingarten

Eine verhängte, mit Stricken fest verschnürte Sänfte wird durch Rom getragen. Stumm und bedrückt machen ihr die Menschen Platz. An einem Erdwall vor dem Collinischen Tor hält sie an. Die Begleiter lösen die Stricke, ein Priester hebt die Arme und spricht Gebete. Eine tief verschleierte Frau wird aus der Sänfte auf die Stufen geleitet, die in den Erdwall hinabführen. Der Priester wendet sich von ihr ab, während sie hinunterschreitet. Danach wird der Eingang mit Erde aufgeschüttet. »Es gibt kein fürchterlicheres Schauspiel, und kein Tag erfüllt die Stadt mit größerer Düsternis als dieser«, schrieb der griechische Gelehrte Plutarch über das Lebendbegräbnis einer Vestalin.

Mit dem langsamen, qualvollen Tod in einer unterirdischen Kammer, in der nur ein wenig Wasser, Brot, Öl und Milch sowie eine brennende Lampe auf sie warteten, wurden Priesterinnen der Göttin Vesta bestraft, die ihre Jungfräulichkeit verloren hatten. Es war eine grausame Strafe, ungewöhnlich hart selbst für römische Verhältnisse, und sie erklärt sich aus der ungeheuren Bedeutung der Vestalinnen für das Selbstverständnis Roms: Die Priesterinnen hüteten in der »Aedes Vestae«, einem kleinen Rundtempel auf dem Forum Romanum, Tag und Nacht das heilige Feuer, das ewig flackernde Zeichen für das ewige Wohlergehen des Reiches.

Porträtskulptur einer Obervestalin, 2. Jh. n. Chr.

»Durch ihren täglichen Dienst gewährleisteten sie nichts Geringeres als den Fortbestand des römischen Staates«, schreibt der Historiker Alexander Bätz, »ohne Zweifel war das Kollegium der Vestalinnen das wichtigste und zugleich das ungewöhnlichste Priestertum in Rom.«

Rund tausend Jahre lang, von den Anfängen Roms bis weit in die Kaiserzeit, hielt sich der Vesta-Kult mit seiner sechsköpfigen Priesterinnenschar. Die weiß gewandeten, mit kunstvoll geflochtenem und drapiertem Kopfschmuck ausstaffierten Damen schritten unter dem Schutz eines Liktors durch die Stadt wie sonst nur hohe Würdenträger, sie verfügten über eine eigene Loge im Theater, und sie durften – eine hohe Ehre – tagsüber mit dem Wagen durch die Stadt kutschieren. Wer eine der Heiligen Jungfrauen verletzte oder belästigte, wurde mit der Todesstrafe belegt.

An allen wichtigen Zeremonien, Festen und Opferritualen im römischen Kalender waren Vestalinnen beteiligt; nur sie durften die »mola salsa« zubereiten, einen speziellen Getreideschrot für die Opferrituale; nur sie auch durften mit den »sacra«, den hochverehrten Reliquien, im Inneren ihres Tempels hantieren. Zum Dienst für Vesta, die Göttin von Heim und Herd, wurden Mädchen zwischen sechs und zehn Jahren berufen, die gesund sein und aus makellosen gesellschaftlichen Verhältnissen stammen mussten – schon daran wird deutlich, dass sie ein Ideal verkörpern sollten. Zu Zeiten der Republik entschied ein Losverfahren darüber, welche Kandidatin auserwählt wurde. Ihre Berufung bedeutete »den rituellen Austritt aus der römischen Gesellschaft selbst«, so Bätz – sie wurden ihrer Göttin übergeben.

Mindestens 30 Jahre lang mussten sie im Tempel dienen; danach stand es ihnen frei, wieder ein normales Leben zu führen – doch dafür sind keine Beispiele bekannt. Für eine Ehe, für Kinder und Familienleben war es viel zu spät, und die soziale Lage einer pensionierten Heiligen Jungfrau wäre höchst prekär gewesen. Mit dem Amt hätte eine Vestalin auch einiges aufgegeben.

Denn der Verzicht auf eine standesgemäße Ehe wurde durch große Privilegien ausgeglichen. Vestalinnen standen außerhalb des strengen Familien- und Bürgerrechts, konnten eigene Testamente aufsetzen und waren nicht der Gewalt ihres Vaters unterstellt. »Die Befreiung von der Vormundschaft, die der Vestalin erlaubt, völlig frei über ihren Besitz zu verfügen und alle Rechtsgeschäfte selbstständig abzuhandeln, ist in der Frühzeit Roms einmalig für eine Frau«, erläutert die Historikerin Nina Mekacher.

Vestalinnen opfern vor ihrem Tempel,
Münze um 211 bis 217 n. Chr.

Maximal 20 Lebendbegräbnisse von Vestalinnen sind historisch verbürgt. Zwar maßen die Römer der Jungfräulichkeit per se keinen besonderen Wert bei, doch die Keuschheit der Priesterinnen symbolisierte Ordnung, Perfektion und Stabilität des Staates. Es handelte sich, so die Historikerin Ariadne Staples, um eine »ideologische Jungfräulichkeit«. Eine unkeusche Vestalin war nicht bloß keine Jungfrau mehr, sie »hörte zugleich auf, eine Vestalin zu sein«. Darum war die Todesstrafe eine logische Konsequenz ihrer Verfehlung.

Häufig aber entsprach die Bestrafung einer anderen, nämlich der politischen Logik. Auffällig viele Lebendbegräbnisse fallen in Zeiten schwerer Krisen. Wenn Rom wankte, so scheint man vermutet zu haben, dann vielleicht, weil die Vestalinnen ihre Aufgabe nicht fehlerlos – sprich: keusch – versehen hatten. Die Todesstrafe für eine angeblich gefallene Vestalin half also unter Umständen, eine Krise beizulegen und wieder Hoffnung im Reich zu schaffen. War die vermeintliche Unglücksursache beseitigt, konnte es mit dem Staat wieder aufwärtsgehen.

Von einer schwangeren Vestalin ist übrigens nichts bekannt.

AM MITTELPUNKT DER MACHT

Eine Talsenke nahe dem Kapitol war die Bühne, von der aus ein Weltreich regiert wurde: Hier entstand das legendäre Forum Romanum.

Von Bigna Fink

Lebende Politiker als Standbild – was heute ein Fall für Satiriker wäre, galt in der Römischen Republik als große Ehrung, die auch für die Eigenwerbung taugte. Wer auf sich und seine Leistungen aufmerksam machen wollte, für den konnte so eine Skulptur genau das Richtige sein – vor allem, wenn sie auf dem Forum Romanum stand, im Zentrum der Stadt und des Reiches.

So dachte im Jahr 338 v. Chr. auch ein bedeutender Mann namens Caius Maenius. Mitten auf dem Comitium, dort, wo die wichtigen Entscheidungen fielen, errichtete man ihm eine Siegessäule: Obenan vermutlich eine Statue des Maenius, unten am mächtigen Sockel die Aufzählung seiner Taten. Der Senat hatte sie dem erfolgreichen Feldherrn und Censor gestiftet.

Dass die Säule so ostentativ in den Blick gerückt stand, nicht seitlich wie sonst, zeugte vom Ansehen, das der Feldherr genoss, seit er die Hafenstadt Antium (heute Anzio) erobert hatte. Aber die Maenius-Säule löste auch eine Welle neuer Ehrenmonumente auf dem Forum aus. Immer mehr Römer wollten sich an dieser prominenten Stelle verewigt sehen. Schließlich diente das Forum nicht nur der Politik. Religiöser Kult und profaner Handel, informelle Begegnungen, diplomatische Treffen, Wahlkämpfe und so manche Intrige – all das spielte sich hier ab, inmitten von Tempeln, Amtshäusern, Hallen und Ladenzeilen.

Dass ausgerechnet dieser Flecken Erde zur Schaltstelle eines Weltreiches werden konnte, verblüfft Archäologen bis heute. Um 800 war die Gegend, Velabrum genannt, nicht viel mehr als eine sumpfige Talsenke voller Mücken gewesen, lediglich als Friedhof zu gebrauchen. Erst nachdem die Siedler von den umliegenden Hügeln um 600 einen Abwasserkanal, die Cloaca Maxima, gegraben und so die Ebene trockengelegt hatten, war ein dörflicher Marktplatz mit Lehmhütten entstanden. Seit der Königsherrschaft hatte die Bedeutung als Verkehrsmittelpunkt zugenommen; spätestens in der republikanischen Zeit konzentrierte sich hier Roms Öffentlichkeit.

Täglich versammelten sich die Senatoren in der Curia im Nordwesten des Platzes. Vor diesem Grundtyp aller Parlamentsgebäude stimmten die wahlberechtigten römischen Bürger mehrmals im Jahr auf dem kreisrunden Comitium von etwa 40 Meter Durchmesser über Ämter und Gesetze ab. Mit dem Anwachsen der Republik nahm die Wählerschaft große Teile des Forums in Anspruch.

Auf Ochsen- und Eselskarren transportierten Händler ihre Waren heran. Hauptverkehrsader des Forums war die Via Sacra, die »Heilige Straße«, auf der man bis zum Tempel des Hauptgottes Iuppiter Optimus Maximus auf dem Kapitol gelangte. Von der Höhe aus blickte man über das ganze Forum Romanum. Von einer besonders steilen Stelle, dem Tarpejischen Felsen, wurden Hinrichtungsopfer hinabgestürzt.

Unten auf dem Markt erfuhr man Neuigkeiten, hörte von Gesetzesänderungen oder Wahlterminen. Festtage waren auf Tafeln verzeichnet, die an der Rednerbühne oder der mächtigen Podiumswand des Saturntempels angebracht waren – noch heute sind die Löcher der eisernen Stifte zu sehen, mit denen die Kalenderlisten befestigt waren. Vor den monumentalen Tempeln der Dioskuren Castor und Pollux, des Saturn oder der Vesta fanden die Opferriten statt. Triumph- und Leichenzüge führten hier vorbei. Auch Gladiatorenkämpfe gab es – ursprünglich inszeniert im Rahmen von Totenfeiern.

Im späten 4. Jahrhundert nahm das bunte Markttreiben dann ab. Lebensmittelhändler wie etwa die Fleischer mussten ihre hölzernen Läden (Tabernae) auf dem Forum räumen; dort zogen Geldwechsler, Juweliere und staatliche Institutionen ein. Das nun umlaufende Münzgeld brachte ganz neue Gewerbezweige hervor, insbesondere für Finanzgeschäfte. Metzger und Gemüsehändler bekamen ihren eigenen Lebensmittelmarkt nördlich des Forums.

Bewegung, oft auch Hektik und Trubel herrschten auf dem Forum weiterhin von früh bis spät. Manche Geschäfte öffneten schon vor Sonnenaufgang. Aus engen Gassen strömten hier die Menschen zusammen. Mehrmals im Jahr beschloss die Volksversammlung wichtige Gesetze, etwa zur Getreideversorgung. Immer wieder gab es auch Wein- und Essensgelage: Um 200 verzeichnete der römische Kalender an die 65 Festtage.

Junge Adlige flanierten in kostbaren Gewändern, bedrängt von Bettlern und selbst ernannten Wunderheilern. Der Komödiendichter Plautus berichtet auch von Huren auf dem Forum. Stark geschminkt, teils mit blonder Perücke aus dem Haar von Germaninnen, buhlten sie um Kundschaft. Besonders an den hölzernen Wechselstuben sollen sie gestanden haben, in kurzen Kleidern mit tiefen Dekolletés.

Sogar Wohnhäuser gab es auf dem Forum. Gleich neben ihrer Arbeitsstelle, dem ewig brennenden heiligen Herdfeuer im Vesta-Tempel, lebten die Priesterinnen der Göttin. Und um 200 v. Chr. konnte sich Hannibals Bezwinger Scipio Africanus einer Wohnadresse am Forum rühmen. Die Immobilie in exzellenter Lage samt Atrium dürfte auch damals ein Vermögen wert gewesen sein.

Für Roms Politik war die Nordwestecke des nicht gerade übersichtlichen Orts am wichtigsten. Von der Rednerbühne aus sprachen die Politiker zu den Bürgern; das tuffsteinerne Podium, von dem später so legendäre Gestalten wie Gaius Gracchus oder Caesar an das Publikum appellierten, war mit Schiffsschnäbeln geschmückt. Urheber der originellen Verzierung war derselbe Caius Maenius, dem der Senat dann 338 die Ehrensäule zubilligte. Eigenmächtig ließ er die bei Antium erbeuteten Rammsporne, lateinisch Rostra, am Podest für die Redner anbringen. »Ganz schön frech«, findet die Berliner Archäologin Susanne Muth. Immerhin habe Maenius damit die Tribüne, »auf der alle Politiker ihre Reden zum Volk hielten, als sein Siegesmonument« vereinnahmt. Der Coup gelang: Bis heute wird die Rednerbühne Rostra genannt.

Laut der Überlieferung geht noch eine andere Neuerung auf Maenius zurück: Im Jahr 318 soll er hölzerne Emporen über den damaligen Ladenreihen der Tabernae veteres und der Tabernae novae zu beiden Seiten der Via Sacra haben anbringen lassen. Die Balkone wurden sogar nach ihm benannt. Privatleute konnten auf diesen »Maeniana« Zuschauerplätze mieten, beispielsweise wenn Gladiatoren ihre blutigen Kämpfe ausfochten.

Mit der pompösen Architektur griechischer Stadtstaaten konnte sich das Forum freilich lange nicht messen. Der Historiker Polybios hat im 2. Jahrhundert v. Chr. beschrieben, wie erstaunt Griechen bei dem Anblick waren; manchen Besucher dürfte die winkelige, vielfach zugestellte Dorfplatzanlage sogar belustigt haben. Erst nach 200 begannen die Römer, ihr Stadtzentrum nach griechischen Mustern großzügiger zu gestalten.

Das Wohnhaus des Scipio Africanus beispielsweise wurde vom Censor Tiberius Gracchus aufgekauft. Er ließ es 169 abreißen und stattdessen ein prächtiges Hallengebäude erbauen, die Basilica Sempronia. Weitere solcher mehrstöckiger Geschäftshäuser veränderten den Charakter des Forums erheblich. Auch mit den inzwischen zahllosen Gedenksteinen und Statuen machte man eines Tages kurzen Prozess: Alle nicht offiziell genehmigten Zeugnisse politischer Selbstdarstellung habe man im Jahr 158 kurzerhand abgeräumt, berichtet der kaiserzeitliche Gelehrte Plinius.

Aus solchen Nachrichten, vor allem aber den reichen archäologischen Befunden haben Susanne Muth und ihr Team von der Berliner Humboldt-Universität bislang sieben Entwicklungsstadien des Forums als 3-D-Modelle dokumentiert. Es ist nicht die erste Rekonstruktion des legendären Platzes, aber eine der wenigen Nachbildungen, die Bauzustände vor der augusteischen Zeit zeigt. Was Rom-Besucher heute wahrnehmen, geht zum größten Teil auf spätere, kaiserzeitliche Bautätigkeit zurück. Erst die Frühphasen aber machen verständlich, weshalb selbst kaiserliche Despoten den Ort später nie durchgreifend verändert haben.

Hier schlug nun einmal das Herz dessen, was sich aus kümmerlichen Anfängen zur Weltmacht der Antike emporgekämpft hatte. So kann es selbst für heutige Besucher ein ergreifender Moment sein, wenn sie bemerken, dass sich, immer noch deutlich erkennbar an ihren massiven dunklen Steinplatten, zwischen Fundamentspuren, Grasflecken und den Resten alter Tempel die uralte Via Sacra zum Kapitol hinaufschlängelt.

PROTZ MIT DEM STAMMBAUM

Wer ist mit wem verwandt? Wer heiratet wen? In Rom waren solche Fragen mehr als Klatsch und Tratsch. Familien und Beziehungen hatten große politische Bedeutung.

Von Eva-Maria Schnurr

Als Publius Clodius Pulcher am 19. Januar 52 v. Chr. zu Grabe getragen werden sollte, lief alles anders als sonst. Üblicherweise ehrte die Adelsfamilie der Claudier ihre männlichen Angehörigen wie alle Nobiles mit einer aufwendigen Pompa funebris, einem Leichenzug vom Haus des Verstorbenen bis zum Forum. Alle großen und bedeutenden Ahnen waren bei diesem Spektakel symbolisch zugegen: Schauspieler trugen Wachsmasken mit dem Antlitz der Vorfahren, sogenannte Imagines, und liefen in chronologischer Reihenfolge hinter dem Verstorbenen her. Auf einer Bahre – manchmal auch sitzend, damit alle ihn gut sehen konnten – wurde er zur Rednertribüne auf dem Forum gebracht, wo ein Verwandter eine Leichenrede auf ihn hielt. Erst danach ging es zum Begräbnisplatz der Familie am Fuße des Kapitols.

Doch bei Clodius kam es gar nicht so weit. Was wohl auch daran lag, dass der etwa 40-jährige Verstorbene als schwarzes Schaf des altehrwürdigen Adelsgeschlechts galt. Er hatte sich von einer anderen Familie adoptieren lassen, um seinen Rang als Patrizier abzulegen, denn nur so konnte er Volkstribun werden. Schon zuvor hatte er seinen Namen »Claudius« in die plebejische Form »Clodius« geändert, um zu zeigen, dass er für die Interessen der Plebejer eintrat. Im Kampf mit einem politischen Konkurrenten war er auf der Via Appia erschlagen worden.

Seine Bestattung geriet zum Fanal: Anhänger trugen den Leichnam zur Curia hostilia, dem Versammlungsort des Senats, errichteten einen Scheiterhaufen und zündeten den Leichnam an – die Curia brannte bis auf die Grundmauern ab. Noch tagelang hielten Tumulte die Stadt in Atem. Die Beschreibungen der Trauerfeier lassen offen, ob die Wachsmasken der Claudier mitgeführt wurden. Es ist unwahrscheinlich. Denn die Bilder der Vorfahren sollten an die Taten der großen Männer aus der Familie erinnern, dem Volk zeigen, wie eng der Verstorbene mit seinen Ahnen verbunden war und welchen Anteil sie alle am Ruhm Roms gehabt hatten. Doch von seiner Herkunft hatte sich Clodius ja demonstrativ losgesagt.

Wer mit wem verwandt ist, ist in allen Gesellschaften dieser Welt ein Thema. In Rom aber war es das Thema schlechthin. Das Gemeinwesen, die Res publica, funktionierte ganz wesentlich dank der verwandtschaftlichen Beziehungen des Adels untereinander. Und aufgrund persönlicher Bindungen der restlichen Bevölkerung an mächtige Familien, des sogenannten Klientelwesens.

»Was der Römischen Republik an staatlicher Versachlichung und politischen Automatismen fehlte, ersetzte sie durch andere Faktoren, vor allem personelle Bindungen und gewachsene soziale Strukturen«, schreibt der Historiker Johannes Keller in seiner Dissertation über die politische Interessenvertretung in Rom.

Zwar hat die neuere Forschung frühere Ansichten widerlegt, nach denen bestimmte Familien bestimmte Senatsparteien stellten und so die Politik kontrollierten. Doch Politik spielte sich in Rom nicht nur in den Institutionen – den Magistraten und dem Senat – ab, sondern mindestens ebenso innerhalb der adeligen Familien und Clans.

Hier entstanden Allianzen von Vätern und Söhnen, Onkeln und Neffen oder unter Brüdern, aber auch zwischen Brüdern und Schwestern. Hier vernetzte man sich durch Hochzeiten und

Ämterlaufbahn

Staatlicher Aufbau der Römischen Republik

Adoptionen mit Standesgleichen. Und hier pflegte man seine Identität und sein öffentliches Bild, was dem Volk die Entscheidung über die zur Wahl stehenden Kandidaten erleichterte.

Die Claudier galten als arrogant und sehr adelsstolz. Wie alle patrizischen Gentes (Geschlechter) führten sie ihren Ursprung auf einen gemeinsamen Vorfahren zurück – mehr oder weniger mythisch umwoben. Im Fall der Claudier war es Attius Clausus, ein Anführer aus der benachbarten Volksgruppe der Sabiner. Diese hatten im späten 6. Jahrhundert v. Chr. einen Angriff auf Rom geplant, so die Legende, Clausus aber habe für Frieden plädiert und deshalb auswandern müssen.

Mit 5000 Gefolgsleuten kam er im Jahr 504 nach Rom, wurde freundlich aufgenommen und erhielt sogar Land. Und nicht nur das: Die »gens Claudia« wurde gleich Teil der patrizischen Adelsschicht, ihr erster Mann schon 495 zum Konsul gewählt – mit dem latinisierten Namen Appius Claudius. Damit waren die Claudier die letzte Gens, die unter die Patrizier aufgenommen wurde. Obendrein waren sie eine von nur 14 Gentes, die während des halben Jahrtausends der Republik Bestand hatten.

Was genau eine Gens eigentlich ist und welche Bedeutung sie in der römischen Frühgeschichte hatte, darüber debattieren Historiker bis heute. Möglicherweise, so eine Theorie, war es ein loser Verbund von Familien, die ihre Abstammung in männlicher Linie – die sogenannte agnatische Verwandtschaft – auf denselben Vorfahren zurückführten. Sie bewirtschafteten eventuell dasselbe Land und traten als gemeinsame Erben auf, wenn es weder ein Testament noch Erben in direkter agnatischer Linie gab.

Sicher ist: Jeder Patrizier gehörte einer Gens an. Ob allerdings auch plebejische Verwandtschaftsgruppen so organisiert waren, ist unklar. Da vermutlich innerhalb einer Gens nicht geheiratet werden durfte, könnte diese Gesellschaftsorganisation dazu gedient haben, durch familiäre Bande zwischen verschiedenen Clans eine Art föderale Gemeinschaft zu etablieren. Und sie garantierte soziale Beziehungen, die stabiler waren als die einer nur über die männliche Erbfolge definierten Familie, die ja gerade in Kriegszeiten leicht aussterben konnte.

Bis zur mittleren und klassischen Republik hatten die Gentes bereits massiv an Bedeutung eingebüßt; sie erfüllten nur noch soziale, kultische und ideologische Funktionen. Im römischen Familiennamen jedoch schimmerte das alte Clanwesen für jeden sichtbar durch. Das »Gentilnamensystem« hatte sich um etwa 700 v. Chr. entwickelt. Während vorher der Name des Vaters gemeinsam mit dem Vornamen, dem Praenomen, zur Identifikation des Einzelnen diente, wurde nun durch den Gentilnamen, das Nomen, die Zugehörigkeit zu einer größeren Gruppe ausgedrückt.

Innerhalb einer Gens bildeten sich bestimmte Namenssitten aus: Väter benannten ihren Erstgeborenen nach sich selbst, den zweiten Sohn nach dem Großvater und den dritten und weitere nach anderen männlichen Vorfahren. Frauen wurden meist nur mit der weiblichen Form des Gentilnamens benannt. Kaum eine Gens nutzte mehr als vier verschiedene männliche Vornamen, manche sogar nur zwei. Weil ohnehin jeder wusste, welcher Name gemeint war, wurden sie meist nur mit Anfangsbuchstaben abgekürzt: A. stand für Aulus, T. für Titus oder Q. für Quintus. Im 1. Jahrhundert v. Chr. berichtete der Geschichtsschreiber Varro von lediglich 30 verschiedenen Praenomina.

Als die Claudier gemäß der Familiensaga im Jahr 504 nach Rom einwanderten, gab es zwischen 50 und 100 patrizische Häuser. Später waren es wohl mehr, weil die Großfamilien sich verzweigten. Auch deshalb trat in der mittleren Republik ein Cognomen als dritter Teil zum Namen hinzu. Er unterschied die verschiedenen Familienzweige innerhalb einer Gens. So gab es bei den Claudiern unter anderem die Claudii Pulchri, die Claudii Nerones, die Claudii Marcelli oder die Claudii Pompeiani. Ein anderes Beispiel: Der berühmteste Spross aus dem Geschlecht der Iulier hieß Gaius (Vorname) Iulius (Gentilname) Caesar (Cognomen).

Die Familien, fortgesetzt über die männliche Abstammung, bildeten den eigentlichen Kern der römischen Gesellschaft, in organisatorischer, rechtlicher und ökonomischer Hinsicht. Sie bestanden jeweils aus dem Familienoberhaupt, dem Pater familias, seiner Gattin, den Kindern sowie den Sklaven und Freigelassenen, die mit im Haushalt lebten. Ihre Herkunft diente den Patriziern – und später auch den plebejischen Nobiles – zur öffentlichen Selbstdarstellung. Im Haus der Familie wurden in einem speziellen Schrank im Atrium die Masken der Vorfahren aufbewahrt, oft geschmückt mit Bildern vom Stammbaum. Jeder, der das Haus betrat, wurde sofort mit der Familiengeschichte konfrontiert.

Das war kein Selbstzweck. Wer im Wettstreit um die Magistrate der Republik mithalten wollte, hatte einen Vorteil, wenn er sich auf fähige Vorfahren in den Ämtern berufen konnte – das erhöhte die Wahrscheinlichkeit, selbst als wählbar angesehen zu werden. Ursprünglich wurden Kandidaten vor allem von ihren Klienten unterstützt: sozial und politisch Schwächeren, die sich in den Schutz und wohl auch die wirtschaftliche Abhängigkeit des mächtigen und angesehenen Patrons begeben hatten und ihm im Gegenzug »fides«, also Gefolgschaft, schuldeten. Doch in der klassischen Zeit der Republik war das ursprünglich persönliche Klientelverhältnis längst zu einer Massenveranstaltung geworden: Auf einen Patron kamen ganze Landstriche, deren Bewohner Klienten waren, und möglicherweise hatten etliche Klienten auch mehrere Patrone.

Um die politischen Kandidaten für die immer zahlreicher werdenden Ämter überhaupt unterscheiden zu können, war die Familienzugehörigkeit ein wichtiges Signal – wählte man einmal die Claudier, blieb man gewöhnlich dabei, weil man ihnen eine Art besondere erbliche Fähigkeit zugestand. Immerhin 28 Konsuln, 5 Diktatoren, 7 Censoren und 6 Triumphatoren wiesen die Claudier in ihrem Stammbaum auf, die Praetoren gar nicht mitgezählt, behauptete um 120 n. Chr. der Geschichtsschreiber Sueton. Moderne Historiker zählen zwar ein paar weniger, doch auf Details kam es bei solchen Ahnenangebereien gar nicht an.

Entscheidender waren berühmte Namen unter den Vorfahren, an die sich auch die einfachen Menschen erinnern konnten. Die Claudier hatten den Censor des Jahres 312 zu bieten, Appius Claudius Caecus, der seinen Ruhm sogar in den Alltag der Stadtbürger einschrieb: Er ließ nicht nur die Via Appia bauen, die Ausfallstraße nach Süden, sondern auch die Aqua Appia, die älteste Wasserleitung zur Versorgung Roms, sowie den Tempel der Bellona auf dem Forum. In den nächsten fünf Generationen erreichten seine direkten Abkömmlinge das höchste Amt, das Konsulat.

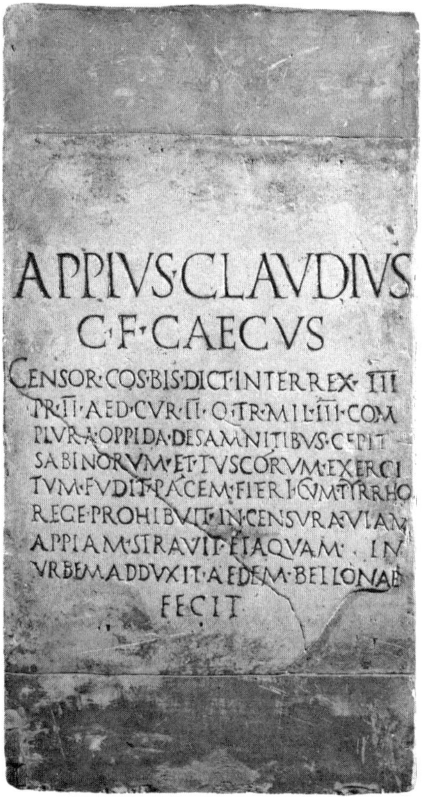

Gedenkstein für Appius Claudius Caecus, zweimaliger Konsul und Erbauer der Via Appia, um 300 v. Chr.

Solche Ahnenreihen konnten einem ambitionierten Römer im Wahlkampf um die wichtigen politischen Ämter durchaus helfen. Aber er durfte sich nicht allein darauf verlassen: Er musste beweisen, dass er des Familienruhms auch würdig war; mit seinen politischen und militärischen Taten, vor allem aber mit seinem möglichst unzweifelhaften Betragen gemäß den Mores maiorum, den Sitten der Vorfahren. Und natürlich wurde von ihm erwartet, dass er den Ruhm fortschrieb.

Dabei konnten auch Allianzen und Kooperationen zwischen verschiedenen Familien helfen. Bisweilen wurden sie durch Adoption begründet, weit häufiger jedoch durch Ehen. Da Hochzeiten anfangs bis zum sechsten Grad der Verwandtschaft, später bis zum vierten Grad verboten waren, vernetzte eine Ehe in der Regel zwei Familien miteinander, die allenfalls entfernt verwandt waren. Väter suchten ihren Schwiegersohn sehr sorgfältig aus, denn der eigene soziale Status und jener der Söhne wuchsen mit dem Ehepartner der Tochter – oder er sank. Und auch umgekehrt wertete es einen Mann auf, wenn er eine Tochter aus hohem Hause zur Frau gewann.

Die drei Schwestern des Publius Clodius Pulcher waren durch ihre Ehen günstige Verbindungen eingegangen: Die Jüngste war mit Lucius Licinius Lucullus verheiratet, die Älteste mit Quintus Marcius Rex und die Mittlere mit Quintus Metellus Celer – alle drei Männer waren Konsuln gewesen, Clodius hätte daraus also Vorteile ziehen können. Doch Verwandtschaft allein garantierte noch kein Einverständnis: Lucullus verwehrte dem jüngeren Schwager ein Amt – deshalb stachelte Clodius die Soldaten des Lucullus zur Meuterei auf. Der ließ sich daraufhin von Clodia scheiden. Auch mit Rex und Celer stand Clodius nicht sonderlich gut, gewann durch sie jedenfalls keine Vorteile.

Unterstützung erhielt Clodius jedoch von seinen Schwestern, die durch ihre Heiraten in die erste Reihe Roms aufgestiegen waren. Allein die Tatsache, dass auch sie unter ihrem veränderten Nomen Clodia und nicht etwa Claudia bekannt sind, deutet auf eine enge Verbindung zum Bruder hin. Offenbar war die politische Beratung durch die Schwestern so auffallend, dass Clodius' Gegner Cicero ihm eine inzestuöse Verbindung zu Clodia Metelli unterstellte. Das war ziemlich sicher erfunden, erfüllte aber seinen propagandistischen Zweck: Clodia wurde sozial ausgegrenzt und verlor jeden politischen Einfluss. Vor allem aber charakterisierte Cicero Clodius damit als einen Mann, der die Familie und damit das Fundament der römischen Gesellschaft erschütterte.

Im konservativen aristokratischen Rom kam das einem gesellschaftlichen Meuchelmord gleich. Denn die Achtung der Familie und der verwandtschaftlichen Bande diente ja auf entscheidende Weise dem Fortbestand der Republik: Der Familiensinn stärkte die kollektiven Interessen der Aristokratie, er sorgte für ein gemeinsames Standesbewusstsein, und er verhinderte lange Zeit, dass eine Familie oder gar ein Einzelner übermächtig wurde – zu verflochten waren die Ziele vieler mit denen des Einzelnen. Wer das Familiäre nicht ehrte, weckte leicht den Verdacht, er verachte die Ordnung der Res publica.

Die Historikerin Ann-Cathrin Harders, die Bruder-Schwester-Beziehungen in der Römischen Republik untersucht hat, vermutet, dass die schwindende Bindung an die Republik zu Caesars Zeit sich auch in veränderten verwandtschaftlichen Beziehungen zeigte. Die weiten, eher horizontal organisierten Netzwerke, geschaffen durch Heiratsverknüpfung mit anderen Familien, verloren an Bedeutung; einzelne Männer stellten sich außerhalb des aristokratischen Konsenses und ließen sich nun auch durch vielversprechende Ehebündnisse nicht mehr ins System einbinden. »Schon unter Augustus wurde eine Heiratsstrategie ausgebildet, die nicht nur auf eine Vernetzung mit den aristokratischen Familien zielte, sondern primär auf die Ausbildung und Konzentration einer dynastischen Linie«, schreibt Harders.

Publius Clodius Pulcher lebte genau in dieser Umbruchzeit. Für ihn war die Familie kein eigener Wert im traditionellen Sinn; einen Namen machte er sich auf eher zweifelhafte Weise: So drang er, als Frau verkleidet, ins Haus Caesars ein, weil er wohl ein Verhältnis mit dessen Gattin hatte. Clodius' Tochter Clodia immerhin wäre fast zur ersten Kaisergattin geworden: Sie war kurz mit Octavian – dem späteren Augustus – verheiratet. Die Ehe wurde jedoch nach nur zwei Jahren geschieden.

Kaiser Tiberius als Triumphator auf dem geschmückten Streitwagen, Silberbecher, gefunden 1895 bei Grabungen in Boscoreale am Südhang des Vesuvs

Während der Republik hatten die Claudier darauf verzichtet, sich wie die meisten anderen aristokratischen Sippen einen mythischen Vorfahren aus der Götterwelt oder wenigstens aus der trojanischen Heldenschar zuzulegen. Zu Beginn der Kaiserzeit wäre es ihnen dann beinahe doch noch gelungen, einen Gott in ihre Ahnengalerie einzureihen. Kaiser Tiberius, geboren als Tiberius Claudius Nero, wurde schon zu Lebzeiten als gottgleich, als »divus«, verehrt. Dummerweise nur hatte er sich zu dieser Zeit schon längst aus der Gens Claudia verabschiedet. Er war 4 n. Chr. von Kaiser Augustus adoptiert und damit ein Iulier geworden.

»WEHE DEN BESIEGTEN!«

Gallische Krieger eroberten und plünderten 387 v. Chr. die Stadt Rom. Das militärische Debakel beschäftigte die Unterlegenen noch Jahrhunderte.

Von Joachim Mohr

Der griechische Schriftsteller Plutarch (etwa 46 bis 120 n. Chr.) glaubte genau zu wissen, warum einst wilde Gallier, von Norden kommend, über die Alpen in die Poebene vordrangen: Sie »bekamen Wein zu kosten, der damals zuerst aus Italien zu ihnen gebracht wurde, und fanden alsbald solchen Geschmack an dem Getränk und kamen alle von dem neuartigen Genuss so von Sinnen, dass sie zu den Waffen griffen und mitsamt ihren Familien auf die Alpen zuzogen, um das Land zu suchen, das eine solche Frucht hervorbringe«.

Dass vornehmlich die Freude am Rebensaft und die Lust am Rausch so verlockend waren, um sich auf eine risikoreiche Wanderschaft über das höchste Gebirge Europas zu begeben, darf aus heutiger Sicht bezweifelt werden. Näher an der Wahrheit liegt sicher der römische Geschichtsschreiber Livius. Der aus Padua stammende Gelehrte berichtet von einer »drückenden Übervölkerung« im Gebiet der gallischen Stämme im heutigen Frankreich, in Belgien und in Teilen der Schweiz: Gallien war »so reich an Früchten und Menschen, dass es schien, als könne die übergroße Menge kaum noch regiert werden«.

Vermutlich suchten einige gallische Stämme, darunter die Senonen und Boier, gegen Ende des 5. Jahrhunderts v. Chr. nach neuem Siedlungsraum. Wohl um 400 erreichten diese Kelten –

Gallier und Kelten bezeichnen für diese Epoche dieselbe Volksgruppe – Oberitalien und ließen sich in der ungemein fruchtbaren Poebene nieder. Wodurch allerdings Ärger mit den Römern programmiert war.

Rom sah sich zu dieser Zeit als aufstrebende Regionalmacht. Um die Jahrhundertwende hatte sich der Stadtstaat in einem zehnjährigen Krieg gegen das benachbarte etruskische Veji durchgesetzt. In der Stadt am Tiber mit ihren verwinkelten Gassen war das Leben nicht einfach: Die meisten Menschen litten unter verdrecktem Trinkwasser, lebten in einsturzgefährdeten Häusern und kämpften mit hoher Kriminalität.

Auch die später siegesgewohnte und als ruhmreich beschriebene Kriegsmaschinerie der Römer war noch keineswegs perfekt entwickelt – und deshalb nicht vor herben Niederlagen gefeit. Ein militärisches Fiasko, einen dramatischen Rückschlag auf ihrem Weg zur Vorherrschaft in Mittelitalien erlitten die Römer im Jahr 387: Am 18. Juli kam es zu einem gewaltigen Zusammenstoß mit eingewanderten gallischen Kriegerscharen. In der Schlacht an der Allia, einem Nebenfluss des Tiber, wurde das römische Heer, angeblich immerhin 40 000 Soldaten stark, von den keltischen Stämmen vernichtend geschlagen.

Doch damit nicht genug: Der gallische Anführer Brennus rückte mit seinen Truppen kurzerhand bis nach Rom vor; sie drangen ein, plünderten, steckten Häuser in Brand und ließen auch sonst keine Gnade walten. Sie »zerstörten die Stadt und brachten alle Gefangenen ohne Unterschied um, Männer und Frauen, Greise und Kinder«, schreibt Plutarch.

Der Legende nach konnten die Römer allerdings die Burg auf dem Kapitolshügel halten. Einen nächtlichen Überraschungsangriff der Gallier abzuwehren gelang den Römern nur mithilfe der heiligen Gänse beim Tempel der Göttin Juno, der Gemahlin ihres obersten Gottes Jupiter. Das Federvieh begann bei der Ankunft der Feinde angeblich laut zu schnattern und weckte so die Wachen.

Sieben Monate lang sollen die Gallier das Kapitol belagert haben, ehe sie gegen Zahlung eines Lösegeldes von 1000 Pfund

Gold abzogen. Beim Abwiegen des Goldes verwendeten sie, so Livius, gar noch falsche Gewichte, um einen Vorteil zu erzielen. Als die Römer den Betrug monierten, habe Brennus sein Schwert gezogen, es mit zu den Gewichten geworfen und hämisch auftrumpfend gerufen: »Vae victis – Wehe den Besiegten!«

Zum Glück war die Bedrohung dann bald vorbei. Die Kelten hatten Beute machen wollen, aber Rom dauerhaft zu besetzen und sich dort niederzulassen war wohl nie ihr Plan gewesen. Zusammenraffen, was wertvoll war, darum ging es ihnen. Natürlich versuchten Chronisten später, aus dem militärischen Debakel doch noch einen Sieg zu machen. Livius, Erbe solcher patriotischen Geschichtsklitterungen, hat überliefert, dass der Feldherr und Diktator Marcus Furius Camillus die Gallier bei ihrem Rückzug vernichtend geschlagen und sogar das verloren geglaubte Gold gerettet habe – »nicht einmal ein Bote der Niederlage blieb am Leben«.

Den Aufstieg Roms hemmte die militärische Schlappe tatsächlich nur kurz. Die Bewohner bauten die Stadt wieder auf; vermutlich schützten sie ihre Heimat nun erstmals mit einer Befestigung aus Stein. Reste dieser durchaus respektablen Servianischen Mauer sind bis heute erhalten. In den nächsten 100 Jahren wurde die Tiberstadt zur dominierenden Macht in Italien, obwohl Patrizier und Plebejer im Inneren noch lange erbitterte Ständekämpfe austrugen. Die Kelten hingegen haben nach allem, was bekannt ist, nie einen eigenen Staat gegründet. Nach und nach wurden sie anscheinend assimiliert, wodurch sie aus der Geschichte verschwanden.

Dennoch blieb die unter Historikern oft als »Gallierkatastrophe« bezeichnete Niederlage für die Römer ein schweres Trauma, das noch Jahrhunderte nachwirkte. Der Schrecken ging als »dies ater« (schwarzer Tag) in die römische Geschichtsschreibung ein. Seither bezeichneten die Römer jeden Tag als »dies ater«, den ein böses Omen belastete oder an dem ein denkwürdiges Unglück geschehen war.

Die besondere Angst vor den Galliern, lateinisch »metus Gallicus«, blieb bis mindestens ins 1. Jahrhundert v. Chr. lebendig.

Jochen Bleicken, einer der renommiertesten deutschen Althistoriker nach dem Zweiten Weltkrieg, schrieb sogar: »Niemals vergaßen [die Römer] das furchtbare Unglück; wie ein Schock hatte es auf sie gewirkt, und noch viele Jahrhunderte später, als Rom schon Weltreich war, fuhr jedem Römer das Entsetzen in die Glieder, wenn sich am fernen Horizont ein Haufen von Galliern zeigte.«

Theodor Mommsen, der für seine »Römische Geschichte« 1902 den Literaturnobelpreis erhielt, ging noch weiter. Er nahm an, die Furcht vor den Invasoren habe den römischen Drang begründet, sich mit einem wachsenden Ring aus unterworfenen Völkern zu umgeben. Schreibt man dem Angriff der Gallier solche Langzeitfolgen zu, dann könnte man den 18. Juli 387 sogar als eine der wichtigsten Ursachen für Roms spätere enorme Expansion sehen.

REBELLION GEGEN DEN MAGEN

Wer hatte in der Res publica das Sagen? Der Machtkampf zwischen Patriziern und Plebejern war großer Stoff schon für römische Geschichtsschreiber.

Von Marc von Lüpke

Es muss ein einsamer Gang gewesen sein. Allein hatte Menenius Agrippa die sicheren Mauern Roms verlassen und sich ins Lager draußen vor der Stadt gewagt. Jetzt umringten Tausende streikender Soldaten den Unterhändler und warteten auf seine Worte. Nicht einmal eine Waffe hatte er mitgebracht, nur sein flottes Mundwerk. Und eine Geschichte. Immerhin eine gute.

Einst habe jeder Körperteil des Menschen »seinen eigenen Willen« besessen, begann Agrippa. Jedes Glied und jedes Organ habe seine Aufgabe verrichtet, bis es irgendwann zum Aufstand gekommen sei: Der Magen tue nichts weiter, als sich an den »ihm zugeführten Genüssen« zu sättigen, empörten sich die übrigen Körperteile und beschlossen, ihren Dienst zu verweigern. Die Hände brachten keine Nahrung mehr zum Mund, die Zähne kauten nicht mehr. Bald verfiel der ganze Leib.

Spätestens an dieser Stelle blickte Agrippa in schuldbewusste Gesichter. Denn »ebenso, wie er genährt werde«, nähre eben auch der Magen, beendete der Redner sein Gleichnis. Seine Botschaft war deutlich. Die Soldaten schulterten ihre Waffen und gingen nach Hause. Nach Rom.

Eine der größten Krisen der jungen Römischen Republik fand damit ihr Ende. Kein feindliches Heer hatte sich in diesen Tagen des Jahres 494 v. Chr. auf dem Heiligen Berg, Mons sacer, nahe

Rom verschanzt. Es waren römische Bürger, sogenannte Plebejer, die ihre Stadt im Widerstand verlassen hatten. Nachdem die altadligen Patrizier (von »pater«, Vater) den letzten römischen König vertrieben hatten, gehörte die Macht im Staat ihnen, denn sie allein waren wählbar. Die Plebejer (von »plebs«, Volk) hingegen mussten für Rom bluten: Sie kämpften im Krieg als mit Schleudern bewaffnete Fußtruppen. Politischer Einfluss blieb ihnen indes verwehrt.

Glaubt man den antiken Geschichtsschreibern, befand sich das römische Heer geradezu im Dauereinsatz. Erst kurz vor dem geschilderten Auszug der Plebejer, der ersten Secessio plebis, hatten die römischen Legionen gegen die Nachbarvölker der Volsker, Aequer und Sabiner zugleich antreten müssen. Siegreich kehrten die Legionen nach Rom zurück.

Doch nun probte das plebejische Fußvolk den Aufstand. Weil ihnen die Patrizier keine Zugeständnisse in der Frage der harten und erniedrigenden Schuldknechtschaft machten, marschierten die Soldaten in Kolonnen ab. Den zu Pferd kämpfenden Patriziern kamen Teile der Infanterie abhanden. Grund zur Klage dürften die Plebejer gehabt haben. Politisch war die Masse des römischen Volkes den Adligen schutzlos ausgeliefert. Die Patrizier, im Gleichnis des Menenius Agrippa der »Magen«, stellten Priester und Beamte, die Plebejer dienten als »Hände« und im Kriegsfall auch als Schleuderer – während sie ihre Felder vernachlässigen mussten und der Verdienstausfall viele dieser freien Männer zu Schuldsklaven degradierte.

In dichterischer Form überliefert ist nicht nur die Geschichte von der Einheit des Körpers, sondern auch, dass den Plebejern einige Zugeständnisse gemacht wurden. Zwei jährlich im Concilium plebis, der Versammlung der Plebejer, gewählte »Volkstribunen« sollten die Nichtadligen in Zukunft vor der Willkür der Patrizier bewahren. Dazu mussten die Volkstribunen nichts weiter tun, als sich schützend vor einen ihrer Standesgenossen zu stellen. Angedrohte Gewalt machte sie sakrosankt: In einem heiligen Eid schworen die Plebejer, dass jeder, der sich an einem

Volkstribun vergreife, den Göttern verfallen sei, also straflos getötet werden dürfe.

Aufgeschrieben hat diese Episode aus dem römischen Ständekampf der augusteische Historiker Titus Livius. Die Geschichte ist eindrucksvoll, berichtet aber sicher nicht die reine Wahrheit. Heute bezweifeln Forscher sogar, dass es ein Ringen um die Machtverteilung zwischen Patriziern und Plebejern vom Ende der Königszeit bis ins 3. Jahrhundert hinein in dieser Form überhaupt gegeben hat. Zumindest sind die dramatischen Ereignisse, wie Livius oder sein fast zeitgleich schreibender Kollege Dionysios von Halikarnassos sie schildern, bei früheren Geschichtsschreibern wie Fabius Pictor nicht erwähnt. Auf alle Fälle ergeben sich aus den Quellen mehr Fragen als Antworten.

Wer waren beispielsweise die Patrizier? Die einfache, gern erzählte Antwort lautete: Romulus persönlich habe das Volk in Höherstehende und Niedrigstehende unterschieden. Hundert vornehme Männer soll er in seinen Senat berufen haben, aus ihnen und ihren Nachfahren habe sich das Patriziat entwickelt. »Für diese simple Erklärungsvariante spricht wenig«, urteilt der Althistoriker Michael Sommer in seinem Buch über die Römische Republik.

Tatsächlich scheinen die tonangebenden Familien Roms erst in einem langen Prozess ihre Reihen geschlossen und den Zugang zu Priester- und Staatsämtern monopolisiert zu haben, um unliebsame Konkurrenz auszuschließen. Anders wäre zum Beispiel der Zuzug des Sabiners Attius Clausus, der später in Rom den Namen Appius Claudius führte, kaum erklärbar. Er kam offenbar um das Jahr 500 mit nicht weniger als 5000 waffenfähigen Männern am Tiber an. Später bildeten die Claudier eine der angesehensten Patrizierfamilien Roms.

Ebenso wenig Verlässliches ist über die Plebejer bekannt. Diese Gruppe umfasste von reichen Bauern bis hin zu ärmsten Tagelöhnern den überwiegenden Teil der römischen Bevölkerung. Etliche Plebejer, aber keineswegs alle, dürften den Patriziern Gefolgschaft geschuldet haben, also deren »Klienten« gewesen sein.

Entsprechend unterschiedlich muss man sich die politischen Ziele innerhalb der Gruppe denken. Während vermögende Plebejer politische Macht forderten, hegten die Armen eher ein Interesse an einer Reform des Schulddienstes. Der erste Auszug der Plebs im Jahr 494, falls er tatsächlich so stattgefunden hat, brachte zumindest den armen Plebejern keine Erleichterung. Die Schuldknechtschaft bestand fort. Und dies in einer Zeit, in der nachweislich Wirtschaftskrisen und Hungersnöte das westliche Mittelmeer heimsuchten.

Marschierten also Jahre später erneut lange Kolonnen aus Rom? »Dem Heer zogen die Bürger nach, sodass keiner, der altershalber gehen konnte, zurückblieb«, beschreibt Livius die zweite Secessio plebis im Jahr 449. Diesmal soll eine Gewalttat die Plebejer aus der Stadt getrieben haben.

Folgt man Livius, hatte alles erfreulich angefangen. Zehn Patrizier waren 451 unter dem Vorsitz des Appius Claudius Crassus Inregillensis angetreten, um Rechtssicherheit herzustellen. Bis dahin waren die Gesetze allein mündlich durch die – patrizischen – Priester überliefert worden. Die Plebejer waren ihnen entsprechend ausgeliefert. Nun sollte das Recht schriftlich niedergelegt werden, einsehbar und nachvollziehbar für jedermann. Zehn Gesetzestafeln legte das »Dezemvirat« nach einem Jahr Arbeit vor. Weil zwei weitere Tafeln vonnöten waren, trat im Folgejahr eine weitere Gruppe an, diesmal vorwiegend mit Plebejern besetzt – wieder unter Leitung des bereits erwähnten Claudiers. Er beschäftigte sich allerdings, wie es heißt, weniger mit der Gesetzgebung, sondern stellte lieber der jungen Plebejerin Verginia nach.

Das zweite Dezemvirat soll in eine Terrorherrschaft ausgeartet sein, tatenlos geduldet von Patriziern wie Plebejern, da sie sich wegen ihrer Feindschaft nicht auf ein gemeinsames Handeln einigen konnten. Als Verginia schließlich sogar das Schicksal drohte, von Appius vergewaltigt zu werden, habe ihr Vater sie getötet, um sie vor Schande zu retten. Geschlossen seien die Plebejer daraufhin erneut in den Streik getreten. Bald hätten sie sich allerdings mit den Patriziern verständigt: Appius brachte sich um; die Ordnung war wiederhergestellt.

Auch diese Geschichte enthält eine deutliche Botschaft: Einigkeit macht stark. Wie beim ersten Auszug der Plebejer muss allerdings auch der Wahrheitsgehalt dieser zweiten Secessio plebis bezweifelt werden. Historisch verbürgt ist hingegen die Verschriftlichung der Gesetze. Das Familien- und Erbrecht wurde zu dieser Zeit festgelegt, ebenso Strafen für Diebstahl, Brandstiftung oder Zauberei. Aber: Die vor allem die armen Plebejer bedrohende Schuldknechtschaft dauerte an.

Politische Mitsprache erlangten die Plebejer wortwörtlich im Kampf – stellte doch ihr Stand wohl den Großteil der Offiziere der Legionen. Mit solch einem Posten qualifizierte man sich im unablässig kriegführenden Rom für höhere Aufgaben. Aber was war mit dem Konsulat, dem ranghöchsten Amt? Unerbittlich und mit allen Tricks hielten die Patrizier an ihren Privilegien fest.

Die Wende, das gilt als gesichert, kam im Jahr 367, als die Volkstribunen Gaius Licinius Stolo und Lucius Sextius Lateranus eine lange umstrittene Initiative durchbrachten. Neunmal in Folge sollen sie sich der Legende nach ins Amt haben wählen lassen, bis sie den patrizischen Widerstand gebrochen hatten. Nun aber durfte dank den »leges Liciniae Sextiae« künftig einer der beiden Konsuln ein Plebejer sein.

Immer mehr Plebejer bekleideten in den darauffolgenden Jahrzehnten den Rang des höchsten Beamten. Pikanterweise scheinen sie sich ein Beispiel an dem genommen zu haben, was zuvor die Patrizier praktiziert hatten: Sie hinderten Standesgenossen, deren Vorfahren noch keine Konsuln- oder Prätorenämter errungen hatten, am Einzug in die obersten Staatsämter. Von 358 an etwa erschwerte ein Gesetz diesen »homines novi« (neuen Männern) den Wahlkampf. Zusammen mit ihren alten Gegenspielern, den Patriziern, bildeten die aufgestiegenen Plebejer nun einen neuen Leistungsadel: die Nobilität.

Natürlich waren auch mit diesem Ausgleich die gesellschaftlichen Spannungen in Rom keineswegs beendet. Welche Möglichkeiten des Taktierens auch lange später noch blieben, verdeutlicht schlaglichtartig der Blick auf einen Römer aus vornehmster patrizischer Familie. Gaius Iulius Caesar tat nämlich etwas, was wohl die meisten seiner Vorfahren schockiert hätte: Als Angehöriger der Nobilitätsfraktion der sogenannten Popularen machte er sich die Sache der armen Plebejer zu eigen – für ihn eine reine Machtfrage.

DER VERKAUFTE SOHN

Um 450 v. Chr. hielten die Römer auf zwölf Tafeln die nötigsten juristischen Regeln fest – ein früher Durchbruch zu mehr Rechtssicherheit.

Von Johannes Saltzwedel

Hübsch sieht das Häuschen aus, solide und regendicht. Nur leider ist der Nachbar verärgert – wurde doch ein Balken seines angrenzenden Gebäudes unerlaubt mitgenutzt. Darf er ihn wegreißen, sodass dem übergriffigen Mitbürger nebenan die Decke einstürzt?

Der kuriose Streitfall scheint in alten Zeiten so häufig vorgekommen zu sein, dass er in die älteste Rechtssammlung der Römischen Republik aufgenommen wurde: das Zwölftafelgesetz. Eigens war dort vermerkt: »Tignum iunctum aedibus vineave et concapit ne solvito«, zu Deutsch: »Einen (fremden) Balken, der mit einem Gebäude oder einem Weingarten fest verbunden ist und fortlaufend stützt, darf man nicht losmachen.«

Immerhin, es gab Entschädigung: Der Eigner des Balkens durfte den überführten Nachbarn auf den doppelten Wert des Holzteils verklagen. Diese Ergänzung findet sich jedoch erst bei dem großen Juristen Domitius Ulpianus, der unter Kaiser Caracalla, Anfang des 3. Jahrhunderts n. Chr., das angewachsene Gestrüpp der Einzelbestimmungen in »Digesten« systematisierte.

Für Rechtshistoriker sind solche viel späteren Hinweise trotzdem ein Glück. Denn das ehrwürdige juristische Monument des frühen Rom, dessen Formeln noch der große Anwalt und Politiker Cicero auswendig gelernt haben will, ist nirgendwo komplett überliefert. Fachleute haben versucht, die Tafeln aus zitierten Fragmenten zu rekonstruieren, aber vieles bleibt dunkel. Von den bronzenen oder hölzernen Platten enthielten vermutlich die ersten drei das Zivilprozessrecht, etwa zu Vollstreckungen. Zwei regelten Familien- und Erbfälle, zwei Vertrags- und Nachbarrecht, zwei das Strafrecht, die zehnte Tafel das Polizeirecht, und die beiden letzten brachten Ergänzungen.

Nicht nur sprachlich wirken die Reste – unten weitere Beispiele – lapidar und archaisch, auch ihr Gehalt klingt heute oft befremdlich. »Wenn ein Vater seinen Sohn dreimal zum Verkauf gegeben hat, soll der Sohn von der väterlichen Gewalt frei sein«: Drastisch hält die Formel fest, welch absolute Gewalt vom Familienoberhaupt ausging, ist doch die Freiheit beim dritten Verkauf schon als rechtlicher Fortschritt zu lesen.

Ähnlich brutal geht es zu bei schwerer Körperverletzung: »Wenn jemand [einem anderen] ein Glied verstümmelt, soll [der Täter] das Gleiche erleiden, wenn er sich nicht [mit dem Verletzten] gütlich einigt.« In krassen Fällen wie diesem drohte man also weiterhin mit dem alten »Auge um Auge«-Recht – aber die vorher übliche unbeschränkte Rache war damit passé.

Einige weitere Bestimmungen aus dem Zwölftafelgesetz:

CVM NEXVM FACIET MANCIPIVMQVE, VTI LINGVA NVNCVPASSIT, ITA IVS ESTO.
Wenn jemand eine Darlehensverpflichtung und ein Kaufgeschäft vornimmt, so soll das rechtens sein, was er mündlich bedungen hat.

ADVERSVS HOSTEM AETERNA AVCTORITAS [ESTO].
Gegen einen Fremden soll ewige Gültigkeit des Besitzes gelten. (Das heißt, er erlangt nicht wie ein römischer Bürger an etwas Eigentum, sobald er es zwei Jahre lang besitzt.)

VIAM MVNIVNTO: NI SAM DELAPIDASSINT, QVA VOLET IVMENTO AGITO.
Den Weg sollen sie fest machen: Wenn man ihn nicht mit Steinen befestigt hat, soll er [der Berechtigte] das Vieh treiben, wo er will.

PATRONVS SI CLIENTI FRAVDEM FECERIT, SACER ESTO.
Wenn der Patron seinen Schutzbefohlenen betrügt, soll er verflucht sein.

HOMINEM MORTVVM IN VRBE NE SEPELITO NEVE VRITO.
Einen Toten darf man innerhalb der Stadt weder begraben noch in ein Brandgrab bringen.

(Übersetzungen nach Rudolf Düll)

»IDEOLOGIE DER SCHOLLE«

Nach mühsamen Anfängen wurde Rom zu einem mächtigen Staat, in dem teure Wahlkämpfe Teil des politischen Spiels waren – bis die Gewalt überhandnahm. Ein SPIEGEL-Gespräch mit dem Historiker Wolfgang Blösel.

Das Gespräch führte Johannes Saltzwedel.

SPIEGEL: Professor Blösel, wenige Wörter haben eine so lange und glanzvolle politische Karriere gemacht wie der Begriff Republik. Seit wann sprachen die Römer eigentlich von der Res publica, der »öffentlichen Sache«?
Blösel: Die Bezeichnung dürfte es schon früh gegeben haben: Gemeint war das, was alle anging, worüber in Volksversammlungen beraten wurde. Als dann die Könige vertrieben worden waren – der Tradition nach 509 v. Chr., ich halte 480 oder 470 für wahrscheinlicher –, nannte man das neue Gemeinwesen mit programmatischem Nachdruck Res publica. Damit grenzte man sich deutlich von der früheren Alleinherrschaft ab, die als überwunden, ja als düstere Tyrannis dargestellt wurde.
SPIEGEL: Hauptfiguren sind die Rebellen Lucius Iunius Brutus und Lucius Tarquinius Collatinus, von denen manch kernige Geschichte überliefert ist. Wie könnte die Sache wirklich abgelaufen sein?
Blösel: Gemeine Frage! Seit mehr als zwei Jahrhunderten wird darüber gestritten. So fesselnd die alten Sagen sind, sie liefern doch bestenfalls Sinnbilder der Realität. Wie der politische Umschwung eintrat, lässt sich also nur modellhaft erahnen; die Quellen sind einfach zu dürftig. Gerade Brutus wirkt leider verdächtig wie eine künstlich zusammengebaute Figur. Auch dass es

gleich zwei Konsuln gegeben haben soll, ist sehr fraglich. Mit vielen deutschsprachigen Kollegen nehme ich an, dass zunächst ein »Praetor maximus« an der Spitze des Staates stand und wohl erst ab 367/366 zwei Konsuln.

SPIEGEL: Das hieße aber: Die Listen der früheren Konsuln, von Brutus angefangen, sind erfunden.

Blösel: Richtig. Aber das geht vielen angelsächsischen und italienischen Historikern zu weit. Sie halten weiterhin schon für die Anfangsjahre der Republik zwei Konsuln für wahrscheinlich. Wichtiger ist: Es gab jährlich Neuwahlen. Ein rascher Wechsel der hohen Beamten muss den aristokratischen Familien, die einander scharf beäugten, auf lange Sicht als gerechteste Dauerlösung erschienen sein; so kamen alle mal dran. Die Verfassung mit Senat und Magistrat war aber sicher nicht auf einen Schlag da; sie wuchs ganz allmählich heran, von Fall zu Fall.

SPIEGEL: Wann sind die Volksversammlungen, die Comitien, entstanden?

Blösel: Vieles spricht für einen Zeitpunkt schon vor Begründung der Republik, bereits im 6. Jahrhundert. Allerdings kam es dabei nie auf den Einzelnen an, und man stimmte weder frei ab noch geheim. Den äußeren Rahmen können wir uns etwa wie eine Schweizer Landsgemeinde vorstellen. Wer wofür stimmte,

Wolfgang Blösel

Seit 2012 lehrt der Althistoriker in Essen. Besonders interessieren ihn politische Institutionen; so hat er Oligarchie und Demokratie im klassischen Griechenland untersucht und das Problem, wie im republikanischen Rom politisches Amt und Feldherrnrolle zu vereinbaren waren. Im Frühjahr 2015 veröffentlichte Blösel, geboren 1969, das Überblickswerk »Die römische Republik. Forum und Expansion«.

wurde registriert, wenn nicht gar vom Patron kontrolliert. Es ging ja nicht um den Volkswillen, sondern um die Legitimation der Regierenden. Wehrkraft und Vermögen bestimmten das Gewicht der Stimmen. Sicher zu belegen sind die Centuriatcomitien freilich erst im 4. Jahrhundert.

SPIEGEL: Entsteht aber nicht schon Mitte des 5. Jahrhunderts das Zwölftafelgesetz? Dafür musste doch eine gefestigte Staatsordnung vorhanden sein.

Blösel: Zumindest ein staatliches Rechtsmonopol, ja. Schon was da überhaupt geregelt wird, ist sehr interessant. Im Privatrecht, vor allem bei Fragen von Besitz und Erbe, waren die Römer demnach früh penibel und detailliert. Verfassungsrechtlich hingegen haben sie sich viel weniger juristisch festgelegt – nur so konnte der Senat auf neue Lagen pragmatisch reagieren.

SPIEGEL: Nun herrschen die Römer noch lange nicht über ein wirklich großes Staatsgebiet. Bis ins 3. Jahrhundert kontrollieren sie nicht einmal ganz Italien. Gleich nebenan lebten die Etrusker mit ihrer völlig fremden Sprache. Wie verkehrte man miteinander?

Blösel: Die meisten übrigen Sprachen in Italien waren ja verwandt. Notfalls wechselten Händler oder Diplomaten ins Griechische. Politisch bildete Italien tatsächlich sehr lange ein hochkomplexes Gefüge aus römischem Staatsgebiet, römischen und latinischen Kolonien, Bundesgenossen und griechischen Städten. Die Einigung brauchte viel Zeit. Sobald dann aber Rom die Wehrkraft Italiens kontrollierte, waren seine Energie und expansive Wucht enorm.

SPIEGEL: Damit stand Rom, so erklären Sie, im Licht der »antiken Weltöffentlichkeit«. Wie muss man sich die vorstellen?

Blösel: Spätestens seit sich Rom mit Karthago angelegt hatte, verfolgte man am gesamten Mittelmeer, von Spanien bis in die Levante, den Aufstieg der neuen Macht sehr genau. Als im 3. Jahrhundert die ersten Historiker Roms Anfänge schilderten, taten sie es hauptsächlich, um den griechischsprachigen Nachbarn im Süden Italiens zu erklären, wer dieses aufstrebende Reich war oder

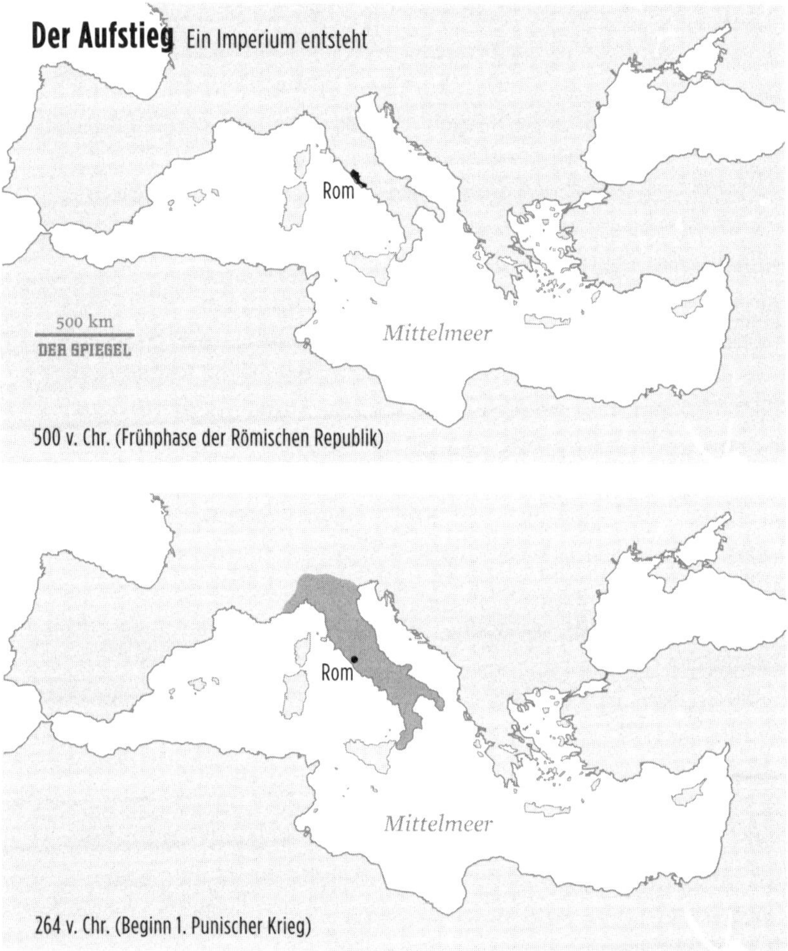

500 v. Chr. (Frühphase der Römischen Republik)

264 v. Chr. (Beginn 1. Punischer Krieg)

sein wollte. Viele lernten das aber auch auf sehr unsanfte Art. Die finale Auslöschung Karthagos, für meine Begriffe eine Hinrichtung erster Klasse, war offensichtlich als Signal gemeint: Wer sich uns nicht beugt, mit dem machen wir kurzen Prozess.

SPIEGEL: Gibt es für die Expansion ein Grundmuster? Wie bewusst und planvoll dehnte man das Reich aus?

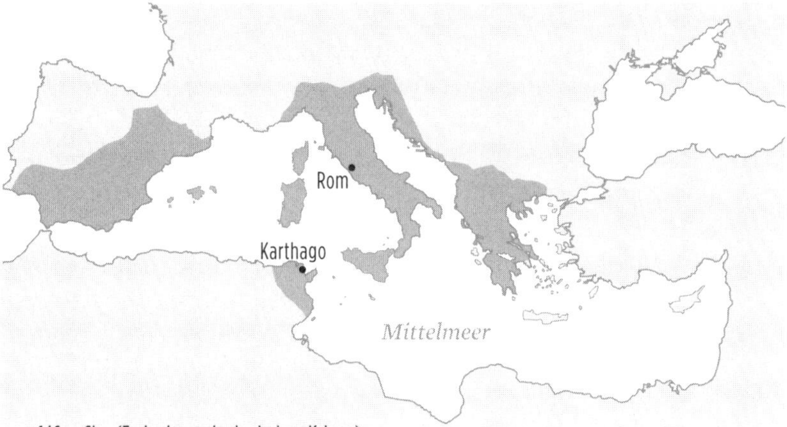

146 v. Chr. (Ende der makedonischen Kriege)

44 v. Chr. (Ermordung Caesars)

Blösel: Bei den Kolonien gleicht, wie wir inzwischen wissen, kaum ein Fall dem anderen. Oft sind Latiner dabei, oft werden auch Einheimische eingebunden. Nicht wenige Kolonien, angefangen mit Ostia, sollen die Küste sichern. Später fungieren Stützpunkte mitunter wie Stachel im Fleisch der Gegner, zum Beispiel der kampanische Vorposten Cales in den Samnitenkriegen. Nicht zuletzt werden aber auch immer wieder Pflanzstädte gegründet, um landlosen Römern – vom nachgeborenen Bauernsohn bis zum aufstiegswilligen Stadtrömer – eine neue Lebensgrundlage zu schaffen. Im Senat war so viel praktisches Herrschaftswissen versammelt, dass es kaum Sinn hätte, nach der strategischen Planung Einzelner zu fahnden.

SPIEGEL: Glück für Rom, dass die Senatorenschicht zusammenhielt. Aber gab es nicht doch unentwegt Spannungen innerhalb dieser »Nobilität«, die aus zermürbenden Fehden der altadligen Patrizier und Plebejer hervorgegangen war?

Blösel: Seit die reicheren Nicht-Patrizier ihren wirtschaftlichen Aufstieg in politische Mitsprache – konkret: den Zugang zum Konsulat – hatten umsetzen können, war ein Ausgleich da. Aber rundum harmonisch darf man sich das Verhältnis auch weiterhin nicht denken. Im alten Zwölftafelgesetz sollen ja anfangs Ehen zwischen Patriziern und Plebejern verboten worden sein. Diesen Passus habe man dann ein paar Jahre später wieder entfernt, heißt es. Ob das stimmen kann? Ich habe starke Zweifel. Das Ganze ist eine höchst verzwickte und umstrittene Sache.

SPIEGEL: Von heute aus erstaunt, dass in der politischen Klasse der Republik offenbar kaum Wirtschaftsmagnaten mitmischten. Weshalb?

Blösel: Ein Landgut, auch mehrere, besaßen wohl viele, wenn nicht fast alle Senatorenfamilien. Wie agrarisch die Aristokratie dachte, wie wirksam die Ideologie der Scholle war und blieb, belegt die schöne Geschichte von Cincinnatus, den man einst in Kriegsnot vom Pflug weg zum Diktator und Feldherrn machte. Aber um Bereicherungen einzudämmen, war Handel zum Zweck des Gewinns dem Senatorenstand offiziell durch ein Gesetz aus dem Jahr 218 verwehrt.

SPIEGEL: Sodass andere die Lücke ausfüllten?

Blösel: Genau, die sogenannten Ritter, die man mit einem Augenzwinkern die Businessclass nennen könnte. Solche oft sehr reichen Großhändler und Fabrikanten mochten nicht selbst im politischen Geschäft tätig sein; verglichen mit der heutigen globalen Macht der Wirtschaft war ihr Einfluss aber wohl doch nicht ganz so stark.

SPIEGEL: Im Jahr 264 hatten die Römer Italien einigermaßen unter Kontrolle, 201 das westliche Mittelmeer, bis spätestens 146 beherrschten sie auch Griechenland und Teile Kleinasiens. Ist damit der Machtgipfel des republikanischen Roms erreicht?

Blösel: Viele haben das so gesehen, und der Gedanke liegt wohl nahe: Zu dieser Zeit gliederten sich siegreiche Feldherren noch wieder in die Nobilität ein. Aber Vorsicht: Cato der Ältere spürte schon in der ersten Hälfte des 2. Jahrhunderts, dass das Gefüge langsam brüchig wurde, etwa durch Selbstdarsteller. Kein Geringerer als Scipio Africanus, der Besieger Karthagos, hatte sich durch sein großes Ego in Rom nachhaltig unbeliebt gemacht. Für mich liegen die eindrucksvollsten Momente der Republik eher davor, in den langen Jahren, als man unter ungeheuren Strapazen, unter Aufbietung wirklich der letzten Kräfte Hannibal niederrang. Schon die folgende Unterwerfung eines großen Teils von Spanien zeigt dann, wie schwer es war, so weit entfernte Gebiete zu beherrschen.

SPIEGEL: Was lief da schief?

Blösel: Krieg zu führen war in den ersten Jahrhunderten geradezu die Bedingung für eine politische Karriere gewesen. Ausgerechnet als Rom Weltmacht geworden war, verlor aber die Nobilität allmählich ihre militärischen Fähigkeiten. In Spanien zum Beispiel gab es reihenweise Führungsfehler und über Jahrzehnte peinliche, zum Teil desaströse Niederlagen. Offenbar schwand sogar das Interesse am Kriegführen; im 1. Jahrhundert zeigt sich das geradezu eklatant. Hier wird der immer stärkere Einfluss hellenistischer Denk- und Lebensformen spürbar.

SPIEGEL: Gab sich die römische Führungsschicht lieber dem Luxus der Hauptstadt hin, als fernab in unbequemen Heerlagern militärisch in Übung zu bleiben?

Blösel: Das und vieles mehr. Unter Roms Aristokraten war seit dem Ende der Punischen Kriege die Konkurrenz viel härter geworden. Aus den italischen Städten drängten aufstrebende junge Leute heran. Wie stellte jemand sich als herausragend dar? Es brachte nicht mehr genug Anerkennung, Gesetze auf den Weg zu bringen. Kriegsruhm kostete Zeit und viel, oft zu viel Energie, wenn nicht gar das Leben. Rangstreitereien und Wahlkämpfe wurden immer teurer. Das Prozessieren und Auftritte als Redner auf dem Forum Romanum verschafften den aufstrebenden Nobiles hingegen weit mehr Aufmerksamkeit. Großgüter entstanden auch deshalb, weil nur aus deren Gewinn manche politische Karriere überhaupt finanziert werden konnte. Einige versuchten selbst mit prächtigen Gastmählern zu punkten. Ostentativer Konsum machte sich breit.

SPIEGEL: Also vermutlich auch Prominenz, Schickeria und dergleichen?

Blösel: Und ob.

SPIEGEL: Lenkte der Geltungsdrang bisweilen gar von wichtigen Aufgaben ab? In Ihrem Buch über die Republik nennen Sie die Römer ab und an »saumselig« …

Blösel: Mit etlichen Konflikten hätten sie tatsächlich viel schneller fertig werden können. Selbst daheim in Italien muss sich der Sklavenaufstand des Spartacus erst zur ganz Italien bedrohenden Rebellion auswachsen, bis der Senat die Lage ernst nimmt. Es sind ja nur Sklaven, denken die Aristokraten, solche Leute sind doch gar nicht satisfaktionsfähig. Als Crassus die Aufständischen besiegt hat, darf er in der Hauptstadt nicht triumphieren, sondern wird nur mit einer kleinen Dankfeier, einer Ovatio, abgespeist. Man kann sich vorstellen, wie sauer er gewesen sein muss.

SPIEGEL: Zur Trägheit kam offenbar noch hartnäckiger Snobismus.

Blösel: Ja, da gibt es kuriose Geschichten. Zum Beispiel schüttelt ein Scipio, wie Politiker das tun, auf dem Forum einem Bauern die Hand und findet sie reichlich schwielig. Von oben herab fragt der Aristokrat, ob sein Gegenüber wohl auf den Händen gehe. Ein klares Eigentor – der Schnösel fiel bei der nächsten Wahl durch.

SPIEGEL: Hat solcher Standesdünkel auch dazu geführt, dass die politischen Reformanstrengungen der Gracchen-Brüder zwi-

schen 133 und 121 scheiterten? Eine Demonstration der alten Eliten gegen neue Ansprüche von außen?
Blösel: Die Sache ist komplizierter. Die Gracchen, selbst hochadlig, zeigten mit ihren im Grunde recht moderaten Ackergesetzen plötzlich ganz ungeahnte Alternativen auf – und konnten dank ihrer überraschenden Popularität zunächst mehr durchsetzen als erwartet. Als Erste schafften sie es, große Teile der Römer für das zu begeistern, was sie wollten. Die Senatoren, die sich an ihre Souveränität gewöhnt hatten, bekamen nun Angst, weil sie als Verlierer hätten dastehen können. Das durfte nicht sein. Das Scheitern und der Tod der Gracchen führten zu einer innenpolitischen Verkrustung. Gerade ihretwegen konnte dann später ein Mann wie Marius lange erfolgreich sein.
SPIEGEL: Das müssen Sie erklären.
Blösel: Marius war ein großartiger Feldherr, aber kein guter Innenpolitiker. Gegen alle Regeln amtierte er ohne Unterbrechung von 104 bis 100 als Konsul. Viele Legionäre waren jetzt Freiwillige, die sich weniger dem Staat verpflichtet fühlten als ihm. Marius behauptete sich, solange er im festgefahrenen Gegensatz zur Nobilität die Oberhand behielt. Das ging so weit, dass er Senatoren durch seine Veteranen unter Druck setzen ließ.
SPIEGEL: Ebneten solch offenkundig illegale Aktionen nicht einem Denken den Weg, das den Staat vollends zum Spielfeld autokratischer Macht verwandeln musste?
Blösel: Zumindest erschien die Hoheit des Senats inzwischen stark unterhöhlt. Die Aristokraten zeigten sich leider auch an falschen Stellen geizig. Wenn man die Versorgung der Truppen dem Geschick des jeweiligen Heerführers überließ, war es nur logisch, dass erfolgreiche Kommandeure dann bewaffnete Scharen für sich mobilisieren konnten, die den inneren Frieden störten.
SPIEGEL: Die Verrohung gegen Ende der Republik kann ja bis heute erschrecken: Steinigung eines Volkstribunen, Schlägerbanden in den Straßen verzögern amtliche Beschlüsse, 87 eine fünftägige Plünderung der Hauptstadt selbst, danach Sullas Proskriptionen zur Verfolgung und Tötung politischer Gegner, öffentliche

Drangsalierungen – altrömische Gemüter mussten über dieser Entwicklung doch in apokalyptische Stimmung verfallen.

Blösel: So schrecklich es klingt, viele waren wohl seit der Gracchenzeit dergleichen gewöhnt. Man hatte damals ja auch reihenweise Anhänger der Gracchen hingerichtet, viele kurzerhand gelyncht. Für mich ist das der Dammbruch, der Sündenfall. Von da an traute das Volk der Oberschicht nicht mehr. Die Gewalt blieb im System und war nicht mehr zu entfernen.

SPIEGEL: Spätestens mit dem rasanten Aufstieg des Pompeius, der sich als politisch ahnungsloser Militär für sein Konsulat erst einmal ein Handbuch schreiben lassen musste, wurde die Republik zur Arena erfolgreicher Feldherren. Nach seinen Siegen im Osten aber konnte Pompeius nicht durchbringen, was ihm politisch sinnvoll erschien, bloß weil er nicht offiziell im Auftrag des Senats gehandelt hatte …

Blösel: Der riesige Erfolg war tatsächlich sein größtes Problem. Wer, wie ein Historiker dann schrieb, »den Osten besaß«, weckte tiefen Argwohn. So jemand musste in die Schranken gewiesen werden.

SPIEGEL: Ein letzter Widerstand der Aristokraten gegen den starken Mann und Newcomer?

Blösel: Auf jeden Fall eine Demütigung: »Du kannst im fernen Asien reicher und mächtiger sein als wir alle zusammen, aber hier in Rom musst du schön ›Bitte, bitte!‹ sagen.« Da spielte sicher auch Pompeius' Vorgänger und Rivale auf dem östlichen Kriegsschauplatz, Lucullus, im Hintergrund mit.

SPIEGEL: Von den Feldherren Marius, Sulla und ihresgleichen bis hin zu Pompeius konnte ein Caesar also immerhin lernen, welche Fehler man vermeiden musste?

Blösel: Im großen Ganzen ja. Zu dieser späten Zeit war es für alle Beteiligten äußerst schwierig zu beurteilen, welche Machtmittel in welchem Moment sinnvoll waren; die Lage änderte sich fast täglich.

SPIEGEL: Sie setzen das Ende der alten Staatsform in den November 43, als im Jahr nach Caesars Ermordung Octavian, Antonius

und Lepidus das 2. Triumvirat bildeten. Waren die Römer der Republik eher konservativ, oder versuchten sie bis zuletzt, die Entwicklung zu gestalten? Noch schärfer: War die Republik vielleicht an ihrem eigenen Untergang schuld?
Blösel: Im Kern, der Grundorientierung nach, wollte wohl die übergroße Mehrheit bis zuletzt die überkommene Ordnung bewahren. Ideale von politischem oder sozialem Fortschritt in unserem Sinne gab es in der Antike ja nicht, das Alte war prinzipiell das Gute. Aber die Römer blieben flexibel und ließen Neuerungen zu – die man später durchaus auch wieder überprüfen konnte. Es war eine große politische Leistung, dass dieses System einige Jahrhunderte lang gut funktioniert hat. Erst als man die Kriegführung weitgehend Spezialisten überließ, zerbrach es. Das ist für mich der fatale Fehler, der in den Untergang führte.
SPIEGEL: Professor Blösel, wir danken Ihnen für dieses Gespräch.

TEIL II

VORMACHT AM MITTELMEER

DUELL DER GROSSMÄCHTE

In den drei Punischen Kriegen rangen Rom und Karthago um die strategische Vorherrschaft. Für beide wurde der Kampf zur Existenzfrage.

Von Uwe Klußmann

Der Konflikt, der zum großen Krieg führte, schien zunächst sehr überschaubar. Auf Sizilien hatten die Mamertiner, eine Bande ehemaliger römischer Söldner, 288 v. Chr. Messana, das heutige Messina, besetzt. Als Plünderer entwickelten sie sich zur Landplage. Daher sagte Hieron II., König des Stadtstaates Syrakus am Ostufer der Insel, ihnen 265 den Kampf an.

Die Banditen holten sich zunächst Unterstützung von einer Kampftruppe aus dem nordafrikanischen Karthago. Doch als gälte es zu beweisen, dass Plünderer keine Prinzipienreiter sind, wechselten die Mamertiner bald den Bündnispartner. Sie wandten sich an Rom. Die Römer, die auf dem Festland schon Konflikte mit ähnlichen Räuberbanden ausgetragen hatten, wussten, dass die Mamertiner fragwürdige Alliierte waren.

Doch vor allem sahen sie ihren geopolitischen Vorteil. Zu verlockend war die Aussicht, den wichtigen Seeweg zwischen dem Festland und Sizilien zu kontrollieren. Die Römer setzten nach Messana über und kontrollierten bald große Teile Siziliens. Der unterlegene Hieron II. von Syrakus unterzeichnete 263 einen Vertrag, der ihm nur einen Teil der Ostküste Siziliens beließ. Die Konsequenzen ihres scheinbar leichten Sieges aber hatten die Römer unterschätzt.

Denn der eigentliche Gegner war nicht König Hieron, sondern

Karthago. Die Karthager sahen in Roms Landnahme auf Sizilien, der nächstgelegenen unter den großen Mittelmeerinseln, eine Bedrohung. Herren des nordafrikanischen Reiches waren die Phönizier, ein Volk von Händlern und Seefahrern, ursprünglich beheimatet an der libanesischen und syrischen Küste. Im 9. oder 8. Jahrhundert v. Chr. hatten sie Karthago gegründet, eine Stadt, die Rom an Dynamik nicht nachstand. Durch Kolonien in Nordafrika und Südspanien und indirekte Herrschaft auf Sizilien und Sardinien wurde Karthago zur Großmacht im Mittelmeerraum.

Selbstbewusst stellten die karthagischen Phönizier, die von den Römern Punier genannt wurden, ein Ultimatum für einen Abzug der Truppen aus Messana. Doch die Römer zogen nicht ab. Mit ihrer überlegenen Flotte belagerten die Karthager nun Messana. Aus dem lokalen Zusammenstoß entwickelte sich bald ein erbittertes Ringen der stärksten Seemacht mit der dominierenden Landmacht des westlichen Mittelmeerraums. Es wurde der längste Krieg, den Rom je führte. Und der erste Kampf, in den die Tiberrepublik mit all ihren italischen Bundesgenossen eintrat. War dieser bewaffnete Konflikt unvermeidlich? In Senatsdebatten warnten römische Politiker davor, die Karthager könnten Italien durch Expansion gewissermaßen einkreisen. Doch das war vor allem Propaganda, um die eigenen Anhänger zu mobilisieren.

Strategisch bedroht war eher das karthagische Reich. Zunächst allerdings spielten die Phönizier ihre Stärke als Seemacht aus. Mit ihrer Flotte trugen sie den Krieg auf das gegnerische Festland, plünderten und verwüsteten italische Küstengebiete. Dann aber schlugen die Römer zurück. Es war eine technologische und organisatorische Meisterleistung, denn in wenigen Monaten bauten sie 150 Schiffe, die sie mit neuartigen Enterbrücken und Enterhaken ausrüsteten. Die Enterbrücke soll, so erzählt es der Historiker Polybios, aus einem Haltebalken auf dem Vorschiff und der elf Meter langen herabsenkbaren Brücke bestanden haben. Der Vorteil: Die Seeschlacht wurde quasi zur Landschlacht, was den römischen Legionären erlaubte, ihre Stärke auszuspielen. Der Nachteil: Die Schiffe kenterten leichter, weshalb die Erfindung nicht lange in Gebrauch blieb.

In der Seeschlacht von Mylae vor der Nordküste Siziliens im Jahr 260 standen sich die Flotten Karthagos und Roms annähernd gleich stark mit rund je 130 Schiffen gegenüber. Für die phönizischen Seefahrer begann ein Albtraum. Die Italiker schlossen Dutzende Schiffe der Karthager ein und zwangen deren Admiral Hannibal Gisko zur Flucht. Am Ende der Schlacht hatten die Römer rund 50 karthagische Schiffe versenkt oder erobert.

Damit bot sich ihnen die Gelegenheit, ihren imperialen Anspruch auf die gegenüberliegende Meeresküste auszuweiten. Hinzu kam ein psychologisches Moment: Für die Dynamik des Aufstiegs war der Ruf wesentlich, Rom sei unbesiegbar. Geschützt von einer verstärkten Kriegsflotte, wagte Rom die Invasion am gegnerischen Ufer.

Den Auftakt dazu bildete die Seeschlacht am Kap Ecnomus vor der Südküste Siziliens im Jahr 256. Dort trafen die Flotten Karthagos und Roms abermals aufeinander, gegliedert in jeweils vier Geschwader. Und wieder unterlagen die Karthager. Den römischen Nahkämpfern mit ihren Enterbrücken waren sie hilflos ausgeliefert.

Nun war der Seeweg frei. Die Römer landeten in Nordafrika und zogen bis vor die Tore des Gegners, der auch wirklich um Frieden bat. Dass es zu keiner Vereinbarung kam, lag an der Maßlosigkeit der Römer, die zu einem Grundzug ihrer Politik geworden war. Rom verlangte nämlich von den Besiegten, seine Vorherrschaft anzuerkennen und sich in einem Bündnisvertrag unterzuordnen – für die Karthager eine unannehmbare Forderung. So setzten sie ihren Widerstand fort.

Mithilfe griechischer Söldner schlugen sie bei Tunes (heute Tunis) 255 das römische Expeditionsheer. Als die Eindringlinge ihre Truppen über See abzogen, kam zur militärischen Niederlage noch eine Naturkatastrophe. In einem schweren Sturm vor der Südküste Siziliens gingen 300 von 370 Schiffen unter, rund 100 000 Mann ertranken – die größte bekannte Schiffskatastrophe der Antike. Die Römer zeigten sich unbeugsam und bauten erneut eine Flotte, bis auch diese in Stürmen zerschellte.

Derart vom Unglück verfolgt, verzichtete Rom knapp ein Jahrzehnt lang darauf, Karthago die Seeherrschaft streitig zu machen. Erst 242 fühlten sich die Herren am Tiber stark genug, den Kampf um das südliche Mittelmeer wieder aufzunehmen. Da die Finanzen der Republik ruiniert waren, musste Roms Oberschicht ihren Patriotismus unter Beweis stellen: Sie spendete für den Bau von 200 Kriegsschiffen.

Auch die Karthager ließen eine neue Flotte mit 250 Schiffen vom Stapel. Doch hinter den Bordwänden saßen unerfahrene, schlecht geschulte Mannschaften. In der Seeschlacht bei den Ägatischen Inseln vor der Westküste Siziliens im März 241 rächte sich dieser Mangel fatal: Die Römer erbeuteten und versenkten etwa die Hälfte der phönizischen Flotte.

Karthago war nun so geschwächt, dass es einem Friedensvertrag zustimmte, der harte Bedingungen enthielt und den 1. Punischen Krieg beendete. Die Nordafrikaner mussten Sizilien vollständig räumen und zehn Jahre lang Reparationen in Form von Silbermünzen, euböischen Talenten, zahlen.

Die finanziellen Probleme Karthagos führten zu einer innenpolitischen Katastrophe. Das karthagische Heer bestand vor allem aus Söldnern und war daher sehr teuer. Während des Krieges hatten Mietsoldaten schon einmal vergebens auf ihr Salär gewartet. Vor allem die libyschen Söldner waren nicht integriert in die phönizische Gesellschaft. Sie fühlten sich als Menschen zweiter Klasse. Das ließen sie die Aristokratie der Hauptstadt gewaltsam spüren. Ein Söldneraufstand, dem sich bald große Teile der nordafrikanischen Bevölkerung anschlossen, erschütterte den Staat von Karthago stärker als zuvor der Krieg mit Rom. Drei Jahre lang, von 241 bis 238, stand die Existenz des phönizischen Reiches auf Messers Schneide.

Dass es Karthago gelang, die Rebellion niederzuwerfen, war vor allem einem Mann zu verdanken, der gegen Ende des 1. Punischen Krieges Oberbefehlshaber des Heeres auf Sizilien gewesen war: Hamilkar Barkas. Er scheute sich nicht, einen Vernichtungsfeldzug gegen Soldaten zu führen, die er selbst zuvor kommandiert hatte.

Dabei zeigte der Söldneraufstand die innere Schwäche des phönizischen Staates. Karthago war eine aristokratische und oligarchische Gesellschaft. Ein »Rat der Alten« bestellte die Feldherren, die mächtiger waren als die »Könige«, die mehr als Oberrichter fungierten. Über diesem Rat stand das Gremium der »Hundertmänner«. Theodor Mommsen nennt es in seiner »Römischen Geschichte« das »Hauptbollwerk der karthagischen Oligarchie«.

Ämterkauf und ein »offenkundiges Bestechungssystem«, so Mommsen, hätten zu einer »Machtlosigkeit der Bürgerschaft« geführt. Das System von Karthago sei ein »Kapitalistenregiment« gewesen, »wie es begreiflich ist bei einer Bürgergemeinde ohne wohlhabende Mittelklasse«. Die Oligarchen geboten über Steinbrüche und Bergwerke. So habe einer »besitzlosen, von der Hand in den Mund lebenden städtischen Menge« eine »aus Großhändlern, Plantagenbesitzern und vornehmen Vögten« zusammengesetzte Oberschicht gegenübergestanden. Das Treiben der korrupten Elite habe, so Mommsens Urteil, schon an Landesverrat gegrenzt.

In dieser Lage hing das Schicksal des karthagischen Staates an einzelnen Feldherren wie Hamilkar Barkas. Der Sieg über die Söldner machte ihn zum starken Mann, und die Siegesstimmung nutzte Hamilkar sogleich für eine strategische Offensive. Er entschied sich, den zur Seemacht aufgestiegenen Römern als Landmacht entgegenzutreten.

Dass der Friedensschluss von 241 nur eine Pause markierte, daran konnte spätestens dann kein Zweifel bestehen, als Rom um 238 Sardinien an sich riss. Hamilkars Antwort war eine indirekte, strategische. Von 237 an ließ er den südlichen und den östlichen Teil der Iberischen Halbinsel bis zum Ebro erobern. Dort lebten verschiedene Stämme, Kelten wie auch Iberer. Die Kontrolle über Silberminen und Handelsstützpunkte spülte Geld in Karthagos leere Kassen. Das Zentrum der phönizischen Kolonial-

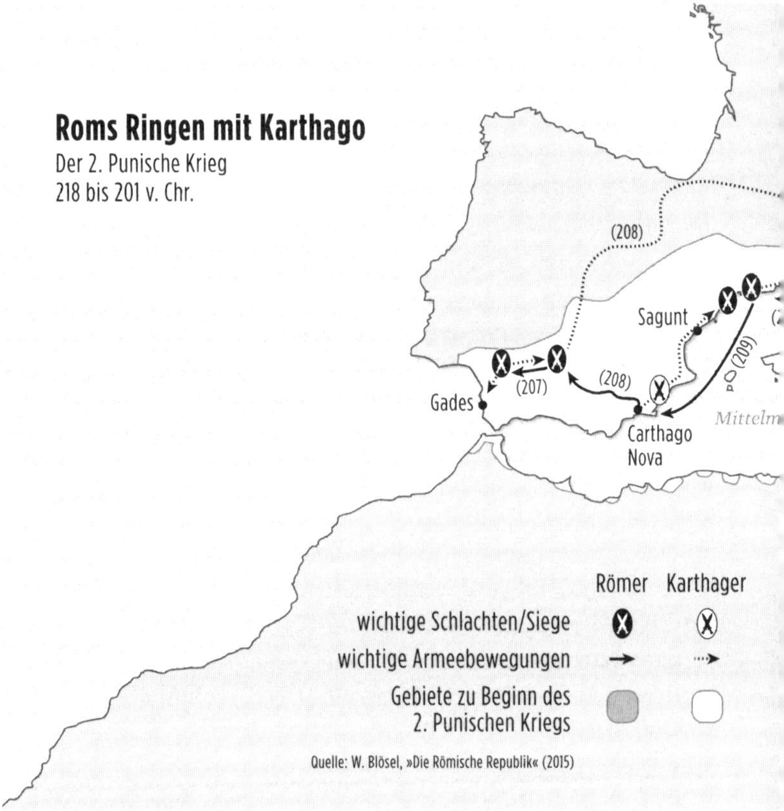

herrschaft in Spanien bildete das heutige Alicante, damals vermutlich Leuke Akra.

Zwar fiel Hamilkar 229 im Kampf mit dem iberischen Volk der Vettonen, dessen Männer die Schafe zu hüten, aber auch das Schwert zu schwingen verstanden. Ihm folgte sein Schwiegersohn Hasdrubal. Er gründete die Stadt Carthago Nova, das jetzige Cartagena, dessen Name schon die Bedeutung der neuen Eroberungen unterstrich.

Karthago zog 218 in den 2. Punischen Krieg. Der Konflikt entbrannte um die spanische Stadt Sagunt südlich des Ebro. Dort hat-

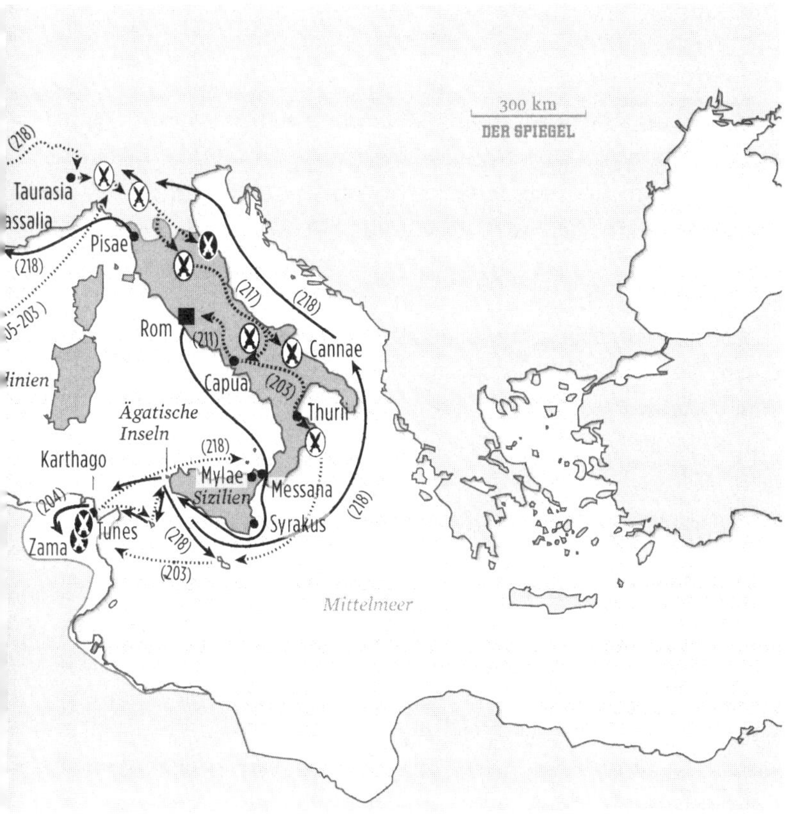

ten die Römer durch Geld und gute Worte eine romfreundliche Partei an die Macht gebracht und damit ein für Karthago gefährliches Signal gegeben: Spanische Städte konnten auf die Römer als Verbündete setzen. Karthago reagierte mit einem Angriff auf Sagunt. Daraufhin erklärte Rom den Krieg, um den bedrohlich erscheinenden Vormarsch zu stoppen. Eine neue Runde im Machtspiel hatte begonnen.

Zunächst schien es, als gelänge es den Römern, die Bedrohung abzuwehren. Karthagos Truppen verloren eine Seeschlacht an der Mündung des Ebro. Dann aber trat ein Feldherr auf, der bald zum

Inbegriff der Kraft Karthagos wurde: Hannibal. Der älteste Sohn des Hamilkar Barkas hatte seinen Vater bereits 237 nach Spanien begleitet und wurde 221 zum Oberbefehlshaber gekürt.

Hannibals strategische Fähigkeiten und sein Wagemut machten ihn zu einem der größten Feldherren der Antike. Erzogen wurde der um 247 Geborene von einem Spartaner, der später zu seinem Berater aufstieg. Offenkundig wusste der Mann genau, dass die Karthager das von ihnen besetzte Spanien gegen einen massiven römischen Angriff kaum würden halten können.

Seine radikale Folgerung: Karthagos Chance bestand allein darin, den Krieg auf italisches Gebiet zu tragen und damit Roms fragile Allianz mit wankelmütigen Verbündeten aufzubrechen. Für diese strategische Offensive brauchte er ein Moment der Überraschung und der militärischen Überlegenheit. Die Tierwelt Afrikas lieferte dafür eine Wunderwaffe: Elefanten. Mithilfe der beeindruckenden Dickhäuter wollte Hannibal das Römische Reich zu Fall bringen.

In Spanien stellte er ein Heer von etwa 50 000 Fußsoldaten, 9000 Reitern und, so der Geschichtsschreiber Polybios, 37 Elefanten zusammen. Die Tiere stammten angeblich aus den Wäldern um Karthago, vom Fuß des Atlasgebirges und von der marokkanischen Küste. Mit dieser bizarren Formation zog er durch den Süden Galliens und überquerte die Alpen auf einem nicht genau bekannten Pass im heutigen Frankreich. Es könnte der Col de Clapier gewesen sein, der Col de Montgenèvre oder der Col de la Traversette. Nach neun Tagen Bergmarsch erreichte Hannibals Heer die Passhöhe.

Die Elefanten machten nicht erst durch ihre Zahl, sondern schon durch ihre bloße Präsenz einen gewaltigen Eindruck auf die Menschen, die solche Kolosse nie gesehen hatten. Dabei war ihr Einsatz riskant. Die Tiere rutschten auf vereistem Boden aus und stürzten in Schluchten. In Panik konnten sie auch karthagische Soldaten tottrampeln.

Nach schweren Verlusten an Mensch und Tier, auch durch Angriffe örtlicher Stämme, erreichte Hannibal mit etwa 34 000 Mann im Jahr 218 die Poebene. Mit numidischen Reitern stürmte

Hannibal dort die Bastionen der Römer. Im Frühjahr 217 überquerte er den Apennin und trieb seine Soldaten in einem qualvollen Marsch tagelang durch Sumpfgelände. Dabei ritt Hannibal auf dem letzten Elefanten, der überlebt hatte. Und er zog sich wohl eine Entzündung zu, durch die er seine Sehkraft auf einem Auge verlor. Doch der Vormarsch ging weiter.

Es gelang ihm, nach Etrurien vorzustoßen, in das Land zwischen Arno und Tiber, ohne dem römischen Gegner Gelegenheit zu geben, seine Truppen zu dezimieren. Hannibal behielt sein Ziel im Blick, Rom die italienischen Städte als Bündnispartner abspenstig zu machen. Dazu brauchte der Feldherr ein detailliertes Bild vom Kräfteverhältnis im gegnerischen Lager. Das verschafften ihm zahlreiche Späher.

Der britische Militärexperte Nigel Bagnall bescheinigt Hannibal, er habe ein »wohlorganisiertes Netz von Kundschaftern und Spionen« aufgebaut, das ihm geholfen habe, alles gründlich zu erwägen und zu analysieren. Schon Theodor Mommsen war zu dem Schluss gekommen, Hannibal sei »stets wohlinformiert« gewesen von seinen »Spionen in Rom und im Römischen Heer«. So habe er seinen Feldzug »nach der Individualität des feindlichen Anführers« ausrichten können.

Ennius – Roms Homer

Als Erster schrieb er lateinische Hexameter. Sein Alterswerk wurde zur Tour de Force: In 30 000 Versen feierte es Roms Aufstieg, die ersten beiden Kriege gegen Karthago und Feldzüge gegen Makedonien als Heldenepos nach dem Vorbild Homers. Aber auch sonst war der Kalabrier Quintus Ennius (239 bis 169 v. Chr.) ein Pionier: Seine Wortschöpfungen und Lautmalereien wurden gern zitiert; die Tragödien galten als vorbildlich. Leider ist sein für die römische Literatur stilbildendes Werk nur noch aus Fragmenten bekannt.

Viele italienische Städte wie etwa Capua und Bruttium leisteten Rom keineswegs willig Gefolgschaft. Daher rief Hannibal die Gemeinden zur Rebellion auf – eine existenzielle Bedrohung für die Macht am Tiber. Im August 216 fügte Hannibal den Römern eine katastrophale militärische Niederlage bei. Bei Cannae auf der apulischen Hochebene gelang es ihm, von gut 80 000 römischen Soldaten etwa 70 000 zu töten und 10 000 gefangen zu nehmen. Dabei kommandierte er selbst nur 50 000 Männer. Sein Sieg in Unterzahl wurde legendär.

Die Römer hatten versucht, die karthagischen Truppen durch Zugriff in der Mitte zu erdrücken. Doch spanische Reiter und numidische Kavallerie machten diesen Plan zunichte. Sie konterten den Angriff mit einem weiten Schwenk in den Rücken der Legionen. Eingeschlossen wurden schließlich die Römer, weshalb Militärs von einer Umfassungsschlacht sprechen. Die Karthager verloren dabei nur etwa 6000 Mann.

Der ungefähr 30 Jahre alte Feldherr, der auf einem tollkühnen Weg nach Italien vorgedrungen war, hatte einen gigantischen Erfolg errungen. Trotzdem gelang es ihm nicht, seinen Sieg in einen strategischen Vorteil umzumünzen. Zwar fielen einige süditalische Gebiete von Rom ab, darunter Metapont und Thurii am Golf von Tarent. Doch Hannibals Kalkül ging nicht auf. In Mittelitalien blieb das römische Bündnissystem weitgehend intakt.

Versuche der Karthager, in den folgenden Jahren durch Gefechte und Belagerungen Gebiete zu erobern, führten nicht zu einem Durchbruch. Und Hannibals Truppen wären, wie er wohl wusste, nicht stark genug gewesen, um die gegnerische Hauptstadt zu belagern oder gar zu stürmen.

Die Tiberrepublik hingegen mobilisierte ihre letzten Reserven. Die Römer wählten 217 den Patrizier Quintus Fabius Maximus Verrucosus (»den Warzigen«) zum Diktator. Alle jungen Männer ab 17 Jahren mussten einrücken, dazu Straffällige und 8000 Sklaven. Hannibal geriet immer mehr in die Defensive. Dabei war Quintus Fabius, wegen seiner vorsichtigen Taktik auch »Cunctator« (Zögerer) genannt, lange umstritten. Zur beherrschenden

Figur in der Politik wurde er erst, nachdem seine Landsleute in der Schlacht von Cannae mit ihrer üblichen Offensivtaktik so schmählich gescheitert waren.

Nun erkannten die Römer an, dass es klug war, Hannibal nur in kleine Gefechte zu verwickeln, wie Fabius es tat. Denn so konnte er den Feind langfristig zermürben. Dabei verkörperte der Cunctator auf neue Art den Glauben an das siegreiche Rom, der in zwei expansiven Jahrhunderten gewachsen war. Sein Einfluss schwand allerdings, als sich mehr und mehr Chancen zu größeren Angriffen boten. Das war die Stunde des jungen Publius Cornelius Scipio. Der Senat ernannte den Patriziersohn, dessen Vater und Onkel im Kampf gegen die Karthager gefallen waren, 211 zum Oberbefehlshaber der Spanienarmee und zum Prokonsul, obwohl er erst 24 Jahre alt war.

Trotz seiner Jugend zeigte sich Scipio der Herausforderung gewachsen. Hannibal konnte sich zwar jahrelang in Italien halten, bekam jedoch kaum Zulauf von Roms abtrünnigen Verbündeten. Er blieb angewiesen auf die Unterstützung aus Nordafrika per Schiff. Seinen italienischen Partnern hatte er Freiwilligkeit zugestanden, was militärische Unterstützung anging. Doch nur wenige schlugen sich auf seine Seite.

Dabei spielte eine Rolle, dass sich Hannibal auf Söldner stützte. Die wurden von den Italikern als fremde Besatzer, nicht als Befreier angesehen. Die »enge ethnische und kulturelle Verwandtschaft mit den Römern«, so der Althistoriker Wolfgang Blösel, habe bei den Italikern »ein Loyalitätsgefühl wachsen lassen, das durch Hannibals Freiheitsparolen im Kern nicht zu erschüttern war«.

In dieser Lage entschloss Hannibal sich 211 zu einem Verzweiflungsschritt: Er zog in Eilmärschen vor Rom. Dort ertönte bald der Ruf »Hannibal ad portas!« – der oft falsch als »Hannibal ante portas!« zitiert wird. Doch für eine Eroberung der Metropole reichten Karthagos Kräfte eben nicht. Der Vorstoß sollte vor allem die 212 von den Karthagern eroberte und von Rom bedrängte Stadt Capua im Süden entlasten. Auch das schlug fehl: Noch 211 nahmen die Römer Capua ein.

Zwei Jahre später gelang den römischen Revanchekriegern ein weiterer Schlag. Im Zusammengehen von Heer und Flotte eroberten sie Carthago Nova. Weitere drei Jahre danach nahm Scipio ganz Spanien ein. Zwar landete Hannibals Bruder Mago mit einem Rest der karthagischen Spanienarmee bei Genua. Doch Hannibal saß in Italien perspektivlos fest.

Auch eine phönizische Versorgungseinheit mit 100 Schiffen für Hannibal wurde bei Sardinien von der römischen Flotte geschlagen. Nur einem Fünftel der Seefahrzeuge gelang die Flucht übers Meer in die Heimat. Die Niederlage in Spanien führte zum Abfall eines wichtigen karthagischen Verbündeten: Der Numiderkönig Massinissa, dessen Reiter ein Kernstück der karthagischen Truppen bildeten, wurde Hannibal untreu. Er war nach langem Einsatz in Spanien nach Nordafrika zurückgekehrt. Mit ihm verloren die Karthager die Fähigkeit zu erfolgreichen Kavallerieattacken. Die nächste Katastrophe ließ nicht lange auf sich warten.

Mehr und mehr Städte in Italien liefen wieder zu Rom über. Hannibal musste einsehen, dass seine Lage aussichtslos war: 13 Jahre nach seiner Ankunft verließ er 203 mit seinen Truppen zu Schiff das italienische Schlachtfeld. In »Verkennung der römischen Mentalität«, so der Hannibal-Biograf Jakob Seibert, habe der karthagische Feldherr nicht begriffen, dass seine Gegner »Ausdauer besaßen und nicht kapitulierten«.

Die Römer erkannten ihre Chance und begannen, in Nordafrika anzugreifen. Sehr bald eroberten sie Tunes. Zwei Jahre später kam es in Zama bei Karthago zur Entscheidungsschlacht. Numiderkönig Massinissa hatte vollends die Seiten gewechselt. Damit waren die Römer mit 8700 Reitern den Karthagern um fast das Dreifache überlegen. In der Schlacht, an der knapp 100 000 Soldaten beteiligt gewesen sein sollen, kamen 20 000 Mann um oder wurden verwundet. Hannibal musste in seine Hauptstadt fliehen. Die einstige Seemacht war auf ihrem eigenen Territorium geschlagen. Sie hatte während des 2. Punischen Krieges keinen Versuch mehr unternommen, die Herrschaft auf dem Meer zurückzugewinnen.

Die tieferen Ursachen für die Niederlage dürften in der Struktur der phönizischen Gesellschaft zu finden sein. Karthago erwies sich als orientalisches Gemeinwesen, übertüncht vom Glanz der hellenistischen Kultur des antiken Griechenland, die stark auf die Phönizier gewirkt hatte. Ihr Staat war nicht in der Lage, eroberte oder abhängige Völker an sich zu binden. Seine Söldnertruppen konnten dem erheblich besser motivierten römischen Volksheer letztlich nicht standhalten.

In Kenntnis der eigenen Schwäche schlug Hannibal seinen Landsleuten einen Frieden mit Rom vor, der 201 vereinbart wurde. Karthago musste den Großteil seiner Flotte bis auf zehn Schiffe abliefern. Zur Demütigung des geschlagenen Gegners ließ Scipio Hunderte von Schiffen vor Karthago verbrennen. Die Phönizier verloren alle Besitzungen außerhalb Nordafrikas. Rom zwang sie, die Unabhängigkeit Numidiens unter dem abtrünnigen Massinissa anzuerkennen. Sie mussten über Jahre Reparationen zahlen, was nur mithilfe römischer Kredite möglich war. Und sie durften ohne Erlaubnis Roms nirgendwo mehr Krieg führen.

Nach diesem bitteren Frieden versuchte Hannibal, durch Reformen im Inneren die Schwächen seines Staates zu überwinden. Er begann einen Kampf gegen die Oligarchen, indem er im obersten Gerichtshof nach römischem Vorbild ein Rotationsverfahren einführte. Durch eine Überprüfung der Steuerverwaltung bekämpfte er die wuchernde Korruption.

Doch die Oligarchen schlugen zurück. Sie machten ihn für den verlorenen Krieg verantwortlich und stellten ihn vor Gericht. Seine innenpolitischen Gegner trieben Hannibal im Jahr 195 ins Exil. Der Verfemte fand Asyl bei verschiedenen Herrschern östlich des Mittelmeeres. Schließlich blieb er in Bithynien, weit im heutigen Nordwesten der Türkei.

Aber wie bereits zuvor verfolgte ihn dort die Rache der Römer. Der bithynische König stimmte schließlich der Auslieferung Hannibals zu. Der wählte den Freitod, vermutlich durch Gift. Er wurde etwa 65 Jahre alt. Nach Hannibals Ende 183 waren bald auch die Tage seiner Heimat gezählt. Der Versuch karthagischer

Oligarchen, römische Wünsche willfährig zu erfüllen, hinderte Rom nicht daran, zum Vernichtungsschlag auszuholen.

Den Vorwand zum 3. Punischen Krieg fanden die Römer, als Karthago sich bewaffnet gegen Plünderungen durch Truppen des langlebigen Numidierkönigs Massinissa wehrte, ohne Rom um Genehmigung zu fragen. Die Senatoren folgten ab 150 dem Kurs, den ihr Kollege Marcus Porcius Cato der Ältere proklamierte. Die Karthager, so Cato, seien »immer noch unsere Feinde«. Sie hätten Verträge gebrochen und seien grausam. Seine Schlussfolgerung: Nur die Zerstörung der Stadt bringe Sicherheit.

Den Endkampf um Karthago eröffneten die Römer 149 mit der Landung eines 35 000 Mann starken Heeres. Zwei Jahre später übernahm der römische Feldherr Scipio der Jüngere das Kommando. Er ließ die Stadt 147 vom Binnenland abschneiden und eroberte den Hafen. Im Herbst begannen die Römer den Angriff auf die Stadtmauer. Mit riesigen Rammböcken, die von mehreren Tausend Soldaten bedient wurden, brachten sie den Schutzwall zum Einsturz. Außerdem gelang es ihnen, die Wachposten des Handelshafens zu überwältigen und in die Stadt vorzudringen. Alle Versuche der Karthager, innerhalb der Stadt neue Verteidigungslinien aufzubauen, scheiterten nach wenigen Tagen. Als die Römer das Zentrum und den Markt erreicht hatten, stürmten die Legionäre die Häuser. Sie plünderten, mordeten und setzten die Innenstadt in Brand.

Am siebten Tag der Schlacht kapitulierte Karthago, im April 146. Aus den rauchenden Ruinen der zerstörten Reichshauptstadt strömten 50 000 Männer, Frauen und Kinder. Die Römer verkauften sie nach antikem Brauch in die Sklaverei. Die Sieger entvölkerten die Stadt und zerstörten ihre Gebäude.

Erst rund 100 Jahre später ließ Caesar den Grund erneut besiedeln. Er nannte die neue Ansiedlung Colonia Julia Concordia Carthago. Im 2. Jahrhundert n. Chr. war das neue Karthago mit 300 000 Einwohnern die viertgrößte Stadt des Römischen Reiches. Mit der Hauptstadt des einstigen phönizischen Reiches aber hatte sie nur noch den Namen gemein.

DIE PARALLELGESELLSCHAFT

Sklaverei galt im alten Rom als Selbstverständlichkeit. Zwischen den Unfreien gab es große Unterschiede; manchen gelang sogar der Aufstieg ins Bürgertum.

Von Petra Kleinau

Einmal jährlich, vom 17. Dezember an, herrschte in Rom Ausnahmezustand. Am Fest der Saturnalien waren alle Standesgrenzen aufgehoben. Sklaven machten sich lustig über ihre Herren und wurden von ihnen bedient. Diener karikierten in Spottversen die Macken ihrer Eigentümer. Mitmachen durften in der Regel allerdings nur Haussklaven – und selbst von ihnen keineswegs alle: Nur wer über Bildung, Talent und ein angenehmes Äußeres verfügte, vermochte bei den zum Teil szenisch arrangierten Veräppelungen eine Rolle zu spielen.

Das traditionelle Fest bildete für die Unfreien eine Art Ventil, um aufgestautem Ärger und Enttäuschungen Luft zu machen. Allerdings hatten sie keine Garantie, dass sie für einen kecken Auftritt bei den Saturnalien nicht bezahlen mussten. Denn natürlich konnten die Besitzer an ihren Sklaven gleich hinterher wieder ihren Mutwillen auslassen. Die unterste Gesellschaftsschicht besaß keinerlei Rechte. Juristisch betrachtet waren Sklaven nicht mehr als ein »Instrumentum vocale«, ein Objekt mit Stimme. Auch ihre Kinder waren zum selben Dasein bestimmt.

Dass Unfreie tatsächlich nicht mehr galten als beliebiger anderer Besitz, zeigt beispielsweise ein Gesetz, das der Volkstribun Aquilius 286 v. Chr. durchbrachte. »Wenn jemand einen fremden Sklaven oder ein fremdes vierfüßiges Herdentier widerrechtlich tötet«, heißt es in dieser »Lex Aquilia«, so »soll er verpflichtet sein, dem Eigentümer so viel Kupfergeld zu geben, wie die Sache in diesem Jahr maximal wert war«. Die »Objekte mit Stimme« wurden als Ware auf Märkten gehandelt, ihre Besitzer konnten sie ausbeuten, brandmarken, töten oder fördern – der Willkür, aber auch dem Wohlwollen der Vermögenden waren keine Grenzen gesetzt.

Zehntausende von Versklavten kamen seit dem 3. Jahrhundert v. Chr. aus besiegten Ländern in die römische Metropole und verwandelten die Stadt in einen Schmelztiegel der Kulturen. Kurz nach dem Ende der Republik, zur Zeit des Alleinherrschers Augustus, zählte nach Schätzungen etwa jeder dritte Bewohner des Imperiums zu den Unfreien. Als das Reich in der Kaiserzeit weniger Eroberungskriege führte, wurden hausgeborene Sklaven (Vernae) wichtiger. Sie galten als besonders wertvoll, weil sie mit Sprache und Sitten der Römer vertraut waren – und ihren Sklavenstatus mangels anderer Erfahrung auch nicht infrage stellten.

Eine homogene Masse waren die Sklaven sowieso nie gewesen: Herkunft, Sprache, Bildung, Einsatzbereich und Lebensbedingungen unterschieden sich erheblich. Wer sich im Berg oder auf dem Feld abrackern musste, hatte es deutlich schlechter als Haussklaven, die zur Familia ihres Herrn (Dominus) gehörten. Die einen schufteten dem Tod entgegen, ohne Aussicht auf Besserung ihrer Lebensumstände, für die anderen eröffnete sich immerhin eine Perspektive: Sie hatten die Chance, freigelassen zu werden. Das ist in der Geschichte der Sklaverei in diesem Ausmaß einzigartig. Die mögliche Freiheit, das Licht am Ende des Tunnels, hat wohl mit dazu beigetragen, dass sich die Sklaverei im Römischen Reich über so viele Jahrhunderte halten konnte.

Fachleute zweifeln sogar an, ob man das alte Rom überhaupt als unterdrückerische »Sklavenhaltergesellschaft« bezeichnen sollte. Zwar beruhte das Wohlleben reicher Römer vielfach auf dem Zwangsdienst. Aber ein großer Teil der Freien stand mit ihnen sozial auf einer Stufe, übte ähnliche Tätigkeiten aus und genoss dieselben Rechte. Manchen Sklaven ging es so gut, dass sie sich für etwas Besseres hielten als Bauern und Handwerker. Zudem bot die Leibeigenschaft größere materielle Sicherheit. Sklaven galten ohnehin nicht prinzipiell als minderwertig, im Gegenteil: Bessergestellte schätzten ihre besonderen Fähigkeiten.

Tatsächlich ist die Vielfalt kaum zu überblicken. Sklaven mit entsprechender Vorbildung wurden als Lehrer – etwa für Griechisch –, als Diener, persönliche Sekretäre oder Ärzte eingesetzt und geachtet. Mit Glück konnten sie als Händler, Handwerker oder Bibliothekare gewisse Unabhängigkeit erlangen. Eine Sklavin konnte Tänzerin, Musikerin oder Schauspielerin sein, sie konnte als Köchin oder Kellnerin dienen. Man engagierte sie als Weberinnen oder Friseurinnen, aber auch als Hebammen und Kindermädchen.

Allzu rosig darf man sich die Sklavenexistenz freilich nicht denken. Manche entkamen nie der Fron auf den riesigen Landgütern, im Weinbau, in den Silberminen oder dem Rudertakt der Galeeren. Besonders kräftige Männer mussten als Gladiatoren ihr Leben riskieren. Auch vor skurrilen Jobs im Dienste dekadenter Herren schützte sie niemand. Sie konnten gezwungen werden, vor ihren Besitzern herzulaufen und diese vor Unebenheiten auf dem Weg zu warnen. Sklavinnen mussten mitunter Gästen bei Tisch ihr langes Haar zum Reinigen von Mund und Händen anbieten. Begabte lernten Werke auswendig, sodass ihr Herr mit verblüffenden Zitaten glänzen konnte – sozusagen als wandelnder Recherche-Service.

Andere Römer ließen sich von ihren Sklaven sexuell verwöhnen. Zu den sogenannten Lustsklaven zählten meist solche, die dem Schönheitsideal der antiken Schickeria entsprachen. Sklavinnen wurden auch zum Konkubinat gezwungen.

So dubios, ja verwerflich all diese Praktiken aus heutiger Sicht wirken: Für die Antike war es der Normalzustand. Über Jahrhunderte konnten sich ganze Wirtschaftsbereiche auf die Arbeitskraft der Unfreien stützen. Widerstand regte sich selten; kam es zu Revolten, wie bei dem berühmten Spartacus-Aufstand 73 v. Chr., waren es zumeist Feldsklaven, die rebellierten. Oft wurden diese bedauernswerten Menschen ihrerseits von Unfreien beaufsichtigt und zur Arbeit geprügelt. So existierte mancherorts eine Art Parallelgesellschaft unter den Sklaven, die der Hierarchie der freien Bürger ähnelte.

Der Spartacus-Aufstand: Ende am Kreuz

Der größte und für die Republik bedrohlichste einer Reihe von Aufständen begann 73 v. Chr., als rund 70 Sklaven aus einer Gladiatorenschule in Capua ausbrachen. Der Zulauf zu den Rebellen war gewaltig; Zehntausende Männer, Frauen und Kinder zogen durch den Süden Italiens und bis hinauf nach Mutina (Modena). Geführt von dem Schwertkämpfer Spartacus und vier weiteren Befehlshabern, siegten die Sklaven in mehreren Schlachten, bis sie 71 in Süditalien vernichtend geschlagen wurden. 6000 Überlebende wurden entlang der Via Appia gekreuzigt.

Hatten Roms Truppen ein Gebiet erobert, trennte man ohnehin die Elite der Besiegten vom gemeinen Volk. Anführer und Gebildete wurden von wohlhabenden Römern gekauft und galten häufig als Statussymbole. Solche meist im Haus eingesetzte Sklaven waren gewöhnlich gut ernährt, gepflegt und korrekt gekleidet. Von den normalen Bürgern konnte man sie kaum unterscheiden. Einige von ihnen führten ein erstaunlich angenehmes Leben – die Besitzer gingen mit ihrem wertvollen Eigentum pfleglich um. Für gute Dienste gab es zumeist auch gute Behandlung. Je mehr Sklaven allerdings auf den Märkten angeboten wurden, desto stärker litt in der Regel auch die persönliche Bindung zu den Eigentümern, und das Risiko von Misshandlungen stieg.

Das Schicksal der Sklaven entschied sich an Stellung und Charakter ihrer Besitzer. Manche der Unfreien pflegten freundschaftliche Beziehungen zu ihren Eigentümern oder deren Kindern, die sie erzogen. Am wichtigsten blieb allerdings meist die Rentabilität. Einige Römer stellten sich dabei überaus geschäftstüchtig an. Von Cato dem Älteren etwa ist überliefert, man müsse einen Sklaven sofort verkaufen, wenn er nichts mehr nütze. Der berühmte Schriftsteller und Staatsmann lieh seinen Leibeigenen sogar Geld, damit diese andere junge Sklaven beschäftigen konnten, um sie auszubilden und anschließend mit Gewinn weiterzuvermieten – an den Profiten war der alte Fuchs selbstverständlich beteiligt.

Dieses schon fast kapitalistische System machte es möglich, dass Sklaven ein eigenes Vermögen (Peculium) ansparen und sich so am Ende mit Glück freikaufen konnten, vor allem wenn sie ein vertrauensvolles Verhältnis zu ihren Eigentümern besaßen. Offenbar war die Ansicht verbreitet, dass das Gesamtsystem florierte, solange auch die Untersten der Gesellschaft Aussicht auf Gewinnbeteiligung oder gar Freiheit hatten.

Etliche ehemalige Sklaven brachten es so bis zum Reeder, Armeeoffizier oder Rat in einer Provinzstadt. Livius Andronicus (um 280 bis um 207 v. Chr.) etwa soll bei der Eroberung Tarents in Kriegsgefangenschaft geraten sein und dann als Sklave des Livius Salinator dessen Kinder unterrichtet haben. Aus Dankbarkeit und wegen seiner Sprachkünste freigelassen, eröffnete er später eine Schule und wurde als Dichter berühmt.

Auch Tiro, der wichtigste Sklave Ciceros, machte sein Glück. Zusammen mit seinem Herrn aufgewachsen, wurde er später dessen Sekretär und Vertrauter. Nach Ciceros Tod brachte er als Nachlassverwalter dessen Werke heraus und verfasste eine Biografie. Der Fall belegt, dass Freigelassene (Liberi) in aller Regel nur aufsteigen konnten, weil die Gunst ihrer ehemaligen Besitzer fortwirkte. So verfügten gerade Griechen oder Orientalen nach ihrer Freilassung oft über Reichtümer, die sie im Dienst früherer Herren erworben oder von ihnen geerbt hatten. Nicht wenige Adlige störte das. Immer wieder regte sich Spott über prahlende Emporkömmlinge und unverschämte Neureiche.

Zeitweise überboten die Eigentümer einander geradezu im Freilassen: So scheint es in manchen Kreisen die Sitte gegeben zu haben, alle vier bis fünf Jahre einen Sklaven für treue Dienste zu entlassen. Das nützte auch dem Patron. Denn die zu Dankbarkeit, Loyalität und Verschwiegenheit verpflichteten Liberi blieben meist in anderer Position für ihre ehemaligen Eigentümer tätig.

Oft zögerte man die Freilassung allerdings so lange hinaus, bis die Kinder der Sklaven deren Platz einnehmen konnten. Seit der Mitte des ersten vorchristlichen Jahrhunderts wurden in Rom so viele Freilassungen verzeichnet, dass Augustus im Jahr 3 n. Chr. diese Praxis für Sklaven unter 30 Jahren verbot, »um die Stadt nicht mit allerlei Volk anzufüllen«. Inschriften auf Grabsteinen belegen indessen, dass man sich kaum an die Altersgrenze hielt.

Insgesamt hat die Gesellschaft von den Aufstiegsmöglichkeiten der Sklaven offenbar profitiert. Was sich als römische Spielart des modernen amerikanischen Traums einer Laufbahn vom Tellerwäscher zum Millionär darstellt, hielt jahrhundertelang die Leibeigenen gefügig. Viele Haussklaven standen treu zu ihren Herren, waren gar bereit, ihr Leben für sie zu opfern. Und da Menschenrechte im heutigen Sinne nicht einmal unter Philosophen diskutiert wurden, stellten auch die Sklaven selbst das System der Unfreiheit kaum je infrage. Im Gegenteil – größter Wunsch der Freigelassenen war es oft, ihrerseits Sklaven zu halten.

DER SKLAVE ZWEIER HERREN

Bühnenstücke gab es im frühen Rom kaum. Dann aber lernten die Lateiner das Handwerk der Komödie von den Griechen. Am bekanntesten sind bis heute Plautus und Terenz.

Von Joachim Kronsbein

Man kann auf zwei Arten stolpern, jedenfalls auf der Bühne. So, dass es Mitleid erregt, oder so, dass es saukomisch ist. Es kommt auf den Kontext an. Und darauf, wie der Darsteller sein Fallen spielt. Ist es der Sturz eines gebrechlichen, alten Menschen, der sich nur noch mühsam auf den Beinen halten kann, dann wird man es kaum komisch finden. Dann sieht es eher tragisch aus. Ist es aber das ironische Straucheln eines Komödianten, der es vielleicht noch kunstvoll hinauszögert wie eine Pointe, dann wirkt es lustig.

Die Geschichte der Komödie ist lang und beginnt wie die Geschichte des Theaters generell auf der Straße: beim fahrenden Volk, den Gauklern und Spaßmachern. Als Kunstform aber haben die Griechen in der Antike die beiden großen Gattungen des Theaters entwickelt: Tragödie und Komödie. Wie auf vielen anderen Feldern haben die Römer sich auch in der Bühnenkunst bei den Griechen bedient. Die zwei größten uns heute noch bekannten Komödienautoren stehen fest in der attischen Tradition: Plautus (um 254 bis um 184 v. Chr.) und Terenz (um 185 bis um 159).

Hauptquelle für beide war das umfangreiche Werk des griechischen Komödiendichters Menandros, den die Römer Menander nannten. Er, der bei einem Badeunfall um 290 umgekommen sein soll, hatte die Komödie von den starren Mustern des Aristophanes (»Die Vögel«) befreit, in dessen Werk der Chor eine feste, ritualisierte Rolle spielte.

Menander ließ den Chor allenfalls noch zwischen den Akten mit musikalischen Darbietungen auftreten. Über 100 Komödien soll er geschrieben haben; von immerhin 96 sind noch die Titel bekannt. Der Römer Plautus übernimmt von ihm Motive und Konstellationen, und er reizt die Situationskomik, die bei Menander schon angelegt ist, oft drastisch aus. Seine Stücke sind eher derb und volkstümlich.

Es geht darin meist – das Rezept hat sich bis heute bewährt – um Verwechslungen, Missverständnisse, Verrat und Betrug, um wahre und falsche Liebe und um verborgene Verwandtschaftsverhältnisse, die sich erst im letzten Moment aufklären. In der Tragödie schürzt sich der Knoten immer (jedenfalls für die Bühnenfiguren) zu spät, in der Komödie (für die Zuschauer) gerade zum rechten, wirkungsvollsten Moment.

Plautus folgt einer aus heutiger Sicht zum Teil noch recht umständlichen, ja verworrenen Dramaturgie. In seiner Komödie »Epidicus« etwa gerät ein Sklave dank familiärer Heimlichtuereien in eine ziemliche Bredouille. Epidicus wird vom Sohn seines Herrn beauftragt, für ihn Acropolistis freizukaufen, eine Sklavin, die er nach seiner Rückkehr von einem Feldzug zu heiraten gedenkt. Der Diener schwatzt dem Seniorchef des Hauses, der vom Plan nicht erfahren soll, das für den Freikauf nötige Geld ab, indem er behauptet, er brauche die Summe, um dessen lange gesuchte Tochter Telestis freizukaufen. Diese hatte der Alte außerehelich gezeugt.

Dummerweise will der Junior, vom Schlachtfeld zurück, plötzlich von Acropolistis nichts mehr wissen. Er hat sich zwischenzeitlich anderweitig verliebt. Es handelt sich bei der neuen Favoritin, der gewiefte Komödienkonsument hätte es beinahe geahnt, um seine Halbschwester Telestis. Die Lage gestaltet sich immer verzwickter, aber am Ende werden beinahe alle glücklich. Epidicus, der Diener zweier Herren, kann den Eindruck erwecken, das

Happy End sei gar sein Verdienst. Anstatt gezüchtigt zu werden, bekommt er eine Belohnung und schließlich noch die Freiheit.

Vertrackte Verhältnisse zwischen Diener und Herren sind ein klassischer Komödienstoff. Goldoni oder Molière haben das Motiv ausgebaut, und auch in Opernlibretti des 18. Jahrhunderts taucht es immer wieder auf, etwa in Mozarts »Entführung aus dem Serail« oder in »Figaros Hochzeit«. Fast immer geht es, wie in der antiken Vorlage, darum, dass der Diener oder die Magd das vorgegebene Machtverhältnis durch eine wie auch immer geartete Überlegenheit umkehren und Nutzen daraus ziehen kann – zur Freude des Publikums.

Plautus, so kann man nach den spärlichen Quellen vermuten, hat selbst ein reichlich turbulentes Leben geführt. Zuerst war er fahrender Komödiant, dann Soldat, schließlich Kaufmann. Eine Erzählung seines Lebens geht so: Er habe ein Schiff ausgerüstet, sein ganzes Geld investiert, das Schiff sei untergegangen und mit ihm alle sein Träume, reich zu werden. Er habe sich schließlich als Müller verdingen müssen. Schiffbruch und die Arbeit in einer Getreidemühle kommen immer wieder als Motive in seinen Komödien vor. Nicht auszuschließen also, dass jemand die Vita nachträglich dem Werk angepasst hat. Niemand weiß es genau.

Terenz, der zweite große Komödienautor der Römischen Republik, ging subtiler vor als Plautus. Seine Stücke sind nicht so plakativ oder gar vulgär, sondern feinsinniger und sprachlich ausgefeilt. Für einen ehemaligen Sklaven, der Schriftsteller wurde, ist das eine beachtliche Leistung. Der spätere Theaterautor stand in Diensten des Senators Terentius Lucanus; von ihm übernahm, wie damals üblich, sein schreibender Leibeigener den Namen und nannte sich Publius Terentius Afer, also »aus Afrika«; vielleicht war er Libyer. Wie Terenz ursprünglich hieß, weiß man jedoch nicht.

In seinen Komödien geht es um Ehe- und Alltagsprobleme, auch um Erziehungsfragen. Damit könnte er sich als Autor der gebildeten Stände profiliert haben. Aber auch er ist ohne die Grundrezepte des Griechen Menander nicht zu denken. So nah kam der Nachfolger dem Vorbild, dass sich Terenz genötigt sah, Plagiatsvorwürfe zurückzuweisen.

Ob volkstümlich wie Plautus oder eher elegant wie Terenz: Die Stücke beider Autoren, auch wenn sie heute so gut wie nie aufgeführt werden, haben Generationen von Dramatikern als Vorlagen gedient. Man darf also Plautus und Terenz zu den Ersten und Wichtigsten zählen, die der Muse Thalia, bei den Griechen für die unterhaltende Dichtkunst zuständig, auf Latein zu Diensten waren. Wenn jemand bei ihnen stolperte, sollten die Zuschauer kichern – über den komischen Bühneneffekt.

DAS NETZ DES TERMINUS

Mit einfachen, aber wirksamen Instrumenten erschlossen Roms Vermesser das Land. Spuren der alten Aufteilung sind bis heute sichtbar.

Von Angelika Franz

Wenn es darum geht, eine Todesstrafe zu vollstrecken, erweist sich die Menschheit seit je als einfallsreich. Am 6. Juli 1647 verurteilte das Gericht von Hildesheim einen Sünder dazu, lebendig eingegraben zu werden, bis nur noch der Kopf herausschaute – um ihm diesen dann mit »vier unbändigen und ungehaltenen Pferden« abzupflügen. Sein Vergehen: Er hatte einen Grenzstein versetzt. Der Ort der Hinrichtung: das Loch, in dem zuvor der Stein gestanden hatte.

Ein Grenzstein, das war eben nicht nur ein gewöhnlicher Felsbrocken. Er markierte eine Linie, die man nicht antasten durfte. Mit ihrem rabiaten Urteil griffen die Hildesheimer zurück auf Gepflogenheiten aus einer Zeit, als Rom noch von Königen regiert wurde. Versetzte ein Bauer mutwillig einen Grenzstein, dann zog er den Zorn der Götter auf sich und galt damit als vogelfrei: Jeder durfte ihn töten.

Auch bei den Etruskern, in denen die Römer ihre großen Vorbilder in Sachen Vermessung und Grenzziehung sahen, drohten Grenzfrevlern drakonische Strafen. Im Corpus Agrimensorum, einer Textsammlung für römische Landvermesser, ist die Prophezeiung der etruskischen Nymphe Vegoia überliefert. Darin warnt sie vor den Konsequenzen der Grenzsteinversetzung: »Aber wer an ihnen [den Grenzsteinen] rührt und sie verändert, um seinen

Besitz zu erweitern und den der anderen zu schmälern, wird wegen seines Vergehens von den Göttern bestraft werden, wenn Sklaven es tun, werden sie in noch härtere Sklaverei fallen; wenn der Herr dieses Vergehen gutheißt, wird seine Familie erlöschen und sein ganzes Haus untergehen.«

Damit nicht genug: »Diejenigen, die Grenzsteine versetzt haben, werden von schlimmen Krankheiten und Wunden heimgesucht werden und die Körperkraft verlieren; die Erde wird von häufigen Unwettern und Stürmen, die sie erschüttern, verwüstet werden. Die Ernten werden oft verderben und von Regen und Hagel zerstört werden. Viel Zwietracht wird es im Volk geben. Wisse, dass solche Strafen kommen werden, wenn du diese Verbrechen begehst.«

Die Römer hatten sogar einen eigenen Gott der Grenzen, Terminus. Seine Festlichkeiten, die Terminalia, fielen auf den 23. Februar. Nachbarn kamen dann an ihren jeweiligen Grenzen zusammen und feierten den Gott mit Opfern und gutem Essen. Dementsprechend war schon die Setzung eines Grenzsteins kein rein technischer Vorgang, sondern ein religiöser Akt. Wurde ein neuer Stein platziert, musste ein Opfertier dran glauben. Seine Asche kam mit weiteren Beigaben in ein Loch – und fortan verstieß jeder, der Hand an diesen Stein legte, nicht nur gegen das Zivilgesetz, sondern ebenso gegen göttlichen Willen.

Grenzen waren für die Römer untrennbar mit dem Besitz von Land verbunden. So wie es weder eine Henne ohne Ei noch ein Ei ohne Henne geben kann, brauchte nach römischem Verständnis eine Grenze, wer Besitz hatte, und der Besitz wurde durch die Grenze definiert. Die Idee war allerdings auch schon zu Zeiten der Römischen Republik nicht mehr ganz neu. Die Wurzeln ihrer eigenen Bräuche rund um die Grenzziehung und das Vermessungswesen schrieben die Römer zwar gern den Etruskern zu. Aber auch im Vorderen Orient hatte man bereits damit experimentiert. Vor allem aber hatten die Griechen vorgemacht, wie es ging: Wurde Neuland in Besitz genommen, musste es erst begrenzt und geteilt werden. Davon erzählt schon Homer in der

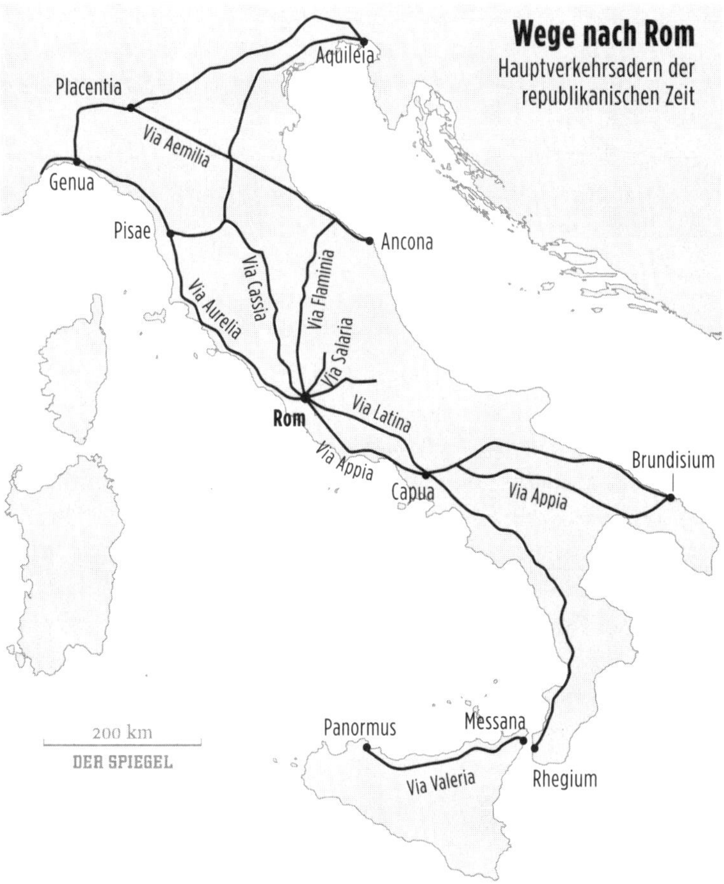

»Odyssee«. Als der mythische Phaiakenkönig Nausithoos die Kolonie Scheria gründete, baute er »Tempel der Götter und teilte dem Volk die Äcker«.

Hippodamos von Milet machte sich im 5. Jahrhundert v. Chr. einen Namen als Großmeister der rechtwinkligen Städteplanung. Als die Perser im Jahr 479 seine Heimatstadt zerstörten, half er beim Wiederaufbau. Das dabei verwendete Ordnungssystem – gleich große rechteckige Grundstücke, getrennt durch breite

Hauptstraßen und rechtwinklig kreuzende schmalere Nebenstraßen – trägt bis heute seinen Namen: Hippodamisches Schema. An ihm orientierten sich noch Jahrhunderte später die Planer New Yorks ebenso wie die Mannheims.

Als die Römer begannen, Kolonien zu gründen, perfektionierten sie die Idee des Lebens in Vierecken. Zum Stab einer jeden Gründungskommission gehörten Landvermesser, die sogenannten Agrimensoren. Sie waren verantwortlich für das Abstecken der rechtwinkligen Linien, in denen sich das Leben der neuen Kolonie abspielen würde.

Das Zentrum der Neugründung bildete stets die Kreuzung der beiden Hauptstraßen: des Decumanus Maximus und des Cardo Maximus. Und damit man später eine Adresse zwischen all diesen gleich großen Quadraten auch finden konnte, orientierten sich alle Parzellennamen an dieser Kreuzung mit Blickrichtung nach Osten. Sagte also ein Bürger zum anderen: »Komm doch heute Abend zum Essen zu mir. Ich wohne SD IX VK VII«, dann wusste sein Gegenüber, dass er sich zur verabredeten Uhrzeit auf dem Grundstück einfinden sollte, das neun Querstraßen links des Decumanus (sinistra decumanum: SD) und sieben Querstraßen jenseits des Cardo (ultra cardinem: VK) lag.

Für die Vermessung der Parzellen standen den Agrimensoren hauptsächlich zwei Instrumente zur Verfügung. Das wichtigste war die Groma, eine Visiereinrichtung aus Holz und Eisen. Dass sie auch aus Bronze gefertigt sein konnte, belegt eine Groma, die Archäologen im Jahr 1912 in der Werkstatt des Werkzeugmachers Verus in der pompejanischen Via dell' Abbondanza fanden – das besterhaltene Exemplar, das man bis heute kennt.

Hauptstück des Gerätes ist die Stella, ein drehbares Kreuz, an dessen Mitte und vier Endpunkten Lote hängen. Die Stella ruht durch einen Schwenkarm auf einer langen Stativstange, mit der das Gerät in den Boden gesteckt oder auf einem Dreifuß fixiert werden kann. Nun gilt es zunächst, mit dem mittleren Lot einen Messpunkt zu markieren – oder das Gerät damit genau über einem bereits existierenden auszurichten.

Ist die Groma fixiert, beginnt die Ausrichtung des Drehkreuzes. Die eine Ebene wird entlang der Messachse ausgerichtet, etwa einer Straße oder einer bereits existierenden Grenze. Dafür dreht der Agrimensor die Stella, bis zwei gegenüberliegende Lote aus seiner Blickrichtung so hintereinanderliegen, dass der vordere Faden den hinteren verdeckt. Wenn er nun um die Groma herumgeht und über die beiden anderen Lote visiert, kann er die genau im rechten Winkel liegende Linie bestimmen.

So lässt es sich wunderbar in der Ebene messen. Allerdings planten die Römer auch häufig Bauten, für die sie zum Teil gewaltige Höhenunterschiede berücksichtigen mussten – etwa Aquädukte oder Tunnel. Dafür benutzten sie den Chorobates, eine frühe Form des Nivelliergeräts. Im Gegensatz zur Groma ist uns leider kein Chorobates erhalten, denn das Instrument war aus Holz gefertigt, und die Originale sind somit schon lange verrottet.

Zum Glück beschrieb der Architekt Vitruvius im 1. Jahrhundert unserer Zeitrechnung in seinen zehn Büchern über Architektur ziemlich genau, wie so ein Gerät aussah und funktionierte. Im Grunde ist der Chorobates nicht mehr als eine etwa sechs Meter lange Holzbank mit Loten an den Seiten und einer Wasserrinne auf der Oberseite. Diese Bank galt es nun genau waagerecht auszurichten – bis die Lote genau auf Markierungen an Querstreben unterhalb des Balkens trafen.

Wehte der Wind zu stark, konnte der Agrimensor die Rinne mit Wasser füllen und den Chorobates zu einer überdimensionierten Wasserwaage umfunktionieren. War das Gerät ausgerichtet und waren die Werte eingemessen, drehte der Agrimensor den Chorobates um 180 Grad und fixierte die Beine, die bei der ersten Messung hinten standen, nun als Vorderbeine in den zuvor hinterlassenen Abdrücken. Die Länge des Chorobates gab ihm den genauen Abstand zwischen den einzelnen Messpunkten.

Entfernungen maßen die römischen Agrimensoren in Fuß. Wobei erstaunlich ist, wie groß sie ihre Füße ansetzten: Der römische Standardfuß ist 29,6 Zentimeter lang, was hierzulande der Schuhgröße 46 entspricht. Größere Strecken verzeichnete man in

Landvermessung mit dem Chorobates

Einheiten zu je 120 Fuß, die sich Actus nannten – das Wort bedeutet »Treiben des Viehs« und beschreibt die Strecke, die ein Ochsengespann pflügt, bevor es für die nächste Furche wendet.

Ein Actus zum Quadrat genommen behält praktischerweise seinen Namen. Zwei dieser Actus quadrati bilden ein Iugerum (»Joch« – die Fläche, die ein Ochsengespann an einem Tag pflügen kann, vergleichbar dem »Morgen«), zwei Iugera ein Heredium (»Erbteil«). Das Heredium, so soll einst Romulus verkündet haben, sei für einen römischen Bürger genug Eigentum; seinen restlichen Bedarf an Land könne er aus dem Gemeindeacker, dem Ager publicus, decken. 100 Iugera ergeben folglich eine Centuria, also ausreichend Platz für 100 Bauern.

Spätere Römer waren allerdings fast nie so bescheiden, wie der mythische Stadtgründer es gern gesehen hätte. Vor allem nach dem 2. Punischen Krieg wurden die Grundstücke deutlich größer. Mit jeder neuen Koloniegründung der Römer überzogen die

© S. Spangenberg nach K. Grewe / Römisch-Germanisches Museum

Agrimensoren einen weiteren Flecken Europas oder Nordafrikas mit ihrem feinmaschigen Netz aus Iugera und Centuria. Allein in der Dekade zwischen 200 und 190 v. Chr. steckten sie schätzungsweise eine Million Iugera ab, auf denen sich rund 100 000 neue Siedlerfamilien niederließen.

Kandidaten für die Landverteilung gab es genug. Jüngere, nicht erbberechtigte Söhne brauchten ebenso neue Flächen wie Legionäre nach Ende ihrer Dienstzeit im römischen Heer. Als beispielsweise Octavian im Jahr 41 v. Chr. nach der Schlacht von Philippi seine Soldaten belohnen wollte, musste er für die über 100 000 Legionäre und 5000 Reiter 16 neue Kolonien gründen. Ein gewaltiger Auftrag für die Agrimensoren, die dafür 20 000 Quadratkilometer Land absteckten.

Die Republik zerfiel, und selbst das römische Kaiserreich fand sein Ende – doch das Erbe des Grenzgottes überdauerte die Zeiten. Sitzt man heute im Flugzeug und schaut bei klarem Wetter auf die kampanische Landschaft im Westen Italiens, auf das Tal der Rhône in der französischen Camargue, ja selbst auf das Hinterland von Tunis in Nordafrika, so sieht man das Land immer noch in ordentliche Quadrate zerlegt. Es sind die zähen Fäden von Terminus' Netz – die Straßen, Wege und Feldwege zwischen den altrömischen Iugera und Centuria.

BLOND UND BEINHART

Mit konservativen Sprüchen plädierte Marcus Porcius Cato für alte Römertugenden und warnte vor dem »verruchten Volk« der Griechen. Ein Satz machte ihn unsterblich.

Von Mathias Schreiber

War er wirklich der »echte Römer alten Schlags«, als der er bei vielen Generationen von Schulmeistern galt? Oder sind sie damit nur einer raffinierten Imagekampagne aufgesessen? Für den Dresdner Historiker Martin Jehne ist Marcus Porcius Cato der Ältere ein »selbst ernannter Musterrömer« – und schon der augusteische Historiker Livius urteilte: Cato sei zwar »nicht korrupt« gewesen, aber auch keiner, »der die eigenen Leistungen kleinredet«. Also doch eher ein Großmaul?

Ein paar Fakten sind bekannt. Geboren wird Cato 234 v. Chr. als Sohn eines wohlhabenden Grundbesitzers. Dieser gehört dem Stand der Ritter (equites) an, also keinem Patriziergeschlecht, sondern dem Geldadel, der zum Reiterdienst im Heer verpflichtet ist. Da Cato obendrein als Erster seiner Familie in den Senat gelangt, nennt man ihn wie üblich »homo novus«: Er ist ein Mann ohne Ahnen, ein politischer Neuling.

Da Cato aus dem ursprünglich sabinischen Tusculum stammt, einem recht idyllischen Ort auf der Anhöhe südlich des heutigen Frascati, hat der Politiker und Autor Cicero, der später hier wohnte, seinem Andenken ein ganzes Buch gewidmet: »Cato der Ältere über das Alter«. Faktisch verlässlicher als diese tiefsinnige literarische Hommage ist indessen das Cato-Porträt des griechischen Historikers Plutarch. In dessen Biografiensammlung, die von etwa 120 n. Chr. stammt, heißt es, der junge Gutsherrensohn sei anfangs »Porcius Priscus« gerufen worden, »Porcius der Strenge«, bevor er zu »Porcius Cato« mutierte, »Porcius dem Gescheiten«.

Kräftig und gesund soll Cato gewesen sein; ein Epigramm vermeldet noch mehr: »Blond, voll bissiger Art, mit bläulichem Auge; / Gewiss nimmt Porcius auch im Tod keine Persephone auf.« Sogar die Todesgöttin also werde diesen befremdlich nordländisch wirkenden Typ als »gefährlichen Köter« am Eingang zum Jenseits abweisen, so der anonyme Autor.

Nach einer Jugend, in der er – wie er stolz berichtet – »sabinisches Felsgestein zu Mutterboden zerkleinert«, wird Cato durch den Senator Lucius Valerius Flaccus gefördert. Als 17-Jähriger nimmt er am 2. Punischen Krieg teil. Viele Jahre kämpft er an verschiedenen Fronten. Zusammen mit seinem Gönner bringt er es 195 zum Konsul. Als er 184, wiederum neben Flaccus, für fünf Jahre in das hohe Amt des Censors gewählt wird, ist das die Krönung seiner Laufbahn: oberster Steuerbeamter, Sittenwächter, Aufseher über Verpachtungen und Staatsämter.

Cato Censorius, wie man ihn jetzt nennt, kämpft gegen Ämterkauf, setzt für Kleiderluxus hohe Abgaben fest und wettert gegen die Vernachlässigung der Landwirtschaft. Jedem Ritter, der sein Pferd schlecht pflegt, lässt er das Tier wegnehmen. Er katapultiert sieben Senatoren aus ihren Ämtern.

Ein krasser Fall: Der ehrenwerte Lucius Quinctius hat zu einem Festmahl geladen. Als ein junger Mann erzählt, er sei der Einladung des Lucius gefolgt, obwohl er lieber daheim bei einem Schaukampf von Fechtern erlebt hätte, wie ein Mensch getötet wird, sagt sein Gastgeber: »Nun, was das betrifft, so will ich deinen Schmerz lindern«, lässt einen zum Tode Verurteilten kommen und diesem mit einem Beil den Kopf abschlagen. Hinrichtung als Show?

Auf Catos Betreiben verliert Lucius Quinctius seinen Sitz im Senat. Gut so, findet Plutarch: »Eine verdiente Strafe.«

Von den mehr als 150 Gerichts- und Senatsreden Catos, die Cicero erwähnt, sind nur Fragmente erhalten. Das gilt auch für die meisten Bücher. Nur ein Lehrbuch »Über die Landwirtschaft« ist gerettet: »De agri cultura«, auch »De rebus rusticis« genannt, ist das älteste komplett überlieferte lateinische Prosabuch. Charakteristisch nüchtern beschreibt es, »wie man ein Landgut kaufen soll«, handelt von den Aufgaben des Grundherrn, von Spargelanbau, Düngung, dem Keltern des Weins oder dem »Einsalzen von Schweinekeulen«. Die 170 Kleinkapitel atmen den strengen Geist der Pflicht, des »mos maiorum«, der Sitte der Ahnen.

Ende des 3. Jahrhunderts, als die Römer fast schon den ganzen Mittelmeerraum beherrschen, werden hellenistische Denkweisen und Stilmuster auch für sie immer attraktiver. Dagegen wehrt sich Cato im Sinne altrömischer Tatkraft und Tapferkeit (virtus). Er spart am Zierrat – seinen Hofgebäuden fehlt der übliche Kalkputz – und isst bescheiden: eine Gegenwelt zur sinnlichen Heiterkeit der Hellenen.

Den Sohn warnt er: Es sei gut, die Schriften der Griechen »anzusehen«, doch seien sie »ein verruchtes Volk«. Wenn Rom sich dessen Wissenschaft aneigne, werde »alles verderben«. Sogar Sokrates ist für Cato ein »Schwätzer«. Als 155 eine Gruppe athenischer Philosophen Rom durch glitzernde Redekünste aufmischt, sorgt er dafür, dass die intellektuelle Truppe bald abreist.

Cato liebt doppeldeutige Grundsätze wie: »rem tene, verba sequentur«. Das kann heißen: Halte dich an die Tat, geredet wird noch früh genug. Aber auch: Halte dich an die Sache, die Worte folgen dem Stoff von selbst – ein brauchbares Rezept für Redner. Cato soll auch die Wendung geprägt haben: »Die kleinen Diebe hängt man, die großen gehen in Gold und Purpur.« Diese und andere Sentenzen werden seit dem 3. Jahrhundert n. Chr. als »Disticha« oder »Dicta Catonis« überliefert – viele davon entstammen wohl nicht seiner Feder. Im Mittelalter jedoch schätzt man sie als Anfangslektüre im Grammatikunterricht.

Weil Cato wirklich ein brillanter Redner ist, verliert er keinen einzigen der zahlreichen – laut Plutarch fast 50 – Prozesse, die er führt. So mancher Zwist entsteht aus seiner berüchtigten Raffgier. Die Zinsen, die er für Darlehen verlangt, sind Wucher. Seine männlichen Sklaven dürfen zwar, zur Triebregulierung, mit den Mägden schlafen, doch der Hausherr kassiert Gebühren. Überhaupt zahlt Cato nur Mindesthonorare. Ein Diener, der bei einem Gastmahl nicht spurt, wird ausgepeitscht. Er habe »seine Sklaven wie das Vieh« benutzt, berichtet Plutarch.

Seine Familie hat es besser. Im Jahr 192 heiratet Cato Licinia, die adlige Tochter eines ehemaligen Senators, 190 wird der einzige Sohn der beiden geboren. Cato gilt als guter Vater und liebevoller Ehemann. Allerdings zeigt er sich prüde: Einen Senator enthebt er seines Amtes, weil der vor den Augen der eigenen Tochter seine Ehefrau küsst. Aus Scham, brüstet sich Cato, schlafe er mit seiner Frau nur bei krachendem Gewitter – allerdings sei er glücklich, wenn Jupiter donnere.

Im Jahr 168 stirbt Licinia. Etwa 17 Jahre danach heiratet der 80-jährige Cato die viel jüngere Salonia aus dem Sklavenstand, seine heimliche Geliebte. Mürrisch fragt der Sohn, warum er jetzt noch mit einer Stiefmutter bestraft werde. Tatsächlich beschert sie ihm bald einen Bruder – den Großvater des Cato Uticensis, der sich als Caesars Widersacher einen Namen machte.

Die wohl berühmteste Geschichte über Cato erzählt davon, wie er nach jeder Rede im Senat die Mahnung wiederholt habe: »Übrigens meine ich: Karthago muss zerstört werden.« Cicero und Plutarch erzählen davon, aber für die sprichwörtliche lateinische Fassung »ceterum censeo Carthaginem esse delendam« gibt es keinen antiken Beleg. Echt klingt der Spruch dennoch: Wer sonst als dieser knorrige Charakter hätte ihn sich ausdenken können?

MIT GRIECHISCHER ELEGANZ

Nachdem Rom Großmacht geworden war, orientierte sich der Adel zunehmend an der hellenistischen Kultur. Ein Zentrum bildete der Freundeskreis um den Feldherrn Scipio Aemilianus.

Von Felix Bohr

Auch ein Feldherr braucht Freizeit. Im Frühjahr 129 v. Chr. zog sich Scipio Aemilianus für drei Tage auf sein Landgut zurück. Der Kriegsheld und Staatsmann suchte Abstand von der hektischen Hauptstadt Rom, wo während des alljährlichen Latinerfestes die politischen Geschäfte ruhten.

Scipio wollte die Feiertage nicht allein verbringen. Er hatte acht Vertraute eingeladen, allesamt Mitglieder der römischen Oberschicht: erfolgreiche Politiker und Generäle, aber auch Philosophen, Juristen und einen Historiker. Nacheinander trafen die Freunde ein, setzten sich in die Frühlingssonne und begannen zu debattieren. Die Gespräche drehten sich um die großen Fragen: Wie sieht die beste Verfassung eines Staates aus? Welche Bedeutung hat die Gerechtigkeit für das Gemeinwesen? Welche Eigenschaften muss der ideale Politiker besitzen?

Scipio und seine geistreichen Gäste, die Cicero in seinem Werk »Über den Staat« diskutieren lässt, wendeten wie selbstverständlich die Maßstäbe griechischer Bildung und Kultur an. Sie interessierten sich nicht nur für Philosophie, Kunst und Literatur, sondern es ging ihnen um so etwas wie ein Weltbild. Dieser Blick über den Tellerrand römischer Tagesprobleme hinaus hat den sogenannten Scipionenkreis berühmt gemacht – vieles spricht dafür, dass ihm der Militärstaat am Tiber wichtige geistige und kulturelle Impulse verdankt.

Heute werden zum Scipionenkreis auch Künstler wie Terenz gezählt, der berühmte Komödiendichter; griechische Philosophen wie Panaitios von Rhodos, der die römische Adelsschicht umfassend mit Fragen der praktischen Ethik in Berührung brachte; oder Historiker wie Polybios, der in seiner wirkmächtigen Universalgeschichte den Aufstieg Roms zur Weltmacht erklärte.

Wortführer des Gelehrtenzirkels aber war Scipio Aemilianus, einer der wichtigsten römischen Feldherren und Politiker seiner Zeit. 185 geboren, entstammte er einer einflussreichen römischen Adelsfamilie, den Aemilii. In jungen Jahren wurde er Adoptivenkel des Scipio Africanus maior, der in der Schlacht von Zama 202 den Karthager Hannibal geschlagen hatte.

Schon als 17-Jähriger zog Scipio Aemilianus in den Krieg. Er zeichnete sich durch großen Eifer aus. Unter dem Kommando seines Vaters Aemilius Paullus schlug die Römische Republik in der Schlacht von Pydna 168 das Königreich der Makedonier vernichtend und erlangte so endgültig die Vormacht über Griechenland.

Aemilius Paullus legte großen Wert auf die Bildung seines Sohnes. Er schenkte Scipio Bücher aus der erbeuteten Bibliothek des Makedonenkönigs Perseus. Zu seinem Hauslehrer machte er den Griechen Polybios. So kam der junge Scipio früh in Kontakt mit dem hellenistischen Geistesleben. Römische Ideale wie Strenge und Disziplin wurden durch griechische Maximen wie geistige Tätigkeit und Bildungsstreben verfeinert.

Scipio war nicht der einzige Adelszögling, der im Sinne hellenischer Ideale aufwuchs – in der römischen Oberschicht regte sich ein Interesse für die benachbarte Kultur. Schon zuvor gab es griechische Einflüsse, auch vermittelt durch die Etrusker, etwa in der Architektur oder den bildenden Künsten. Doch seit Rom zu Beginn des 2. Jahrhunderts zur Großmacht aufgestiegen war, erlebte das Hellenische einen regelrechten Boom.

Im östlichen Mittelmeerraum war Griechisch schon lange die Verkehrssprache, und kaum ein römischer Autor konnte sich dem

Sog der griechischen Literatur entziehen. Livius Andronicus, Patriarch der lateinischen Literatur, übersetzte Homers »Odyssee« für den Schulunterricht; der Schriftsteller Ennius dichtete griechische Originale lateinisch nach und schuf das erste römische Nationalepos. Dichter wie Plautus entwarfen ihre Bühnenstücke regelmäßig nach griechischen Vorlagen.

Als im Jahr 155 der Philosoph Karneades in Rom auftrat, wurden seine Vorträge gerade bei jungen Adligen zur Attraktion. Der skeptische Denker aus der athenischen Schule der Akademiker führte vor, wie man dialektisch argumentierte. Unerschrocken stellte er die Gerechtigkeit der römischen Herrschaft über andere Völker infrage, da sie auf Habgier und Unrecht beruhe. Als Karneades endlich gar die Römer aufforderte, alles Geraubte zurückzugeben und »in ihre Hütten« zurückzukehren, wurde prompt seine Ausweisung beantragt. Doch seine Kunst, mit Thesen umzugehen, beeindruckte die Römer nachhaltig.

Gleichzeitig fand die philosophische Schule der Stoiker immer mehr Anhänger. Stoische Kardinaltugenden wie etwa Weisheit, Bescheidenheit und Gerechtigkeit ließen sich leicht mit altrömischen Idealen wie »sapientia« (Klugheit), »modestia« (Zurückhaltung) und »justitia« (Gerechtigkeit) in Einklang bringen. Doch auch die großen Lebensfragen standen nun zur Diskussion: Wie kann der Mensch ein »glückliches Dasein« erreichen? Was bedeutet »Gesundheit der Seele«? Welche Rolle spielt die »göttliche Vorsehung«?

Obwohl manch älterer Römer gegen die griechische »Schwatzhaftigkeit« wetterte, war der Siegeszug der hellenistischen Kultur nicht mehr aufzuhalten. Bald erwachte am Tiber das kulturelle Selbstbewusstsein. Von den bildungsstolzen Griechen wollte sich die Oberschicht nicht länger mit den »Barbaren« auf eine Stufe stellen lassen. Heiterkeit, Höflichkeit und Taktgefühl, gegründet auf Charakterstärke, das konnte man doch auch als edler Römer üben.

Seine militärische und politische Karriere verfolgte Scipio genauso zielstrebig wie seine geistigen Interessen. 151 ging er freiwillig als Kriegstribun nach Spanien, wo er sich bei Auseinandersetzungen mit aufständischen Stämmen im Zweikampf auszeichnete. Als das Römische Reich zwei Jahre später seinem nordafrikanischen Dauerrivalen Karthago den Krieg erklärte, zog Scipio erneut in die Schlacht.

Seine Besonnenheit im Kampf, sein Mut und seine Ehrenhaftigkeit hinterließen einen so großen Eindruck, dass man ihn 147 in Rom zum Konsul wählte – obwohl er das vorgeschriebene Mindestalter von 43 Jahren noch nicht erreicht hatte. Scipio kehrte schon bald als Oberkommandeur des römischen Heeres nach Afrika zurück, gemeinsam mit seinem Mentor Polybios. Er belagerte Karthago ein Jahr lang und zerstörte die brennende Stadt dann vollständig.

Nun war Scipio auf dem Höhepunkt seines Ruhms. Wie sein Großvater erhielt er den Beinamen »Africanus«. Mit dem Sieg über Karthago hatte der schöngeistige Feldherr Rom endgültig zum Haupt der antiken Welt gemacht. Altrömische Tugenden wie Tapferkeit, Zuverlässigkeit und Sittentreue verband er mit Wesenszügen wie Großmut, Weltgewandtheit und einem Anflug von Mitgefühl, so hieß es jedenfalls – größeres Ansehen war kaum denkbar.

Seiner Liebe zur griechischen Kultur blieb Scipio treu. Um 140 unternahm er eine Gesandtschaftsreise in den Orient, die ihn unter anderem nach Ägypten, Rhodos und Kleinasien führte. Dabei wurde er vom Stoiker Panaitios begleitet. Beide Männer verband seit einigen Jahren eine enge Freundschaft. Auf ihrer Reise sprachen sie über Verfassungstheorien und ethisch-politische Fragen. Auch in den folgenden Jahren diente der Philosoph dem Feldherrn als Ratgeber. Während seiner Rom-Aufenthalte lebte er zeitweise in Scipios Haus.

Griechen wie Panaitios waren es denn auch, die den Römern eine moralische Rechtfertigung ihrer Herrschaft lieferten. Hatte Kollege Karneades noch vor Kurzem die imperialen Ansprüche öffentlich in Zweifel gezogen, argumentierte Panaitios nun mit dem Gesetz der Natur: Dass der Stärkere über die Schwachen herrsche, diene zu deren eigenem Vorteil, weil sie zu einem geordneten Zusammenleben nicht aus eigener Kraft in der Lage seien. Folglich habe Rom die historische Verpflichtung, alle »Barbaren« zu unterwerfen und zu zivilisieren. Verständlich, dass solche Theorien bei Scipio und seinen Freunden gut ankamen.

Ein vorteilhaftes Bild zeichnet auch Polybios in seinen berühmt gewordenen »Historien«. Darin schildert er den Feldherrn nicht nur als tapfer und diszipliniert, sondern auch als selbstlos und sensibel. Schließlich habe Scipio das Erbe des Vaters seinem Bruder überlassen; auf den Beuteanteil aus Karthago verzichtete er gleich ganz; und als ihm nach der Zerstörung der Stadt Numantia in Nordspanien 133 das Schicksal der gefangenen Frauen vor Augen stand, soll er geweint haben.

Cicero stilisierte Scipio rund 100 Jahre später zum »humansten« und »gebildetsten« Menschen seiner Zeit. Den Scipionenkreis beschrieb er als eine Art Denkfabrik, in der die römische mit der griechischen Kultur verschmolz. Später erklärten Altertumswissenschaftler den gelehrten Zirkel daraufhin zur Wiege der »humanitas romana«, jener epochalen Geisteshaltung, die nach griechischem Vorbild Bildung und Menschenfreundlichkeit in sich vereinte. Von diesen Idealen ließ sich noch der neuzeitliche Humanismus inspirieren.

Inzwischen bewerten viele Fachleute die Rolle Scipios, der 129 in Rom starb, nüchterner. Zwar hätten der Feldherr und sein Freundeskreis die geistige Hellenisierung der Römer durchaus befördert. Doch Kronzeuge Cicero habe die Person Scipios stark idealisiert. Denn er schrieb seine Werke erst zwei Generationen später, vor dem Eindruck von Bürgerkrieg und Zerfall der Römischen Republik. Cicero habe Scipio daher zum strahlenden Vorbild einer vergangenen Epoche verklärt.

Über die Umgänglichkeit und den Zartsinn des gebildeten Feldherrn sollte man sich aus heutiger Sicht wohl keine allzu großen Illusionen machen: Eroberte Städte machte Scipio dem Erdboden gleich. Römische Deserteure warf er wilden Tieren zum Fraß vor. Und in Spanien ließ er einmal 400 vermeintlichen Rebellen die Hände abschlagen – zur Abschreckung.

DAS MILLIONENSPIEL

In verblüffend kurzer Zeit gründeten die Römer rings um das Mittelmeer Provinzen. Durch geschickte Beziehungspflege sicherten die neuen Herren ihre Position.

Von Thomas Darnstädt

Es ist ein gutes Gefühl, eine Weltmacht im Rücken zu haben. Bis nach Ephesus waren ihm die Leute aus Kilikien entgegengekommen, Gesandtschaften, Privatleute, alle wollten den Neuen mit seinem Gefolge begrüßen, der aus dem fernen, fernen Rom gekommen war, über das Meer und in so manchen Tagesetappen, um hier zu regieren: im rauen Kilikien, im Südosten Kleinasiens, am Rand der lateinischen Welt.

»Wie sehnlich hatte man auf mein Kommen gewartet, wie herzlich hieß man mich willkommen«, schwärmte Marcus Tullius Cicero in einem Brief an seinen Freund Atticus über den Amtsantritt als Statthalter in Roms entlegener Provinz. Im Jahr 51 v. Chr. musste der Schriftsteller und Staatsdenker Dienst an einem Außenposten des Reiches schieben, ungern allerdings (siehe Beitrag: »Philosoph auf dem Forum«).

Doch gleich zu Beginn konnte der Senator feststellen, dass es stimmte, was alle daheim immer sagten: lieber der Erste in der Provinz als der Zweite in Rom. Der Erste in Kilikien zog ein wie ein König: Vorweg Liktoren, die Leibwächter mit ihren Rutenbündeln in prächtigem rotem Kriegsornat. Dann die wichtigsten Offiziere, der Quaestor und die Legaten. Acht Sklaven trugen die kostbar geschmückte Sänfte mit ihm, IHM. Im Gefolge Künstler und Musiker, Köche und Bäcker. An den Straßenrändern die lokale

Prominenz, die Magistrate, bekränzte Priester in weißen Kleidern. Ein Dankopfer, dann ein Gastmahl für den neuen Regenten. Der ganze Provinzklüngel bekam an langen Tischen aufgetafelt. Das Volk durfte zuschauen; je größer die Spende, desto besser der Stehplatz.

Es ist schön, eine Weltmacht zu repräsentieren. Schon früh morgens, kaum angekleidet, schritt Cicero vor dem Schlafgemach seines Palastes auf und ab – in froher Erwartung von Bittstellern, die sich ihm demütig, aber furchtlos mit ihren Anliegen nähern durften. Gravitas und Facilitas, Strenge und Nonchalance, so waren sie, die Römer.

Kann man so ein Weltreich regieren? Es war ja nicht nur der edle Cicero mit der Silberzunge, der Macht über fremde Völker hatte. Fast überall in der damals bekannten Welt saßen Statthalter in den Provinzen und sorgten, Gravitas, Facilitas, für Frieden nach innen und Sicherheit nach außen – und für einen niemals versiegenden Strom von Getreide, Öl und Wein in die verwöhnte, gefräßige und versoffene Hauptstadt. Spanien, Norditalien, Gallien, der Norden Afrikas und der Nahe Osten: Alle lieferten. »Die Provinzen sind die Beute des römischen Volkes«: auch ein Spruch von Cicero.

Doch solche Sprüche aus der Hauptstadt kamen in den Provinzen nicht an. Die Macht aus dem fernen Rom legte sich wie ein Götterzauber über fremde Völker. Ach Gott, ein Gott mehr, der aus Rom: Bald opferten die Unterworfenen der »Dea Roma«, mancher Statthalter hatte sogar einen ihm persönlich geweihten Altar.

Wie haben sie das gemacht? Der Zauber Roms bestand aus einer gefährlichen Mischung, er beruhte auf dem labilen Gleichgewicht von Schutzgewährung und Bedrohung, auf Fürsorge und Ausbeutung. Das »Imperium«, der Auftrag des Senats an einen römischen Feldherrn, Schutzherrschaft über andere Völker zu erkämpfen, ist nicht umsonst zum Schlüsselbegriff neuzeitlicher Großmachtpolitik geworden, besonders deutlich im »Imperialismus« des 19. Jahrhunderts. Und gerade erst hat es Russlands Präsident Wladimir Putin mit dem alten römischen Trick probiert, sich von Unzufriedenen und Zukurzgekommenen um Schutz bitten zu lassen, um seine Machtbasis auszubauen, diesmal in der Ostukraine und auf der Krim.

Rom machte das schon lange vor Beginn unserer Zeitrechnung so. Da baten die Mamertiner auf Sizilien den Senat am Tiber um Hilfe, gegen die Ordnungsmacht Karthago. Rom nutzte die Gelegenheit: Am Ende, 241, hatten die Mamertiner auf Sizilien nichts mehr zu sagen, aber die Karthager auch nicht. Sizilien gehörte jetzt zu Rom.

Es war das erste Mal, dass die Politiker am Tiber über ein Gebiet außerhalb des Stiefels zu regieren hatten. Erst überließ man das den Militärführern, die ohnehin da waren. Dann schickte der Senat, um Steuern und Getreideabgaben zu erheben, ein paar Beauftragte hinterher. Alsbald übernahm ein Praetor, ein hoher Senatsbeamter, das Imperium als Statthalter in Syrakus.

Das war das Provinz-Prinzip, und es funktionierte bald überall: Sardinien und Korsika, ebenfalls den Karthagern entrissen, wurden gewaltsam besetzt und bekamen ebenfalls Praetoren geschickt. Nun war Rom eine Seemacht. Sehr gern stellte sie ihre Schiffe zur Verfügung, als die Griechen im Osten Hilfe brauchten: Seeräuber aus dem Reich der Illyrer, drüben, an der anderen Adria-Küste, belästigten griechische Schiffe und Häfen.

Schon bald waren die Illyrer »Schutzbefohlene« Roms. Teuta, die schöne, aber seeräuberfreundliche Königin der Illyrer, wurde verjagt, und die Piraten dazu. Rom teilte Illyrien in drei Verwaltungsbezirke auf, erklärte seine Einwohner feierlich für »frei« – wenn auch steuerpflichtig an Rom. Nun war das Reich im Osten abgesichert, ganz abgesehen davon, dass Illyrien voller Bodenschätze war.

Weiter, weiter: Norditalien, Gallien, Hispania im Westen boten riesige Chancen; nach und nach entstanden auch hier Provinzen. Die Expansion im Westen war eine große militärische Aufgabe, aus römischer Sicht aber eher unterkomplex: Weder gab es dort eine Staatsorganisation, auf der Rom hätte aufbauen können,

noch – so sah man das am Tiber – irgendwelche Ansätze von Kultur, die es zu bewahren oder gar zu integrieren galt.

Im Osten war das komplizierter. Dort gab es die Stadtstaaten Griechenlands, deren politische Kunst die Römer stets beeindruckt hatte, und die Vielvölkerkultur des zerbrochenen Alexanderreiches, die den Imperialisten vom Tiber hohen Respekt abnötigte. Den überquellenden Hellenismus der östlichen Nachbarn fanden viele Römer zwar etwas dekadent. Andererseits konnte es sich kaum eine Patrizierfamilie leisten, ihre Söhne nicht von griechischen Hauslehrern ausbilden zu lassen.

Der nächste Hilferuf kam aus Kleinasien: Der König von Pergamon fühlte sich von den Makedoniern bedrängt, die sich in Nordgriechenland und der Ägäis immer weiter ausbreiteten. Das übliche Muster: Rom marschierte, unterwarf Makedonien und teilte es in vier Verwaltungszonen auf. Steuern nach Rom, lokale Potentaten deportiert – so wurde Makedonien zusammen mit Teilen von Illyrien und Epirus 148 römische Provinz.

Dann kamen die Griechen dran. Im Gegenzug für die vielen Gefälligkeiten hatte Rom sich die einst so bewunderten Stadtstaaten mit Knebelverträgen gefügig gemacht. Als sie aufbegehrten, setzte die Schutzmacht ein Zeichen: Korinth wurde verwüstet, Griechenland verlor seine Selbstständigkeit und wurde der Provinz Makedonien angeschlossen.

Was Wunder, dass mancher König da sein Reich lieber kampflos den Römern überließ. So setzte Attalos III., Herrscher von Pergamon jenseits der Ägäis, das »Römische Volk« in seinem Testament als Erben ein. Rom nahm an; von 129 an zählten auch große Gebiete in Kleinasien zum Reich. Europa, Asien, Afrika: Die explosionsartige Ausdehnung des Stadtstaates am Tiber zur Großmacht über drei Kontinente wäre niemals gelungen, hätte der Senat allen Ernstes versucht, sein Reich zentral zu regieren.

Rom warf nur ein sehr grob geknüpftes Netz der Macht über seinen Herrschaftsbereich. Die Knötchen in den Provinzen, das waren die Statthalter, alles verdiente Senatoren und Feldherren aus der Zentrale, meist im Rang eines Praetors, manchmal eines Konsuls: Leute mit politischer Erfahrung und viel Einfluss in Rom. Ein winziger Stab, eine Handvoll Leute, half den Edlen beim Dienst: ein paar Legaten zum Aufpassen, ein Koch, ein Schreiber, ein paar befreundete Ritter als Ratgeber. Das musste reichen.

So regierte Rom die Welt mit minimalem Verwaltungsaufwand – und mit maximalem Ertrag. Die Dinge des Alltags, Ruhe und Ordnung, das Wirtschaftsleben in den Provinzen: alles Sache der Einheimischen. Die Beherrschten sollten lernen, sich selbst zu beherrschen. Da war ein Pöstchen für jeden drin. Im Osten ging es besonders gut. Hier bauten die Römer die hellenistischen Selbstverwaltungsstrukturen nach ihrem Gusto aus; in den griechischen Städten etwa wurden die Demokratien abgeschafft und durch oligarchische Ratsversammlungen ersetzt.

Unter den Provinzstädten errichteten die neuen Herren eine Hierarchie: Ganz oben die Konventsstädte, in denen der Statthalter regelmäßig Hof hielt und Gerichtstage – die Konvente – veranstaltete. Darunter selbstständige Gemeinden, die eigene Magistrate hatten. Ganz unten die Dörfer. Dekrete des Statthalters gingen an die Konventsstädte, wurden weitergereicht an die autonomen Magistrate und durchgeleitet bis an die Dörfer.

Selbst für die wichtigste Aufgabe in den Provinzen, die Erhebung von Steuern, sparte sich Rom einen Verwaltungsapparat. Die Methode der Ausbeutung der Provinzen war teuflisch: Das Recht, Steuern zu erheben, wurde an Privatunternehmer verpachtet. Wer Steuerpächter werden wollte, musste den vom Senat festgesetzten Betrag im Vorhinein abliefern – es war dann das Risiko oder die Chance der Pächter, sich ihr Geld bei den Provinzlern wiederzuholen.

An diesem Millionenspiel konnten nur die allerfinanzkräftigsten Unternehmer, Bankiers und Kaufleute teilnehmen. Sie verfügten über genügend Leute und Machtmittel, um in den Provinzen abzukassieren. Oft taten sie es unkontrolliert und mit erpresserischer Brutalität. Besonders hart traf es die Provinzen Asia und Macedonia, in denen die Ausbeuter systematisch die Stadtkassen der Gemeinden plünderten und diese damit zwangen, ihre Bürger zu immer neuen Abgaben anzuhalten. Das einstmals stolze Griechenland wurde so – schon einmal vor 2000 Jahren – zum Armenhaus Europas.

Rom war das alles egal: Was konnte man am Tiber schon für die Raffgier der Steuereintreiber in der Fremde? Und dass die Leute in den Provinzen nicht aufmuckten, dafür war schließlich der verehrte Kollege Senator als Statthalter vor Ort verantwortlich. Er gebot in der Regel über ein gut funktionierendes System von Belohnung und Strafe, von Gunstbeweis und Liebesentzug, in das die lokalen Eliten eingebunden waren. In den Geschichtsbüchern kann man lesen, dass Rom den Provinzen seine Infrastruktur in Gestalt von Foren, Thermen, Straßen und Stationen zum Pferdewechsel aufdrückte. Doch viel wichtiger war jene unsichtbare Infrastruktur, die das Geheimnis römischer Herrschaft ausmachte: ein feines Netz guter Beziehungen.

»Fides« war das römische Wort, das mit »Treue« nur sehr unvollkommen übersetzt ist: Der Statthalter stand treu zu seinen Schutzbefohlenen, und die waren ebenso treu, wenn es darum ging, sich dankbar zu erweisen. Fides war Filz: In den Provinzen entwickelte sich ein Klüngel aus neureichen Einheimischen und römischen

Repräsentanten, die einander ständig Gefallen taten und sich so gegenseitig reich machten.

Polizei, Spitzel, Ordnungskräfte waren da unnötig: Es genügte doch vollkommen, dass die richtigen Großgrundbesitzer beim nächsten Gastmahl des Statthalters auf den richtigen Plätzen saßen. Dann noch ein bisschen Geschmeide für die Gattin, und fertig.

Dass die Steuereintreiber nicht die Falschen drangsalierten, ließ sich regeln. War es nicht sinnvoll, die Vermögensschätzungen so zu manipulieren, dass die Großgrundbesitzer, spendabel, wie sie sich oft zeigten, von allzu großer Last verschont würden? Die benötigte Summe kam ja auch zusammen, wenn man sie umlegte auf die vielen kleinen Bäuerchen auf dem platten Land. Ach, am einfachsten war es ja, Großgrundbesitzer gleich selbst zu Steuerpächtern zu machen.

Als Statthalter konnte man all dies in Rom mit ein paar guten Worten erreichen. War der Herr über die Provinz nicht zugleich ihr Patron? Das System der Patronage, die feinste Form der Fides, prägte den Umgang Roms mit seinen Provinzen. Die Macht des Patrons bestand in der Bündelung von Wissen und Beziehungen in einer Person: Das Wissen über die Interna der Provinz-Klüngel nützte bei den Senatoren in Rom, und die Beziehungen aus Rom sicherten das Vertrauen der Klientel in der Provinz. So hofften alle, alles Wichtige kontrollieren zu können.

Das Patronat endete nicht mit dem Amt, es war sogar erblich. Im Senat fungierte praktisch jeder als Patron irgendeiner Provinz – und konnte sich bei Debatten entsprechend aufspielen: eine ehrenvolle Rolle, die mit Leben erfüllt sein wollte, mit Vergünstigungen für die Klienten, mit Prahlerei über ihre Zahl.

Kompliziert wurde es nur, wenn die Klientel verschiedener Patrone einander in die Quere kam. Da die Statthalter rasch wechselten, änderten und vermehrten sich Patronate und Interessen in unübersichtlicher Weise. Fatal wurde das im Jahr 73 für den Statthalter Gaius Verres von Sizilien. Der hatte versucht, den reichsten Mann von Syrakus, einen Großgrundbesitzer namens Heraklios, vor Gericht zu bringen. Denn Heraklios hatte es versäumt, zu tun, was die Fides gebot, nämlich endlich die versprochenen Statuen im Gymnasium von Syrakus aufstellen zu lassen.

Statt vor Gericht zu erscheinen, machte sich Heraklios auf den Weg nach Rom und alarmierte dort die Familie eines Patrons aus alten Zeiten, die mächtigen Meteller. Nicht lange, und ein Meteller saß als Statthalter im Palast von Syrakus. Der beendete den Prozess gegen Heraklios und ließ alle Leute von der schwarzen Liste verhaften, die ihm sein Klient vorher aufgeschrieben hatte.

Schade, dass es so wieder nichts wurde mit den Statuen im Gymnasium von Syrakus. Doch die Reichen und Schönen in Roms ältester Kolonie konnten sich zurücklehnen: Welch gutes Gefühl, eine Weltmacht im Rücken zu haben.

LEICHEN IM TIBER

Die Brüder Tiberius und Gaius Gracchus wollten die Republik reformieren, gegen die Interessen der Konservativen und Reichen im Senat. Das bekam ihnen nicht gut.

Von Michael Sontheimer

Die Verfolgungsjagd führte quer durch Rom. »Ein einziger Sklave namens Philokrates begleitete Gaius auf seiner Flucht«, heißt es bei dem griechischen Schriftsteller Plutarch. Schließlich wussten die beiden keinen Ausweg mehr. »Philokrates tötete ihn, dann stieß er sich selbst das Schwert in die Brust.« Es war das Jahr 121 v. Chr., als der Sozialreformer Gaius Gracchus von seinen konservativen Feinden aus dem Senat zur Strecke gebracht wurde. Dasselbe Schicksal hatte zwölf Jahre zuvor schon sein älterer Bruder Tiberius erlitten.

Einer aus der Menge, die Gaius Gracchus durch die Straßen Roms gejagt hatte, schlug der Leiche den Kopf ab, spießte ihn auf einen Speer und brachte ihn dem Konsul Lucius Opimius, dem mächtigsten Feind des Toten. Der hatte versprochen, er werde das Haupt des Gracchus mit Gold aufwiegen. Und so geschah es. Die Überlieferungen berichten von einem wahren Blutrausch. Bei Plutarch heißt es: »Dreitausend Menschen waren niedergemacht worden, ihr Vermögen fiel an den Staat.« Viele Leichen landeten im Tiber.

Die Römische Republik erholte sich nicht mehr dauerhaft von den brutalen Kämpfen um die von den beiden Gracchenbrüdern angestrebten Reformen. Stattdessen geriet der Staat in einen Teufelskreis aus Gewalt und Diktatur, der erst fast 100 Jahre später mit Kaiser Augustus sein Ende fand.

Tiberius Sempronius Gracchus und Gaius Sempronius Gracchus hatten versucht, einen Ausgleich zwischen Arm und Reich durchzusetzen, doch sie scheiterten am Egoismus der römischen Nobilität. Die Brüder stammten aus dem Hochadel, doch das Allgemeinwohl wurde ihnen wichtiger als die Interessen ihres Standes. Gestützt auf das Volk – sie wurden deshalb Popularen genannt –, versuchten sie die Macht der Optimaten, der Konservativen, im Senat zu brechen.

Ihr Vater war ein einflussreicher Politiker gewesen. Zweimal hatte er das Konsulat, das höchste Amt im Staat, ausgeübt und war für militärische Erfolge als Triumphator gefeiert worden. Ihre Mutter war eine Tochter des Scipio Africanus, der Hannibal besiegt hatte. Tiberius Gracchus, der irgendwann in den Jahren 169 bis 162 geboren wurde, errang schon als junger Mann die Auszeichnung Corona muralis (»Mauerkrone«), da er als Erster die Stadtmauer des römischen Erzfeindes Karthago erklommen hatte.

Als Quaestor, als Vertreter des Statthalters in einer Provinz, amtierte er in Spanien und schloss sich danach in Rom einer Gruppe fortschrittlicher Aristokraten an, die eine Reform der Republik für unabdingbar hielten. Es ging, wie so oft im bäuerlich geprägten Reich, um die Frage, wem letztlich das Agrarland gehören durfte.

Der Landbesitz war höchst ungleich und ungerecht verteilt. Die Zahl der freien Bauern hatte im 2. Jahrhundert v. Chr. beständig abgenommen, während reiche Römer immer größere Flächen von Sklaven bewirtschaften ließen. Plutarch schrieb, »dass ganz Italien binnen Kurzem die freie Bevölkerung zurückgehen sah, während das Land sich mit den Kasernen ausländischer Sklaven bedeckte, die nunmehr die Ländereien bestellten, aus denen die Reichen ihre Mitbürger vertrieben hatten«.

Begüterte profitierten von der beständigen Expansion des Imperiums, indem sie sich in den eroberten Gebieten Land verschafften, während die freien Bauern, die bis zum Alter von 46 Jahren der Wehrpflicht unterlagen, immer länger zum Militärdienst eingezogen und in immer weiter entfernten Gebieten eingesetzt wurden.

Bis zum Beginn des 2. Jahrhunderts ließen sich die Militäreinsätze noch einigermaßen mit der bäuerlichen Existenz vereinbaren. Als sich aber, wie in Spanien, Feldzüge fern der Heimat in die Länge zogen, brachte das die Landleute in Schwierigkeiten. Die Großgrundbesitzer ließen vor allem im Süden Italiens ihre Herden von Sklaven hüten, sie produzierten Wein und Oliven. Die freien Bauern kämpften um ihre Existenz. Immer mehr von ihnen suchten ihr Glück in Rom, das im 2. Jahrhundert bereits rund eine Viertelmillion Einwohner zählte.

Die sozialen Unterschiede waren eklatant. So bekam ein Legionär einen Sold von 450 oder 480 Sesterzen im Jahr, während ein ehemaliger Konsul, der nicht einmal als sonderlich reich galt, 1,5 Millionen Sesterzen hinterließ. Tiberius Gracchus erkannte, dass diese Entwicklungen die Stabilität wie auch die militärische Schlagkraft der Republik untergruben. Um mehr Legionäre ausheben zu können, wollte er folgerichtig die Zahl der freien Bauern vergrößern. Erobertes Land, Ager publicus, sollte kostenlos an landlose Arme und ehemalige Soldaten verteilt werden.

Der Umgang mit öffentlichem Ackerland war an sich in der Lex de modo agrorum geregelt, nach der niemand mehr als 500 Iugera (ein Iugerum entspricht einem Viertelhektar) an öffentlichem Land in Besitz nehmen oder 100 große und 500 kleinere Tiere auf öffentlichen Weiden grasen lassen durfte. Oft war allerdings schon unklar, was privates und was öffentliches Land war. Da keine Behörde die Einhaltung des Gesetzes überwachte, privatisierten Reiche munter Staatseigentum.

Als Tiberius Gracchus im Jahr 133 zum Volkstribun gewählt wurde, wollte er diese Missstände beheben. Er gewann angesehene Berater und formulierte ein neues Agrargesetz. Der Entwurf war keineswegs revolutionär, sondern ausgesprochen maßvoll. Allerdings schlug Gracchus vor, dass diejenigen, die sich mehr Land angeeignet hatten, als ihnen zustand, enteignet würden und dass das Land an Bedürftige verteilt würde. Die Grundbesitzer protestierten. Sie hätten in das Land investiert, argumentierten sie. Sie hätten darauf gebaut und Familiengräber darauf angelegt.

Plutarch schrieb: »Die reichen Besitzer hingegen verfolgten aus Habgier das Gesetz, aus Zorn und Eifersucht den Gesetzgeber mit ihrem Hass und versuchten, das Volk umzustimmen.« Gracchus, ein brillanter Redner, trat dem entgegen. Er sprach auf dem Forum zum Volk: »Die wilden Tiere, die in Italien hausen, haben ihre Höhle, jedes weiß, wo es sich hinlegen, wo es sich verkriechen kann – die Männer aber, die für Italien kämpfen und sterben, sie haben nichts außer Luft und Licht. Heimatlos, gehetzt irren sie mit Weib und Kind durch das Land. Die Feldherren lügen, wenn sie in der Schlacht die Soldaten aufrufen, für ihre Gräber und Heiligtümer sich zu wehren gegen den Feind, denn von all diesen Römern besitzt keiner einen Altar, den er vom Vater geerbt, keiner ein Grab, in dem seine Vorfahren ruhen, vielmehr kämpfen und sterben sie für das Wohlleben und den Reichtum anderer. Herren der Welt werden sie genannt, aber ihnen gehört keine Scholle Land.«

Statt zunächst im Senat einen Konsens mit den Optimaten zu suchen, präsentierte er das Gesetz gleich der Volksversammlung. Damit verletzte er eine ungeschriebene Regel der Republik, nach der im Senat erst Übereinstimmung erreicht werden musste, bevor ein Gesetz zur Abstimmung vorgelegt wurde. Sein Kollege, der Volkstribun Marcus Octavius, der weniger die Interessen des Volkes als die der Optimaten vertrat, legte sein Veto ein. Der Streit wurde zu einem Machtkampf, den Gracchus noch anheizte. Verärgert über den Widerstand der Senatoren, verschärfte er den Gesetzesentwurf und trat – aus Angst vor einem Attentat – nur noch mit einem Dolch im Gürtel öffentlich auf.

Als sein Kollege Octavius hart blieb, ließ Gracchus ihn durch ein Plebiszit absetzen. Die Volksversammlung nahm nun das Agrargesetz an. In die Kommission, die es umsetzen sollte, wählte sie neben Gracchus seinen Schwiegervater und einen weiteren Reformer. Da aber die Umverteilung des Landes nur langsam vorankam, entschloss sich der Volkstribun, gegen Ende seiner einjährigen Amtszeit, eine zweite anzustreben. Eine solche Wiederwahl war nach der ungeschriebenen Verfassung der Römischen Republik nicht vorgesehen, und die konservativen Senatoren begriffen den Plan als Kampfansage.

Während einer Volksversammlung bewaffneten sich die Konservativen und die von ihnen geheuerten Schläger mit Knüppeln und Prügeln. Sie griffen Tiberius Gracchus und seine Anhänger an. Der konnte zunächst flüchten, doch schließlich erschlug ihn ein Tribun mit einem Stuhlbein. Die Optimaten und ihre Anhänger ermordeten jetzt rund 300 Gefolgsmänner des Reformers. Politische Gewalt dieses Ausmaßes hatte Rom seit der Zeit der Könige nicht mehr erlebt.

Der Historiker Theodor Mommsen, dem wohl schon der sozialreformerische Ansatz der Gracchen zuwider war, hat Mitte des 19. Jahrhunderts in seiner »Römischen Geschichte« ein ziemlich verheerendes Urteil über Tiberius Gracchus gefällt: Er sei »ein leidlich fähiger, durchaus wohlmeinender konservativer patriotischer Mann« gewesen, »der eben nicht wusste, was er begann, der im besten Glauben, das Volk zu rufen, den Pöbel beschwor und nach der Krone griff, ohne es selbst zu wissen, bis endlich die entfesselten Geister der Revolution den unfähigen Beschwörer packten und verschlangen«.

Wesentlich positiver, als mutigen Kämpfer für die Rechte der Armen, hat ihn Plutarch beschrieben, der griechische Gelehrte. Gut 200 Jahre nach dem grausamen politischen Mord urteilte er über die Brüder: »Tiberius war verständig und ruhig, Gaius heftig und aufbrausend.« Gleich gewesen aber seien »ihre Mannhaftigkeit vor dem Feind, ihre Gerechtigkeit gegen Untergebene, ihre Sorgfalt in der Amtsführung, ihre Selbstbeherrschung allen Vergnügungen gegenüber«.

Der neun Jahre jüngere Gaius Gracchus drängte zunächst nicht in die Politik, sondern erwarb sich als Soldat auf Sardinien Verdienste. Auch Cicero hat festgehalten, dass er zunächst jedem Amt aus dem Weg gegangen sei, bis ihm eines Tages sein Bruder Tiberius im Traum erschienen sei und ihm gesagt habe: »Was zauderst du, Gaius? Es gibt kein Entrinnen, uns beiden ist das gleiche Los bestimmt: im Dienste des Volkes zu leben und zu sterben!«

Im Jahr 123 kandidierte Gaius Gracchus für das Amt des Volkstribunen und wurde mit den viertmeisten Stimmen gewählt. Er verlegte seinen Wohnsitz vom feinen Palatin in das Viertel beim Forum, wo vorwiegend Arme lebten, und setzte bald die Reformpolitik seines Bruders fort. So sorgte er zum Beispiel dafür, dass die Bedürftigen der Stadt stets zu einem günstigen subventionierten Preis Getreide bekamen. Und er ließ die Volksversammlung ein Gesetz gegen Korruption verabschieden. Am meisten allerdings störte die konservativen Senatoren ein Gesetz, nach dem die Richterämter nicht mehr nur aus dem Stand der Senatoren, sondern zur Hälfte aus dem Stand der Ritter besetzt werden sollten.

Nachdem der jüngere Gracchus ein zweites Mal zum Volkstribunen gewählt worden war, bauten seine Gegner im Senat einen Gegenspieler namens Livius Drusus auf, der eine überraschende Taktik anwandte. Er versprach dem Volk einfach noch mehr. Als Gracchus mit dem Aufbau zweier Kolonien in Italien begann, in denen Arme zu Land kamen, forderte sein Widersacher Drusus zwölf neue Kolonien.

Gracchus sank in der Gunst des Volkes; sein Versuch, sich ein drittes Mal zum Tribunen wählen zu lassen, scheiterte. Konsul Opimius sah jetzt die Möglichkeit, ihn endgültig auszuschalten. Als Gracchus-Anhänger sich dazu provozieren ließen, einen der Leibwächter des Konsuls zu töten, erwirkte Opimius, dass der Senat das Consultum ultimum verhängte, den Staatsnotstand.

Nun hatten er und die Optimaten alle Vollmachten und holten zum entscheidenden Schlag gegen Gracchus und seine Anhänger aus. Als der tapfere Reformer vor dem Lynchmob durch die Stadt flüchtete, kamen ihm nur noch zwei Freunde zu Hilfe – bis er seinen Sklaven bat, ihn zu töten. Gaius Gracchus wurde nur etwa 33 Jahre alt.

Der Brite David Stockton, der die wichtigste Biografie der beiden Popularen vorgelegt hat, erkennt in ihrem Kampf und ihrem

Scheitern die »Anfänge der ›Römischen Revolution‹«. Er erklärt: »Die römische Politik danach war nie mehr dieselbe.« Es begann die lange Zeit des Bürgerkrieges.

Konsul Lucius Opimius, der Todfeind des Gaius Gracchus, ließ sich nicht viel später von einem Rom feindlich gesinnten König bestechen, wurde dafür verurteilt und starb in Schimpf und Schande.

Tiberius und Gaius Gracchus hingegen wurden bald von vielen Römern als Helden verehrt. Ihre Bewunderer stellten Statuen der beiden in Rom auf. Noch Plutarch kannte die Details: »Den Ort, an dem sie ermordet wurden, hielt man heilig und legte die Erstlinge aller Früchte, welche die Jahreszeiten schenken, als Weihegabe hin. Viele opferten auch täglich und fielen vor ihnen nieder, als ob sie in einem Göttertempel wären.«

TEIL III

KULTURNATION ROM

PHILOSOPH AUF DEM FORUM

Als Meisterredner brachte es Cicero bis zum Konsul, als Intellektueller erklärte er den Römern griechisches Denken. Ja, er war eitel – aber er hatte allen Grund, stolz zu sein. Ein Plädoyer.

Von Wilfried Stroh

Es schien ein Unglücksjahr für Rom. Es wurde ein Glücksjahr für die europäische Geistesgeschichte. König Mithridates von Pontos, Roms gefährlichster Gegner seit Hannibal, hatte 88 v. Chr. seine Parteigänger auch in dem mit Rom verbündeten Athen ans Ruder gebracht. Vor ihnen flüchtete der Philosoph Philon aus Larissa, Vorsteher der von Platon gegründeten Akademie, nach Rom. Dort hatte er die Möglichkeit, weiter zu lehren; und so kam zu ihm ein junger Mann, der dank seiner geistigen Leistung die Welt seit über 2000 Jahren beeindruckt: Marcus Tullius Cicero.

Über seinen Lehrer schrieb Cicero später: »Ihm gab ich mich ganz hin, ergriffen von einer staunenswerten Liebe zur Philosophie.« Für die Römer war Philosophie, meist importiert aus Athen, eher ein Stück interessanter Allgemeinbildung gewesen; hier wurde sie zur Lebensmacht – sodass Cicero einmal sagte: Seine eigentliche Aufgabe (Ergon) sei die Philosophie, die Rhetorik nur sein Werkzeug (Organon).

Sein Bildungsgang war nicht ganz ungewöhnlich gewesen. Am 3. Januar 106 v. Chr. als Sohn eines Ritters geboren und bald zur politischen Laufbahn bestimmt, studierte er bei lateinischen Schulmeistern (Grammatici) die altrömische Literatur. Gleichzeitig führte ihn der Dichter Archias in die griechische Poesie ein:

Cicero blieb ihm zeitlebens dankbar; und Griechisch beherrschte er seitdem wie eine zweite Muttersprache.

Dann ging es in die Schule der Rhetoren. Dort lernte man das System aus fünf Arbeitsgängen, von der Auffindung des Stoffs bis zum lebendigen Vortrag, man studierte Musterreden von Meistern wie Demosthenes, und vor allem übte man sich in Schulreden, die auf praktische Fälle in Politik oder vor Gericht vorbereiten sollten, etwa: »Orestes hat, um seinen Vater zu rächen, seine Mutter getötet: Klagen Sie ihn an! – Verteidigen Sie ihn!« Das alles bei Griechen und immer auf Griechisch.

Ciceros Bildungsstreben blieb aber nicht beim Üblichen stehen. Früh warf er sich auch auf die Philosophie, die seit 300 Jahren mit der Rhetorik als Lehrdisziplin wetteiferte. Sein erster Lehrer Phaidros vertrat die Grundsätze Epikurs; dazu kam der Stoiker Diodotos. Schon dieses Nebeneinander von Dozenten zeigt, dass es weniger um Lebensorientierung ging als darum, den geistigen Horizont zu erweitern. Mit Philon, Platons Amtsnachfolger, aber kam nun für Cicero das andere und Neue. Zeitlebens hat er Platon als den »göttlichen« Denker verehrt.

Aus Rückblicken lässt sich erschließen, welche Werke Cicero vor allem gelesen hat. Da war der »Gorgias«, in dem es um die Gefährlichkeit der Rhetorik ging, für Cicero ein Lebensthema. Dann der ergreifende »Phaidon«, in dem der zum Tod verurteilte Sokrates fast bis zum letzten Atemzug über die Unsterblichkeit der Seele disputiert. Aber wohl noch wichtiger war Platons Hauptwerk: der »Staat« (»Politeia«).

Ein Satz daraus hat Cicero im Innersten berührt: »Wenn nicht in den Städten entweder die Philosophen Könige werden oder die, welche man jetzt Könige und Herrscher nennt, echte und wirkliche Philosophen werden … dann gibt es kein Ende der Übel für die Städte und, wie ich meine, auch nicht für die Menschheit.« Dieses Ideal des Philosophenkönigs wurde ihm Programm. Platon war ja mit seinen politischen Vorstellungen in der Praxis gescheitert. Würde Cicero etwas davon verwirklichen können?

Die politischen Zwänge, der Bürgerkrieg und der klägliche Zustand des Gerichtswesens ließen nicht zu, dass Cicero auf übliche Weise als Redner debütierte. So betätigte er sich, wie auch später oft, zunächst als Schriftsteller. Kühn wagte er, was offenbar kein Römer zuvor versucht hatte: die ganze griechische Rhetoriktheorie in lateinischer Sprache darzustellen. Fertig wurde »Über die Auffindung des Stoffs« (»De inventione«), ein kleines, heute kaum mehr gewürdigtes Meisterwerk in zwei Büchern.

Bereits das erste Kapitel verrät den Schüler Platons: »Ob die Redekunst mehr Nutzen oder Schaden bringe, fragt man? Mit Weisheit verbunden ist sie segensreich, sonst furchtbar. Es war eine Unglücksstunde der Geschichte, als bösartige Rhetorikspezialisten die Macht an sich gebracht haben. Nun gilt es, sie ihnen kraft der Rede wieder zu entreißen.« Selten hat einer in so jungen Jahren so klar seinen Lebensplan entworfen.

Von Philon hatte Cicero gelernt, keiner Behauptung voreilig zuzustimmen, vielmehr mit Zurückhaltung (epoché) alles zu überprüfen. Das vertrug sich mit Ciceros rednerischen Interessen, und so eröffnete er das zweite Buch seiner Schrift mit einem Bekenntnis zu Philons Skeptizismus: »Ohne jede sichere Behauptung werde ich ... nur mit Zögern alles vortragen, ... um nicht irgendeiner Sache unbesonnen und selbstherrlich zugestimmt zu haben. Dieses Prinzip aber werde ich sowohl jetzt als auch in meinem ganzen Leben, soweit ich kann, verfolgen.« Auch diesem Grundsatz ist Cicero treu geblieben.

Dann kam endlich die Politik. Nach Sullas Sieg 82 v. Chr. und den entsetzlichen Proskriptionen, die folgten, war doch wenigstens das Gerichtswesen wieder intakt: Cicero ließ die Arbeit an seinem Lehrbuch fallen und begann, als Zivilanwalt aufzutreten. In der einzigen aus dieser Tätigkeit erhaltenen Rede, »Pro Quinctio«, setzt er sich für die Rechte eines durch die sullanische Revolution Geschädigten ein.

Um Ähnliches, aber Größeres ging es 80 v. Chr. in seinem ersten Strafprozess. Mit der Rede »Pro S. Roscio« verteidigte Cicero einen Mann, der in den Proskriptionswirren den eigenen Vater getötet haben sollte, um an dessen Erbe zu kommen. Spektakulär deckte Cicero auf, dass gar nicht der Angeklagte im Besitz des Vermögens war, sondern ausgerechnet ein Günstling des Diktators Sulla. Ciceros Leitsatz »Cui bono?« (»Wer hatte den Vorteil davon?«) ist sprichwörtlich geworden. Nicht zuletzt wegen des Muts, den er hier gegen die Mächtigen gezeigt hatte, zählte er sofort zur Elite der Gerichtsredner. Der Weg zum Philosophenkönig schien gebahnt.

Aber nun machte ihm sein Körper vorläufig einen Strich durch die Rechnung. Cicero hatte in den ersten zwei Jahren rednerischer Tätigkeit seine Stimme überstrapaziert, sodass die Ärzte ihm von der Politik generell abrieten. Er gab nicht auf. Zunächst nahm er sich eine Auszeit für ein halbes Jahr Studium in Athen. Cicero genoss das Bildungszentrum der Welt so sehr, dass er zeitweise daran dachte, dem Forum abzusagen und in Athen dem Geiste zu leben. Doch er besann sich eines Besseren, kurierte seine Stimme bei Logopäden in Kleinasien und schließlich beim berühmten Molon auf Rhodos und ging zurück nach Rom.

Dort ging es nun auf die Karriereleiter, bei der jede Sprosse neu durch Volkswahlen erklommen werden musste. Vor allem in Zivilprozessen sammelte Cicero wieder Freunde – die ihn gern auch in Testamenten bedachten. In Sizilien, wo er 75 v. Chr. als Quaestor für den Getreideaufkauf zuständig war, machte er sich beliebt, war aber enttäuscht, dass man in Rom kaum etwas von seinen Leistungen gehört hatte. Dafür ebnete ihm die erworbene Landeskenntnis den Weg zu seinem vorläufig größten Erfolg.

Ein gewisser Gaius Verres hatte sich als Propraetor von Sizilien über das gängige Maß hinaus illegal bereichert, sodass ein Prozess gegen ihn in der Luft lag. Cicero erstritt sich das Recht auf die Anklage, sammelte in nur 50 Tagen in Sizilien das Beweismaterial und führte dann in einem Schnellverfahren den Prozess so bravourös, dass sich Verres bald krankmeldete und freiwillig ins Exil ging, noch bevor er verurteilt war. Damit hatte Cicero auch den gegnerischen Anwalt geschlagen, Hortensius, den bis dahin führenden Redner. Das Anklagematerial brachte er in fünf dicken Büchern als mehrtägige fiktive Rede heraus – vielleicht das umfangreichste oratorische Werk aller Zeiten.

Erst als Praetor trat Cicero 66 v. Chr. auch in der Volksversammlung auf. Hier ging er kein Risiko ein. Als er sich dafür einsetzte, dem überragenden Pompeius den Oberbefehl gegen den weiterhin gefährlichen Mithridates zu übertragen, plädierte er für einen Volkshelden. Unbesorgt um Überredungskünste konnte Cicero ein Kabinettstück kulinarischen Ohrenschmauses liefern, beliebt bis heute.

Im Kampf ums Konsulat aber, den Gipfel der Karriere, den er nun anzustreben hatte, galt es, alle zu gewinnen, auch die Nobilität – für ihn als »homo novus«, einen Mann ohne adlige Vorfahren, eine Hürde. Sein Bruder Quintus schrieb ihm ein brillantes, fast zeitloses Vademecum für den Wahlkampf, und tatsächlich wurde Cicero mit den Stimmen aller Wahlabteilungen für das Jahr 63 v. Chr. zum Konsul gewählt.

Möglichkeiten, als Philosophenkönig Weisheit und Beredsamkeit zu verbinden, gab es sogleich: Ein gefährliches Ackergesetz musste dem Volk ausgeredet werden, ohne dessen Unmut zu wecken. Zu Glanzstücken wurden die vier Reden, mit denen Cicero Catilina und dessen Anhänger ausschaltete – die Zeitgenossen feierten ihn unter Ovationen als »Vater des Vaterlands«. Mehr konnte er sich nicht wünschen. In einem Brief an seinen Bruder, seit dem Jahr 61 v. Chr. Statthalter in der Provinz Asia, schrieb Cicero befriedigt von der Verwirklichung dessen, was Platon gewollt habe und was »vielleicht unserem ganzen Staat« widerfahren sei: die Einheit von Macht und Einsicht.

Leider rächte sich bald eine seiner großen Schwächen, die Eitelkeit. Durch hemmungsloses Selbstlob verlor Cicero viele Sympathien. Dabei hätte er sie nun gerade gebraucht. Als im Jahr 60 Pompeius, der Geldmagnat Crassus und der beim Volk populäre Caesar ihr 1. Triumvirat schlossen, hätten sie gern Cicero als Propagandisten im Bunde gehabt, aber der lehnte ab. Als Cicero in Caesars Konsulatsjahr 59 laut über die politischen Zustände Klage führte, beschloss dieser, ihn zum Schweigen zu bringen.

Er eröffnete einem Publius Clodius, der aus Privatrache Ciceros Feind war, in fragwürdiger Weise den Weg zum Volkstribunat. Sofort brachte der neue Tribun ein Gesetz ein, wonach derjenige »geächtet sein sollte, der römische Bürger ohne Gerichtsurteil getötet hatte«. Das zielte auf die Hinrichtung der Catilinarier. Cicero, aus Feigheit oder aus Verantwortungsgefühl, wollte keine Waffengewalt oder gar einen Bürgerkrieg riskieren, sondern ging, noch bevor das Gesetz beschlossen war, ins griechische Ausland, wo er relativ sicher war.

Es folgten die bedrückendsten anderthalb Jahre seines Lebens. Durfte er überhaupt fliehen? Wie konnte man ihm das antun? In Ciceros kläglichen Briefen fällt auf, dass er, der Zögling Philons, nie den Trost der Philosophie erhoffte. Bisher hatte sie ihm moralische Orientierung gegeben, eine Lebenshilfe im Leid sollte sie ihm erst später werden. Als endlich vor allem Pompeius, offiziell seit je sein Freund, ihn durch Volksbeschluss zurückzurufen half, wurde das – wenn man Cicero glaubt – ein wahrer Triumphzug, durch Italien bis aufs Kapitol. Aus Schmach wurde Glorie, ja, er hatte zum zweiten Mal den Staat gerettet.

Prompt wurde er wieder unvorsichtig: Er begann, gegen ein wichtiges Gesetz aus Caesars Konsulat Stimmung zu machen, um Pompeius aus dem Triumvirat zu locken – vergebens. Die drei Partner schmiedeten ihr Bündnis enger und drohten mit Schikanen. Nun knickte Cicero endgültig ein und tat etwas wider besseres Wissen: Er befürwortete 56 v. Chr. die Verlängerung von Caesars Statthalterschaft in Gallien – und stärkte so ungewollt dessen Macht für den künftigen Bürgerkrieg. Es war das Ende seiner politischen Freiheit.

In einem langen Brief, der an die breitere Öffentlichkeit seiner Freunde gerichtet war, versuchte der gefallene Philosophenkönig, sich vor der Welt und vor Platon zu rechtfertigen. Hatte der Meister nicht selbst gelehrt, dass man zum Wohl des Gemeinwesens nicht gewalttätig sein dürfe, sondern zu Kompromissen bereit sein müsse?

Wohl war ihm nicht dabei. Und so tröstete er sich mit einem schriftstellerischen Großprojekt. Die drei Bücher »Über den Redner« sollten Platons »Gorgias« entsprechen. Sechs Bücher »Über den Staat« waren als Gegenstück zur »Politeia« gedacht. Und das nicht vollendete Werk »Über die Gesetze«, von dem nur gut zwei Bücher erhalten sind, konkurrierte mit Platons Alterswerk, den »Nomoi«.

In allen diesen Dialogen erörterten Männer der Vergangenheit ein bedeutendes Thema – wie bei Platon. Zumindest das Buch über den Redner aber wich im Inhalt von Ciceros früheren platonischen Prinzipien ab: Anstatt dass sich der Weise die rhetorische Technik aneignen soll, um politisch zu wirken, wird nun der Redner angehalten, sich der Philosophie zu bemächtigen, um effektvoller zu argumentieren – die Philosophie wird zur Magd der Rhetorik.

Das war eine mutwillige Ketzerei, aber es spiegelte auch Ciceros Lebenssituation: Vorläufig kein Philosophenkönig mehr, war er doch noch der führende Redner. In den Büchern »Über den Staat« allerdings näherte er sich schon wieder seinem alten Ideal. Im Vorwort zu diesem Werk, vielleicht seinem persönlichsten philosophischen Text überhaupt, begründet er, warum gerade der Gebildete politisch tätig sein solle: Man dürfe schließlich den Schlechten nicht das Ruder überlassen. Trotz seines Schicksals bereue er nichts.

Noch einmal konnte er ganz nach seinem Herzen sprechen, als er den Mann verteidigte, der seinen Erzfeind Clodius getötet hatte: Milo. Der Prozess wurde gestört, Milo verurteilt; Cicero veröffentlichte eine Rede, die er nie gehalten hatte, die aber bis heute als beste seiner Gerichtsreden gilt. Es war auch eine der letzten im noch freien Rom. Denn schon begann sich der Bürgerkrieg zwischen Pompeius und dem künftigen Diktator Caesar abzuzeichnen.

Das Vorspiel dazu erlebte Cicero nur aus der Ferne, denn er hatte das Prokonsulat in der fernen Provinz Kilikien zu übernehmen. Als er 50 v. Chr. nach Rom zurückkehrte, blieben seine Friedensbemühungen fruchtlos. Bald war der Rubikon überschritten. Pompeius war mit dem Großteil des Senats nach Griechenland gegangen; nun buhlte Caesar um das Wohlwollen des redemächtigen Senators. Umsonst. Cicero wusste, dass er in der Not zu Pompeius gehen musste, dem kleineren Übel, wie er sich eingestand. Und so reiste er nach.

Die schmähliche Niederlage der Pompeianer bei Pharsalos erlebte er krankheitshalber nicht persönlich mit. Dann aber verließ er wieder die eigene Partei – Pompeius war inzwischen erschlagen worden –, ging zurück nach Italien und wartete in Brundisium ein peinliches Jahr lang auf die Begnadigung durch Caesar. Wieder plagten ihn Selbstvorwürfe und Depressionen. Caesars gepriesene Milde ließ zwar auf sich warten, kam aber. Cicero durfte zurück nach Rom, nahm auch wieder an Senatssitzungen teil, freilich lustlos. Nur dreimal sprach er noch mehr oder minder öffentlich, um sich vorsichtig für alte Freunde, Gegner Caesars, zu engagieren.

Dafür konnte er sich von 46 v. Chr. an noch einmal auf das Bücherschreiben werfen. Anlass bot ihm zunächst eine rhetorische Kontroverse: Eine Riege junger Redner hatte Ciceros Stil als weichlich und schwülstig bekrittelt; weil sie dies mit seiner Studienzeit in Kleinasien zusammenbrachten, nannten sie ihn »Asianus«. Selbst wollten sie »Attici« sein, also dem schlankeren Stil der großen attischen Redner folgen.

Cicero reagierte mit gleich zwei Büchern. In einem nach dem Adressaten benannten Dialog »Brutus« entwarf er eine Geschichte der römischen Redekunst, die in ihm selbst gipfelte und implizit alle Vorwürfe von Schwulst bestritt. Tiefer ging die Lehrschrift »Orator«, in der Cicero die Frage nach dem vollkommenen Redner auf das Stilistische einschränkt. Auf neue Art kombiniert er darin die traditionellen drei Stilebenen, den niederen, mittleren und hohen Stil, mit den drei Aufgaben des Redners: zu belehren, zu erfreuen und zu erschüttern. Gerade um zu erschüttern, sei der hohe Stil mit seinem Großeinsatz rhetorischer Mittel nötig, erklärte er. Die »Attici« ließen offenbar nur den niederen Stil gelten und würden damit ihrer Aufgabe nicht gerecht. So ausgetüftelt das klingt, es macht bis heute Eindruck.

Mehr Energie forderte ein anderes Unternehmen: Cicero plante und vollendete so etwas wie eine philosophische Enzyklopädie, eine Gesamtdarstellung aller aktuellen Philosophenschulen. Dabei sollten nun aber nicht Griechen reden, sondern Römer, in ihrer Muttersprache. Keine Lehrmeinung sollte dominieren, dafür sorgte Ciceros Skeptizismus; in ausgewogenem Pro und Kontra sollten die Argumente vorgestellt und kritisiert werden.

Cicero legte die Sache systematisch an. Im ersten Dialog, »Hortensius« – leider fast ganz verloren –, überzeugte Cicero selbst den Redner Hortensius, dass es sich lohne, Philosophie zu betreiben. Dann behandelten vier »Akademische Bücher« die Erkenntnistheorie. Gegen den berühmten Gelehrten Varro rechtfertigte Cicero hier seinen eigenen Skeptizismus. Auch dieses Werk, in dem zum ersten Mal die Feinheiten griechischer Fachbegriffe latinisiert wurden, ist nicht komplett erhalten.

Vollständig bekannt sind dafür die fundamentalen fünf Bücher »Über das äußerste Gute und Schlechte«, in denen ein Epikureer, ein Stoiker und ein Peripatetiker aus der Schule des Aristoteles miteinander über das Ziel des Lebens streiten. Die fünf »Tusculanischen Gespräche« liefern die lebenspraktische Ergänzung. Unter anderem stellt Cicero in ihnen dar, was er für die größte Verheißung der Philosophie hält: dass der Mensch durch eigene Kraft Herr seines Glücks sei. Wohl keines seiner Werke ist so dankbar gelesen worden – auch weil er nun die tröstende Kraft der Philosophie für sich entdeckt hatte.

Am Schluss des Denkweges steht die Physik, zu der nach antiker Auffassung die Götter gehören. In den drei Büchern »Von der Natur der Götter« debattieren ein Epikureer und ein Stoiker, beide widerlegt von einem Skeptiker, der ein römischer Priester ist – sich aber dadurch die Freiheit des Denkens nicht einschränken lässt. In ihm hat Cicero, praktizierender Augur, sich selbst dargestellt. Die zwei Bücher »Über die Weissagung« demolieren gründlich den römischen Vorzeichenglauben. Ciceros fachphilosophisches Meisterwerk wurde dann das Buch »Über das Schicksal«, in dem sämtliche Beweise für das, was wir heute Determinismus nennen, widerlegt werden.

Diese Summe der Philosophie in 21 Büchern ist schon als Bestandsaufnahme des damaligen geistigen Lebens das bleibend Wertvollste, was uns Cicero hinterlassen hat. Freilich nicht das Wirkungsvollste. Die drei nachgereichten Bücher »Über die Pflichten«, eine praktische Sittenlehre, hatten bescheideneren Anspruch, aber mehr Erfolg: Noch Friedrich der Große meinte, etwas Besseres über Moral sei nie geschrieben worden.

Nach Caesars Ermordung am 15. März 44 v. Chr. sagte Cicero bald: »Wäre ich bei diesem Schmaus dabei gewesen, ich hätte reinen Tisch gemacht.« Er meinte damit, dass er Marcus Antonius mit beseitigt hätte. Dieser damalige Konsul und neue starke Mann in Rom wurde nun zu Ciceros Hauptfeind, zu einem Tyrannen, wie Platon ihn verabscheut hatte.

Umschmeichelt von Caesars blutjungem Adoptivsohn Octavian, genannt »Caesar« – später Augustus –, und ermuntert davon, dass der Caesar-Mörder Decimus Brutus zum militärischen Widerstand gegen Antonius bereit war, wagte sich Cicero ein letztes Mal ins politische Leben. Er verbündete sich mit Octavian, der illegal Truppen gegen Antonius angeworben hatte. Und am 20. Dezember 44 schwor er den Senat auf ihn und gegen Antonius ein.

Das ging ein paar Monate gut; doch nach Octavians Sieg bei Mutina (dem heutigen Modena) im April 43 zerfiel der unnatürliche Bund. Nun sah Cicero, dass er den schlimmsten Fehler seines Lebens begangen hatte. Octavian erzwang seine Wahl zum Konsul und bildete alsbald mit seinem bisherigen Gegner Antonius sowie Lepidus, einem Parteigenossen, ein Triumvirat. Durch blutige Proskriptionen sorgten die Machthaber dafür, dass alle Gegner erledigt wurden. Unter ihnen war am 7. Dezember 43 auch Cicero – ein bleibender Schandfleck auf der Ehre des künftigen Friedenskaisers Augustus.

In diesem letzten Lebensjahr hatte Cicero den Höhepunkt seiner Kunst erreicht. In zwölf leidenschaftlichen Reden, die er selbst noch als Zyklus herausgab – man erweiterte ihn später auf 14 Nummern –, hatte er Senat und Volk gegen Antonius mobilisiert. Er nannte sie selbst »Philippicae orationes« nach dem Vorbild des großen Redners Demosthenes, der einst gegen Philipp von Makedonien als den Feind der Freiheit agitiert hatte.

Die Appelle des Demosthenes waren letztlich erfolglos geblieben: Athen unterlag. Nahm das Cicero als Omen für sich selbst? Einmal, in der fatalen Rede vom 20. Dezember, klingt es fast so: »Wenn aber schon – die Götter mögen dies Omen abwenden – das Schicksal dem Staat die letzte Stunde bringen sollte, dann wollen wir es halten wie edle Gladiatoren, die in Schönheit hinsinken.«

Vieles hat man Cicero vorgeworfen. Mangelte es ihm an Mut als Politiker? Wo er handeln konnte, hat er gehandelt. Fehlte es ihm an Originalität als Philosoph? Ihm kam es auf Wahrheit an, nicht auf Neuheit. War er zu schwülstig als Redner? Darüber hat längst die Nachwelt entschieden: Dass mehr als anderthalb Jahrtausende hindurch Latein die gemeinsame Sprache Europas war und dass es noch heute gelernt und geliebt wird, ist ihm wie keinem anderen Römer zu danken.

DAS LUKULLISCHE LEBEN

Schon zur Zeit der Republik leisteten sich
reiche Römer enorme kulinarische Ausschweifungen –
obgleich die Prasserei dem tugendhaften Selbstbild
der Elite widersprach.

Von Bettina Musall

Die Gäste lagen bei Tisch und konnten nicht mehr. Als Vorspeise, berichtet der Dichter Gaius Fundanius seinem Freund und Kollegen Horaz, sei »ein lukanischer Eber« serviert worden, »der war, wie der Hausherr uns sagte, / Bei lind wehendem Südwind gefangen«, dazu Radieschen, Rettiche, Salat »und was den ermüdeten Magen / Irgend nur reizt, Rapunzel und Fischbrüh, koischer Weinstein«. Mit edlem Caecuberwein wurde die Mahlzeit süffig bereichert, es folgten »Vögel, Muscheln und Fische ... Aus Stachelflundern und Steinbutt / Bot er uns ein Ragout, wie ich es noch niemals gekostet«.

Der ernährungsbewusste Mensch unserer Zeit hätte nach diesem Auftakt vermutlich schon die Waffen gestreckt. Nicht so der – Pardon – verfressene Römer. In einer großen Schüssel wurde eine Muräne aufgetragen, »inmitten von schwimmenden Krabben, / Lang, dass sie ganz die Schüssel bedeckt«. Die Tunke bestand »aus Öl von Venafrum, dem ersten, / Das aus der Presse geflossen, und Brühe von spanischen Fischen, / Fünf Jahr altem Wein ... aus weißem Pfeffer, auch Essig / Von der Traube Methymnas«. Der Fischlake, verriet der Gastgeber noch, ziehe der Küchenchef den Sud vom »frischen Igel des Meeres« vor. Als die derart vollgestopften Besucher die überreiche Kost nur noch mit Vinum ertränken wollten, eilten Sklaven heran, »die auf riesiger Schüssel zerlegt einen Kranich uns boten, / Trefflich gesalzen und gut paniert, dazu noch die Leber / Einer schneeweißen Gans, die mit saftigen Feigen gemästet«. Erschöpft notierte der Autor dann Amseln »mit gebräunter Brust und Tauben auch, ohne den Bürzel« – die jedoch ließen die feinen Herren stehen und verdrückten sich.

Gastgeber war Nasidienus Rufus, ein Emporkömmling, der Eindruck schinden wollte. Aber mit seiner kulinarischen Kraftanstrengung machte er sich eher zum Gespött. Nur zu gern verewigte Horaz die »divitias miseras« (den erbärmlichen Reichtum) in einer Satire.

Im Prinzip jedoch spiegelt das Gastmahl des Nasidienus durchaus die Ess- und Trinkgelage jener römischen Führungsschicht, zu der Politiker wie Pompeius und der Genießer Lucullus, berühmte Feldherren oder Dichtergrößen zählten. »Ab ovo usque ad mala« (vom Ei bis zu den Äpfeln), wie Horaz ein Menü von Anfang bis Ende zusammenfasste, konnten sich in der Folge von Vorgericht, Hauptgericht und Dessert 30 und mehr Speisen verstecken. Neben immer noch geläufigen Spezialitäten (Schnecken, Enten, Hasen) verzehrten die römischen Gourmands heute eher gewöhnungsbedürftige Leckerbissen, darunter Saueuter, Drosseln, die Gebärmutter vom Schwein oder Quallen.

Dabei war es ursprünglich durchaus keine exaltierte Esskultur, die das römische Bankett auszeichnete. Es gehörte einfach wie der Gang übers Forum oder in die Therme zum festen Tagesablauf der Ritter und Senatoren, abends bei einer Cena mit Freunden und Gleichgesinnten die Angelegenheiten der Res publica zu besprechen und über Neuigkeiten zu tratschen. Schriftliche Einladungen waren kaum nötig, die Angehörigen der Oberschicht trafen sich ja ohnehin. Der Hausherr persönlich bat die Männer, die Frau des Hauses die Damen zu Tisch. Weniger noblen Gästen wurde die Einladung auch schon mal von Sklaven übermittelt.

Dem traditionellen Bild entsprach es, maßvoll zu leben. Ihm seien oft schon die »Ölsardinen und lucanischen Würstchen« zu

Ein Sklave serviert während eines Essens Wein,
Mosaik aus dem 3. Jh. v. Chr.

viel, beteuerte Cicero; »auf Austern und Muränen« verzichte er gern. Wer wie er als Redner und Politiker ernst genommen werden wolle, müsse Verzicht üben, wenn es um »Vergnügungen, Liebhabereien, Spiel, Scherz und festliche Tafeln« gehe.

Geistesgrößen wie Cicero gefielen sich darin, Ausschweifungen bloßzustellen, ja, ihre jeweiligen Gegner in Politik und Gesellschaft zu diffamieren, indem sie deren Dekadenz anprangerten. Wer bescheiden tat, sagt die Althistorikerin Elke Stein-Hölkeskamp, wollte sich »als Leitfigur im Sinne jener traditionellen politischen Klasse profilieren«, an deren Bedeutungsverlust die Intellektuellen der späten Republik litten.

Studien über die römische Esskultur unterscheiden kaum zwischen den Sitten und Gebräuchen der Republik und dem Luxus des Kaiserreiches, zwischen historischen, philosophischen oder literarischen Texten, den Briefen eines Cicero, den Satiren eines Horaz oder den Betrachtungen des Stoikers Seneca. Allerdings spiegeln die Beschreibungen unterschiedliche Weltsichten, etwa was die Rolle der Frauen angeht. Anders als in der hellenistischen Welt sah man sie nicht selten an der Tafel.

Cicero beschuldigt Angeklagte wie Verres oder gar Catilina sogar ohne Weiteres, sie hätten sich mit »schamlosen Weibern« bei Tisch vergnügt. Der Dichter Ovid wiederum preist das Convivium als erotische Begegnungsstätte: »Du sollst tief in die Augen ihr schauen mit den Augen, worin deine Glut sich zeigt.« Da kreist die Kommunikation, meint die Historikerin Stein-Hölkeskamp, dann »nur noch um das eine«.

Neben eindrucksvollen Zeugnissen einer reichen Geselligkeitskultur entstanden so allerlei trügerische Vorstellungen und Mythen. Die verbreitete Annahme etwa, schuld am Niedergang des Imperiums sei vor allem die Protz- und Prunksucht seiner Bewohner gewesen, vernachlässigt die Tatsache, dass nur die Lebenswelt der Aristokratie ausreichend dokumentiert ist. Von den etlichen Millionen Einwohnern des Römischen Reiches teilte nach Schätzungen ein knappes Prozent den Reichtum unter sich auf. Mit dem Alltag mittelloser Bauern und Plebejer, die ihren Hunger allenfalls mit einem Brei oder Fladen aus Getreide, etwas Öl, vielleicht Salz und ein paar Kräutern zu stillen versuchten, hatte das Prassen einiger Patrizier nichts zu tun.

Etwa seit dem 2. Jahrhundert v. Chr. betrachteten Römer, die es sich leisten konnten, Gastmähler als gute Gelegenheit, ihren Reichtum zu demonstrieren. Wer zu Tische bat, mühte sich – zunächst nach griechischen Vorbildern –, in Menge, Zutaten und Zubereitung immer neue Finessen zu bieten. Viele heute als typisch italienisch bekannte Ingredienzen fehlten natürlich: Es gab weder Nudeln noch Tomaten, kein überliefertes Rezept enthält Butter, und Kaffee tranken die Römer erst recht nicht.

Dafür dokumentiert der Experte und Autor Robert Maier in einer Rezeptsammlung Gemüsesorten und Gewürze, die den Gerichten »eine gewisse Ähnlichkeit zur indischen Küche« gaben: Lotuswurzel etwa, Datteln und den ebenso unvermeidlichen wie heute geschmacklich schwer vorstellbaren Salzersatz Liquamen, auch Garum genannt, eine aus vergammelten Fischen gewonnene Würzsoße, die wegen ihrer impertinenten Geruchsentwicklung außerhalb von Wohngebieten hergestellt wurde.

Wie anders als im Liegen waren die bulimischen Fressorgien nach Art der römischen Elite zu ertragen? Nicht selten wurde zwischen den Gängen der Magen entleert. Wer in der Gesellschaft etwas gelten wollte, bat in seiner Villa ins Triclinium, eine Wohn-Ess-Landschaft aus drei Speisesofas (Klinen). Auf jedem Sofa lagerten bis zu drei Gäste in bequemen Kissen, platziert nach Rangordnung im Verhältnis zum Hausherrn. Eine Sklavenschar servierte die Köstlichkeiten.

In großen Stadtvillen und Landhäusern fanden Archäologen jeweils mehrere Speiseräume. Nach Jahreszeit wurde ins Sommer- oder Wintertriclinium gebeten, je nach Sonnenstand gen Osten, Süden, Westen oder Norden ausgerichtet. In besonders exklusiven Häusern gab es Essterrassen im Garten oder am Strand.

Dass schon zur Zeit der Republik ein großer Wohn- und Tafelluxus betrieben wurde, zeigen neben vielen schriftlichen Quellen die Fundstücke, die Taucher Anfang des vorigen Jahrhunderts in einem Wrack vor der tunesischen Ostküste fanden. Der um 100 bis 80 von Piräus kommende, dort gesunkene Lastsegler transportierte marmorne Säulenteile und Kandelaber sowie edle häusliche Ausstattungsgegenstände, die das Interesse des römischen Adels am Lebensstil hellenistischer Herrscher belegen. Speisen und Getränke wurden in Gefäßen aus korinthischer Bronze, Kupfer, Gold oder Silber, verziert mit Edelsteinen, aufgetragen. Das Mobiliar aus Zitrusholz und Elfenbein war mit Schildpatt eingelegt.

Auch kulinarisch war die äußerste Verfeinerung ein Statussymbol. Dazu gehörten erlesene Speisen und Zutaten, die im ganzen

Imperium gewonnen wurden: Pfauen von der Insel Samos, Haselhühner und Kraniche aus Phrygien und Medien, Thunfisch aus Kalchedon am Bosporus, Austern aus Tarent und zum Abschluss der Cena ägyptische Datteln und spanische Esskastanien.

Kurioserweise ist es unwahrscheinlich, dass man all die Kostbarkeiten herausschmecken konnte. Denn als höchste Form der Kochkunst galt es, dass der Geschmack einzelner Speisen durch die kräftigen Gewürze nicht mehr zu erkennen war. »Keiner wird wissen, was er isst«, jubelte Apicius über eines seiner Rezepte – nach dem antiken Feinschmecker ist das älteste erhaltene römische Kochbuch benannt. Nur Puristen wie Seneca hatten dagegen etwas einzuwenden. Alles mische man »gewaltsam durcheinander«, schimpfte der neronische Philosoph, er »warte nur darauf, dass auch Vorgekautes vorgesetzt wird«.

Bei reichen Prassern brauchte man da keine Sorgen zu haben. Fortschrittliche Bauern entwickelten zudem ständig neue Zucht- und Anbaumethoden, um, wie der Gelehrte Marcus Terentius Varro es ausdrückte, »die bodenlose Genusssucht« ihrer prominenten Kunden zu befriedigen. Lucullus, Obergourmet der späten Republik, ließ bei seiner neapolitanischen Villa Fischteiche anlegen, in die durch einen Tunnel jederzeit frisches Meerwasser strömte. Die begehrten Krammetsvögel – eine Drosselart – ließ der extravagante Feinschmecker eigens mästen, um sie auch außerhalb der Jagdsaison servieren zu können.

In einer Zeit, als der Tageslohn eines Legionärs wenige Sesterzen betrug, verschlangen die Gastmähler des Lucullus zuweilen 50 000 Sesterzen an einem einzigen Abend. So maßlos das war, einen Namen hat sich der Politiker und Feldherr damit jedenfalls gemacht.

»ÖLBÄUME GRÜNEN AM HANG«

Feldarbeit war auch im alten Rom kein Vergnügen. Der Dichter Vergil aber sah sie als Ideal der Kultur. Er verherrlichte das Bauerndasein in einem Lehrgedicht.

Von Johannes Saltzwedel

Wer ernten will, sollte beizeiten ackern, selbst am sonnenverwöhnten Mittelmeer.

Früh im Lenz, wenn Schneewasser kalt vom grauen Gebirgshang
Rieselt, wenn dem Tauwind mürb die Krume sich auftut,
Dann schon keuche der Stier mir am Pflug, dem niedergepressten,
Stöhnend einher, in der Furche erglänze wie Silber die Pflugschar.

Klangvoll beginnt Publius Vergilius Maro das Dasein römischer Bauern zu schildern. Zwar schweift der große Dichter der frühen augusteischen Epoche in seinen Hexametern gern mal ab, aber beim Detail bleibt er präzise.

Fettigen Lehmgrund sollen vom ersten Monat des Jahres
Pflügen die kräftigen Stiere, die umgewendeten Schollen
Soll der staubige Sommer mit glühender Sonne durchkochen.

Jahraus, jahrein, stets achtsam auf Wetter, Wind und Bodenart, bestellt der Landmann seine Äcker. Getreidesorten im wohlgeplanten Wechsel, alle zwei Jahre ein paar Brachmonate und dann Lupinen oder Wicken zur Auffrischung des Bodens, daneben Oliven, Gemüse, Obst und Wein: Jeder Anbau folgt eigenem Rhythmus, und auch das Vieh, von Hühnern über Schweine, Schafe und Ziegen bis zum Rind, will versorgt sein. Alles überwölbt der Jahreszyklus, festgelegt durch den ewigen Lauf der Gestirne.

Für Vergil ist das göttlich garantierte Gleichmaß eine Gnade. Er feiert den Trott als paradiesisch heilen Urzustand:

Überglücklich die Bauern, wenn sie ihrer eigensten Güter
Inne würden! Denn ihnen lässt fern vom Lärme der Waffen
Leben in Fülle gedeihn die allgerechte, die Erde ...
Sorglose Ruhe jedoch, ein Leben in redlicher Einfalt,
Reich an mancherlei Schätzen, und Muße in weiten Gefilden,
Grotten und quellfrische Seen und kühle, waldige Täler,
Kuhgemuhe und Schlummers Genuss im Schatten der Bäume,
Das fehlt nicht. Da gibt es Schluchten und Lager des Wildes
Und eine anspruchslose, mit Ausdauer schaffende Jugend,
Opfer den Göttern und Ehrfurcht dem Alter! Hier in den Bauern
Ließ noch Gerechtigkeit, eh sie entschwand, die äußersten Spuren.

Als die Verse entstanden, wohl bis ungefähr 30 v. Chr., war solche Wehmut begreiflich. Das veritable »Gleichnis für eine gute Gesellschaftsordnung« habe der Dichter liefern wollen, schreibt der Münchner Althistoriker Werner Tietz in seinem jüngst erschienenen Fachbuch.* Nur logisch, dass Vergil am Schluss die Imkerei mit ihren Bienenvölkern zur beschaulichen Fabel weiser Regentschaft ausgestaltet.

Auf den Äckern Italiens hingegen war von Öko-Idylle nicht viel zu spüren – weder damals noch früher. In der Römischen Republik lebten 90 und mehr Prozent der Bevölkerung vom Ertrag des Bodens, der ausschließlich mit Tier- und Menschenkraft erwirtschaftet werden musste. Selbst Pflugscharen aus Metall gab es noch nicht überall. Für Transporte war man auf rumpelnde

* Werner Tietz, *Hirten, Bauern, Götter. Eine Geschichte der römischen Landwirtschaft*, München 2015. Die Übersetzungen der Vergil-Verse stammen von Johannes und Maria Götte.

Ochsenkarren angewiesen, die je nach Straßenlage höchstens um die 20 Kilometer am Tag bewältigten.

Viele Kleinbauern scheinen auf Handel weitgehend verzichtet zu haben. Ihr Höfchen, das nach Schätzungen allenfalls zehn Hektar groß gewesen sein könnte – oft nicht einmal Eigentum, sondern gepachtet –, ernährte recht und schlecht die Familie. Sklaven kamen fast nie zum Einsatz, schon weil man sich so teure Leibeigene gar nicht rund ums Jahr hätte leisten können. Selbst auf Tagelöhner für intensive Ernteeinsätze konnten nur Bessergestellte zurückgreifen.

Experte Tietz rechnet vor, dass ein Überschuss von etwa 35 Prozent allein für Saatgut und als Sicherheitspuffer erforderlich war; Pachtzins, Tauschhandel und weitere Bedürfnisse machten es nötig, dass ein Bauer fast doppelt so viel produzierte, wie er und die Seinen zum Leben brauchten. Immerhin: Öffentliche Weiden und Feuerholz aus Wäldern ergänzten meist gratis die Versorgung; Münzen bekam so mancher kleine Agrarier nur sporadisch zu Gesicht.

Ganz anders sah die Existenz von Gutsbesitzern aus, wie es sie seit etwa 200 v. Chr. vermehrt gab. Ihre weit größeren ländlichen Anwesen, oft Eigentum städtischer Familien, funktionierten vielfach als spezialisierte Unternehmen, die gewöhnlich einem Geschäftsführer unterstanden und hauptsächlich für den Handel produzierten. In der Nähe Roms mit seinen Festen und Luxusveranstaltungen gab es später sogar reine Blumenzuchtbetriebe. Und in Boscoreale am Vesuv hat man eine Villa ausgegraben, deren Grundriss das Muster eines schmucken Weingütchens ergibt.

In »villae rusticae« von oft mehreren Hundert Hektar Fläche wurden häufig Sklaven zur Feldarbeit eingesetzt. Ein geschickter Verwalter konnte allerdings auch für die Saison Hilfskräfte anheuern, beispielsweise auf dem freien Arbeitsmarkt der nächsten Provinzstadt. Insgesamt zeigte die römische Landwirtschaft also ein erstaunlich buntes, variables und – infolge der zahlreichen Bodenarten und Fruchtsorten – auch regional sehr unterschiedliches Gesicht.

Dem Dichter Vergil konnten schnöde Ertragsrechnungen natürlich egal sein. Für ihn, der aus dem Dorf Andes in der Poebene stammte, blieb das ehrwürdige Stimmungsbild vom fröhlichen Landmann samt Winzerlied und Hirtenflöte maßgebend. Der Patriot der untergehenden Republik feierte das »klein, aber mein«, das Prinzip der eigenen Scholle als Wunschbild zeitloser Menschlichkeit. Im zweiten Buch seines Landbau-Gedichts steigert sich dies Ideal zum großen Loblied auf die italische Heimat:

Hier prangt mit Früchten die Flur, mit erlesenen Weinen,
Ölbäume grünen am Hang, und fröhlich weiden die Rinder.
… Dir, Clitumnus, dem heiligen Strom, entstiegen so oft schon
Schneeige Herden, vor allem der Stier, das herrlichste Opfer,
Führten Roms Triumphe empor zu den Tempeln der Götter.
Hier blüht dauernder Lenz, hier strahlt fast zeitlos der Sommer,
Zweimal ist trächtig das Vieh, zweimal bringt Früchte der Obstbaum.

Und dann hebt sich die Perspektive bis zur Vogelschau über das große, schöne, göttergesegnete Reich der Römer:

Zähle dazu noch die Städte, die ragenden, kunstvollen Bauten,
All die Festen, getürmt von der Hand über felsigem Absturz,
All die Ströme, umspülend den Fuß uralten Gemäuers.
Soll ich das Meer noch erwähnen, das oben und unten heranwogt,
Oder die großen Seen? …
Silberbäche und Erzmetall durchschwellen die Adern
Dieses Landes, es strömt vom Reichtum leuchtenden Goldes.

Etwas von dieser Apotheose bäuerlicher Harmonie hat noch jeder Italien-Reisende gespürt. Der Blick auf die Kulturlandschaft mit Olivenhainen, Rebenlauben und den wie eh und je fruchtbaren Äckern erinnert daran, dass Kultur, lateinisch »cultura«, ursprünglich Bodenpflege, Anbau und die Sorge für Pflanze und Tier bedeutete – also Ehrung des Heiligsten, des Lebens selbst.

VERSANDETE MÜNDUNG

Roms Hafen Ostia war lange Handelszentrum und Flottenstützpunkt der Weltmacht.

Von Johannes Saltzwedel

Wer vom heutigen Rom aus an die Küste fährt, muss schon auf Hinweisschilder achten, so diskret verborgen liegen die Ruinen des antiken Ostia in der Landschaft. Dabei kann der ehemals auf einer Landspitze unmittelbar südlich der Tibermündung gelegene Ort einst kaum zu übersehen gewesen sein – nur befindet sich die Küstenlinie heute deutlich weiter im Westen.

Roms älteste Kolonie blieb lange einer der wichtigsten Stützpunkte des Imperiums. Den archäologischen Spuren zufolge entstand spätestens nach 350 v. Chr. die erste funktionelle Hafenanlage; nach 87 ließ Machthaber Sulla die bestehenden Kais und Molen neu ausbauen.

Kauffahrer und Fischerkähne liefen hier ebenso ein wie die erst allmählich aufgebaute Marine. Von Ostia aus stachen Kriegsschiffe gegen Karthago in See. Mauerreste eines stattlichen Theaters aus augusteischer Zeit, Lagerhäuser, oft mehrstöckige Wohn- und Geschäftsbauten, Tempel und natürlich Marktanlagen zeugen vom regen Treiben im Küstenort mit dem nüchternen Namen – »Ostium« bedeutet einfach »Mündung«.

Neben Handels- und Flottenverkehr fanden sich auch Kurgäste ein, die Erholung in der Seeluft suchten und sich manchmal in einer Villa dauerhaft ansiedelten.

Immer war Ostia den Weststürmen ausgesetzt; allmählich versandete der ehrwürdige alte Hafen. Im Jahr 42 n. Chr. ließ Kai-

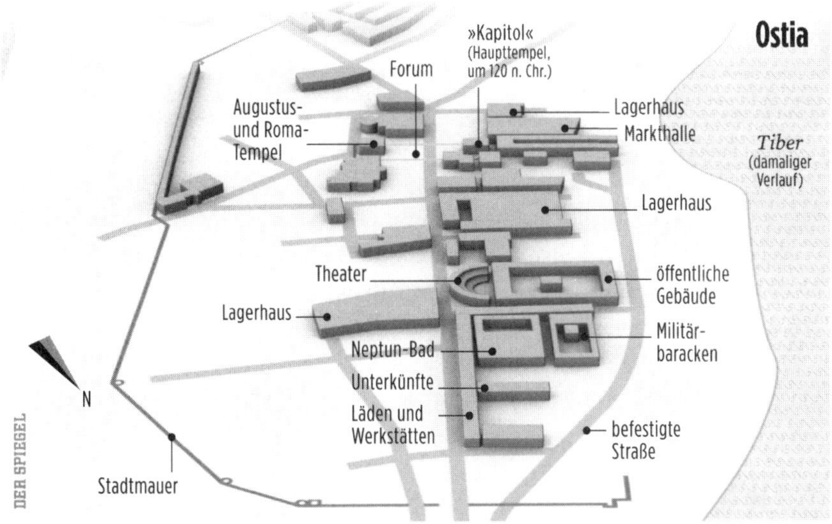

ser Claudius deshalb einen neuen »Portus Augusti« nördlich der Tibermündung anlegen, und schon 103 erweiterte Kaiser Trajan ihn durch ein größeres sechseckiges Becken. Es ist als »Lago di Traiano« noch heute nahe Roms Flughafen Fiumicino sichtbar – als seltsam geometrisch geformter Binnensee. Denn mittlerweile hat sich infolge der weiteren Verlandung die Mündung des Tiber nochmals erheblich weiter nach Westen verlagert.

KOLOSSALER KLUMPATSCH

Wasserleitungen und Fernstraßen, Arenen, Kloaken und Wohnblocks – Roms famose Großbauwerke bestanden zum guten Teil aus einem ebenso festen wie erstaunlichen Grundstoff: Beton.

Von Christian Wüst

Wer hat sie je betreten, die Kirche aller Götter, ohne sich ein wenig zu wundern? Unweigerlich wandert der Blick nach oben zur größten Kuppel der Antike; ein schlichtes Rundgewölbe, 43 Meter im Durchmesser mit einem Loch ganz oben, von wo das Licht einfällt. Sie ist grau wie die Decke einer Tiefgarage, und ebenso unweigerlich denkt der Besucher: Das sieht aus, ja wirklich, es sieht aus wie Beton.

Nun, es ist Beton. Das Pantheon zählt zu den prominentesten Beispielen antiker Baukunst, die aus jener praktischen Mixtur von Kies, Sand, Wasser und Zement bestehen, mit der der Mensch inzwischen Autobahnbrücken und Hochhäuser baut. Und wer die Relikte von Aquädukten und Arenen, Straßen, Tempeln und Badeanstalten, all jener großen Ingenieurbauwerke des Imperium Romanum, mit der nötigen Tiefenschärfe betrachtet, der wird um eine nüchterne Erkenntnis nicht herumkommen: Rom hat ein Weltreich in Beton gegossen.

Dass diese in der Fachwelt unbestrittene Wahrheit noch immer Erstaunen und Skepsis hervorruft, hat zwei Gründe: Zum einen waren die Architekten der Antike Meister der Maskerade. So sind die Wände vieler Bauten auch schon der Republik äußerlich hübsch in Stein gefasst. Mauerkerne und oft auch Fundamente

Aufbau einer römischen Straße

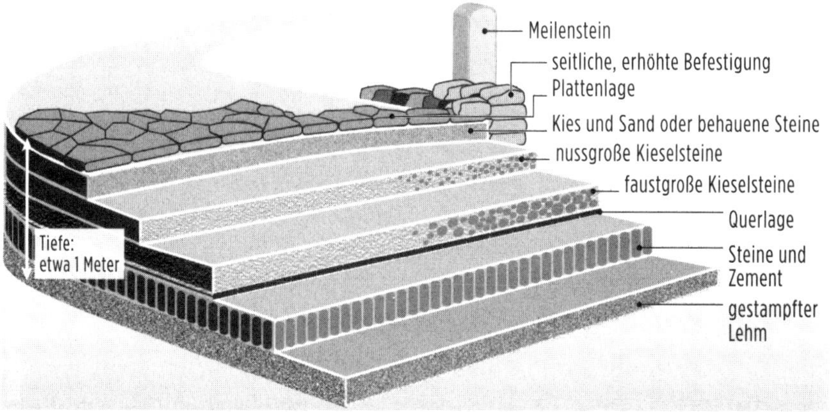

aber bestehen aus jenem kolossalen Klumpatsch, der im Lateinischen »opus caementitium« hieß, das »Werk aus Bruchgestein«, in den gängigen Übersetzungen »Römischer Beton« genannt.

Zum anderen fanden sich keine Chronisten bereit, jenen Pionieren des Bauhandwerks ein Lob zu singen, die ihre Zunft von der mühseligen Stein-auf-Stein-Methodik befreiten. Namenlose Ingenieure schufen die Voraussetzung für eine Effizienz, die die Blitzexpansion zu einem Weltreich mit Großstädten, Frisch- und Abwasserleitungen sowie 100 000 Kilometern Fernstraßen erst möglich machte.

»Man kann sicher sagen, dass das Opus caementitium eine wichtige Grundlage für den jahrhundertelangen Bestand des römischen Weltreichs bildete«, schreibt Heinz-Otto Lamprecht in einem 1984 erschienenen Fachbuch unter dem Titel des altsprachlichen Betonbegriffs.* Der Professor für Bauingenieurwesen liefert eine entsprechend milieunahe Darlegung der Dinge und erörtert auch die Frage der Fragen mit dem gebotenen Ernst

* Heinz-Otto Lamprecht, *Opus caementitium. Bautechnik der Römer*, Düsseldorf 1984.

und Sachverstand: Was hat er getaugt, der Zementmix der alten Lateiner? War er so hart wie unserer – solide wie Beton? Die Antwort lautet: Ja.

Kern von Lamprechts Ausführungen ist eine sorgfältige Beschreibung wissenschaftlicher Untersuchungen der RWTH Aachen. In Zusammenarbeit mit verschiedenen Museen haben Forscher der Uni antike Bruchstücke zersägt, Bohrkerne ausgeschnitten und unter Prüfpressen abgedrückt. Die Befunde stellen den antiken Betonmischern eine tadellose Expertise aus: »Die gemessenen Druckfestigkeitswerte«, so Lamprecht, »erreichen durchaus die Größenordnung eines Betons unserer Tage.«

Wie konnte das mit den damaligen Möglichkeiten gelingen? Lamprecht stützte sich bei seinem profunden Quellenstudium vor allem auf einen Autor, der der interessierten Nachwelt detaillierte Rezepte der antiken Mörtelmischerei hinterließ. Marcus Vitruvius Pollio, im deutschen Sprachgebrauch »Vitruv« genannt, zählte im ersten vorchristlichen Jahrhundert zu den führenden Bauingenieuren unter Caesar und Augustus. Er verstand sich auf die Errichtung von Wohnhäusern ebenso wie von Wasserleitungen, Theatern und Festungsanlagen. Sein Handbuch und Lehrwerk »De architectura libri decem« (Zehn Bücher über Architektur) ist das einzige vollständig erhaltene der Antike; damit ist Vitruv der bedeutendste Gewährsmann für die alte Bautechnik.

Bereits im zweiten Buch gibt er detaillierte Anleitungen zur Herstellung und Zusammensetzung des Opus caementitium. Lamprecht war baff: »Der Betoningenieur einer modernen Großbaustelle fühlt sich an seine Tagesarbeit erinnert, wenn er bei Vitruv liest, dass ein guter Sand knirschen müsse, wenn man ihn in der Hand reibt.«

Das entscheidende Bindemittel, das den Zementmatsch im Mauerwerk von Aquädukten oder Brücken beim Austrocknen so fest werden ließ wie den heutiger Sportstadien, ist Kalk. Die Römer konnten ihn brennen, das war ihr Trumpf. Relikte antiker Kalköfen und Brennversuche, die damit unternommen wurden, lassen präzise Schlüsse über die damalige Betonproduktion zu. Die Römer brannten den Kalk bei etwa 900 Grad, das sind 500 weniger als in heutigen Öfen, erlangten aber vor allem durch den Einsatz von Vulkanasche, die sehr gute Bindeeigenschaften hat, die Festigkeit heutigen Niveaus.

Der Energieverbrauch der Betonindustrie war damals wie heute enorm. Die Kalköfen der Römer verheizten ganze Wälder. Die moderne Zementindustrie zählt mit rund sieben Prozent Anteil am globalen Kohlendioxidausstoß zu den größten Vertilgern fossiler Rohstoffe.

Moderne Bio-Architekten könnten Vitruv als Wegbereiter der Zementmafia brandmarken. Denn der Baumeister Caesars und Octavians war ein passionierter Betonierer. Über Holz als Einfassung von Mauerwerk, wie es der Romantiker liebt, schrieb er: »Fachwerk, wünschte ich, wäre nie erfunden ... weil es bereit ist zu brennen, wie Fackeln.« Vitruv hätte an Berlin-Marzahn mehr Freude als an Rothenburg ob der Tauber.

Das Rom seiner Zeit sah auch eher so aus wie Marzahn. Wohnblocks mit zehn Stockwerken und mehr wuchsen empor – und stürzten zuweilen ein, ehe kaiserliche Dekrete die Bauhöhen begrenzten. Wichtigster Baustoff der Mietskasernen: Opus caementitium. Wer es sich leisten konnte, ließ Marmorputz auftragen, der weit günstiger war als das Original, und die Wände anstreichen. Der Unterschied war auch für Fachleute auf Anhieb nicht mehr erkennbar.

Im Kellergeschoss der Millionenstadt schlängelte sich ein Abwasserkanal unter Betongewölben: die »Cloaca Maxima«, von Kanalinspekteuren mit Kähnen befahrbar. Lamprecht beschreibt sie als »hygienische Wohltat« und »eines der rentabelsten Ingenieurbauwerke der Menschheitsgeschichte«.

Es waren ausschließlich Zeitgewinn und Kostenersparnis, die die Entwicklung des Opus caementitium vorangetrieben hatten. Auch wenn die graue Matsche von Hand angerührt und mühsam in Körben angeschleppt werden musste (die römische Siegessäule des Kaisers Trajan von 113 n. Chr. zeigt ein entsprechendes Relief), ließen sich Großbauwerke um ein Vielfaches schneller und günstiger im Betonguss errichten, als wenn man sie gemauert hätte. Die Steine, aus denen etwa Aquädukte vermeintlich komplett bestehen, dienten nur als Einschalungen und bildeten dann dauerhaft eine hübsche Hülle. In Tunnels der Römerzeit, wo ohne ästhetische Vorgaben betoniert wurde, sieht man heute noch die Abdrücke der Schalbretter an der nackten grauen Wand.

Mehr als ein halbes Jahrtausend währte die Betonära der römischen Bautechnik. Sie begann in der frühen Republik; die ersten nachgewiesenen Betonbauten stammen aus dem 3. Jahrhundert v. Chr. Ihren Zenit erreichte sie in der frühen Kaiserzeit, als immer filigranere Betongewölbe die Grenzen der Baustatik erreichten. Mit Beimischungen von Bimsstein wurde die Kuppelschale des um 118 n. Chr. fertiggestellten Pantheons nach oben hin immer leichter und dünner konstruiert.

Dass der Tempel auch nach fast zwei Jahrtausenden noch als erdbebensicher gilt, verdankt er nicht zuletzt dem Umstand, dass die Bauingenieure des antiken Roms noch keinen Stahlbeton einsetzten. Abgesehen von wenigen Experimenten, etwa in den Thermen Trajans, verzichteten sie auf Metallbewehrungen. Die Statik ihrer Konstruktionen stützt sich nur auf die Druckfestigkeit des Gussmaterials. Und die bleibt nahezu ewig erhalten.

Eine Stahlbewehrung im Inneren verschafft dem Beton zwar Zugfestigkeit. Das erlaubt wesentlich schlankere Konstruktionen, aber es geht auch nur so lange gut, wie das Metallskelett nicht verrostet. Viele moderne Autobahnbrücken überdauern deshalb nur wenige Jahrzehnte.

Nach dem Zusammenbruch des Römischen Reiches geriet die Technik des Betongusses weit über ein Jahrtausend lang in Vergessenheit. So gelang es dem Gewölbe des Pantheons, einen der langlebigsten Weltrekorde der Architekturgeschichte zu halten. Keine gemauerte Kuppel späterer Kirchen, nicht einmal die des Petersdoms, erreichte seinen Durchmesser. Erst im Jahr 1913 übertraf die Jahrhunderthalle in Breslau das antike Vorbild – mit Stahlbeton.

IM REICH DER WÖRTER

Anfangs war das Lateinische ein Dialekt von vielen. Dann wurde es zur Sprache des Imperiums – mit weitreichenden Folgen.

Von Charlotte Klein

Latein ist tot, und das schon viel länger als gedacht: seit mehr als 2000 Jahren. Seine Mörder waren Cicero und Vergil. Beide beherrschten ihr Latein so meisterhaft, dass die Schriftsprache in Grammatik und Formbildung aufhörte, sich weiterzuentwickeln. Anders gesagt: Die Werke Ciceros, Vergils und ihrer Kollegen erschienen nachfolgenden Autoren so perfekt, dass sie als »Goldene Latinität« zum Maßstab wurden. Von nun an galt – und gilt bis heute: Wer wie Cicero schreibt, schreibt am besten. Dass die Sprache in Ehren erstarrte, hat ihr ein langes Leben beschert. Fortan wurde im gesamten Imperium ein und dasselbe Latein gesprochen.

Ein paar Jahrhunderte zuvor war das Lateinische ein völlig unbedeutender Dialekt gewesen, benutzt von nur wenigen Tausend Menschen in und um Rom. Der schmale Landstreifen hieß Latium (daher der Name »lingua latina«, »die Sprache Latiums«) und war umringt von anderen, größeren Sprachzonen: Im Nordwesten lebten die mächtigen Etrusker, im Nordosten und Süden sprach man umbrische und oskische Dialekte – mit dem Lateinischen verwandt, aber für die Römer wohl so schwer zu verstehen wie für einen Deutschen das Schwedische.

Auf dem italienischen Stiefel herrschte eine große Stammes- und Sprachenvielfalt; im Norden sprach man Ligurisch, Keltisch und Venetisch, im Süden Messapisch und Griechisch. Das Griechische hatte sich seit Langem als Lingua franca etabliert und war die wichtigste Sprache im Mittelmeerraum.

Als indoeuropäische Sprachen hatten Griechisch und Latein einiges gemeinsam. Ihre Parallelen in Grammatik und Wortschatz verstärkten sich sogar noch, weil die hoch entwickelte griechische Kultur den Römern über Jahrhunderte als Vorbild in Rhetorik, Literatur, Philosophie, Architektur oder Kunst diente.

Das Lateinische übernahm nicht nur viele Wörter aus seiner Schwestersprache, sondern man folgte in klassischer Zeit sogar in Vers- und Strophenformen griechischen Vorbildern. Auch dies könnte zum Erfolg des Lateinischen in der Mittelmeerwelt beigetragen haben: dass es das übermächtige Griechisch nicht verdrängte, sondern sich von ihm inspirieren ließ.

Anderen Völkern zwangen die Römer ihre Sprache nicht auf: Als das Reich sich nach Gallien, auf die Iberische Halbinsel und bis nach Nordafrika ausbreitete, durften Gallier, Iberer oder Berber weiter sprechen wie bisher. Dennoch eroberte das Lateinische die neuen Gebiete nach und nach von selbst – bis auf den Osten des Reiches, wo sich das Griechische weiterhin behauptete. Die Ausbreitung hatte mehrere, miteinander zusammenhängende Gründe:

- Die Römer ließen jede Provinz von einem römischen Statthalter verwalten und siedelten dort Garnisonen an.
- Einheimische, die sich als Soldaten verdingen wollten, mussten die Sprache der Besatzer lernen.
- In den neu gegründeten Schulen fand der Unterricht meist auf Latein statt.
- Für den nun aufblühenden Handel war das Lateinische unentbehrlich.

So setzte sich allmählich im gesamten Westen des Reiches Latein als Haupt- und sogar Muttersprache durch. Mündlich erstarrte es natürlich keineswegs. Wie allerdings der Sprachwandel verlief, ist kaum noch genau zu erkennen. Einige wenige Quellen vermitteln eine Ahnung: Im Jahr 79 begrub der Vesuv die Stadt Pompeji und konservierte sie so für die Nachwelt. An den Mauern pompejischer Häuser fanden sich zahlreiche Aufschriften, Wahlwerbung beispielsweise oder Reklame für Geschäfte. Auch Toiletten-Graffiti über Sex in allen Variationen gibt es. Die dort erkennbare Alltagssprache nennen Experten »Vulgärlatein« – aber nicht wegen der Zoten. Der Ausdruck stammt von »vulgaris« (»zum Volke gehörig«) und bezeichnet einfach das ganz normale damals gesprochene Latein.

Römische Schreibtafeln

Worauf hielt man in Rom Briefe, Rechnungen, Gedichte oder Notizen fest? Papier gelangte erst im 12. Jahrhundert nach Europa. Sein antiker Vorläufer Papyrus war teuer; jeder Bogen ließ sich nur einmal beschreiben. Für den Alltag eigneten sich stattdessen Wachstafeln (tabulae ceratae): rechteckige Holzbrettchen mit Rahmen, auf die eine millimeterdicke Schicht aus Bienenwachs, Harz und Ruß aufgetragen wurde.

Mit einem stiftartigen Griffel ritzte man Notizen in das Wachs. Der »stilus« war aus Eisen, selten auch aus Bronze oder Knochen, und hatte neben dem spitzen auch ein abgeflachtes Ende. Damit ließ sich das Wachs glätten und so immer wieder eine freie »tabula rasa« herstellen. Die meisten Tafeln waren so klein wie ein heutiger Notizblock, andere hatten Tablet-ähnliche Maße.

Oft band man zwei gleich große Tafeln aneinander, die Wachsseite nach innen, manchmal auch drei oder mehr. Den so entstandenden »codex« (Holzblock) konnte man, anders als eine Papyrusrolle, gut transportieren und durchblättern; er wurde zum Prototyp des heutigen Buchs.

Nach dem Zerfall des Römischen Reiches lernten weniger Menschen Lesen und Schreiben, der überregionale Handel ging zurück, und kriegerische Konflikte erschwerten das Reisen. So blieb die gesprochene Sprache regional isoliert, veränderte sich aber gerade deshalb rasch und unterschiedlich.

Im 11. Jahrhundert entstand die erste Vorstufe der heutigen französischen Schriftsprache; Italien und Spanien brauchten mindestens noch 200 Jahre. Damit waren aus dem spätantiken Vulgärlatein die romanischen Sprachen hervorgegangen, heute die Muttersprachen von über 700 Millionen Menschen.

Das Latein, das Cicero verstanden hätte, blieb erhalten. Da das Römische Reich christlich geworden war und im Westen von der Bibel bis zur Kirchenhymne die religiösen Texte auf Latein in Umlauf waren, trotzte die Sprache allen politischen Wirren: Mönche bewahrten die heiligen Schriften in ihren Klöstern, lasen, schrieben und lehrten ihre Gebete und Regeln auf Latein. Die Kirche agierte über alle Reichs- und Staatsgrenzen hinweg und war auf eine einheitliche Verständigungsform angewiesen. Hinzu kam, dass auch Wissenschaftler sich international austauschen wollten.

Einen regelrechten Schub erlebte die alte Sprache dann in der frühen Neuzeit. Für Gelehrte wie den immens belesenen Erasmus von Rotterdam war Latein nicht nur ein Verständigungsmittel. Die Wissenschaftler der Renaissance studierten auch wieder eifrig die alten heidnischen Autoren – »Renaissance« heißt Wiedergeburt.

Nach antikem Vorbild verehrten die Humanisten Cicero. Einige debattierten sogar als »Ciceronianer« und »Anti-Ciceronianer«, wie sehr man vom Stil des großen Vorbilds abweichen dürfe. Bis ins 18. Jahrhundert publizierten Wissenschaftler auf Latein, der englische Physiker Isaac Newton ebenso wie der schwedische Botaniker Carl von Linné.

Das Lateinische aufgegeben haben zuerst die Literaten – schließlich hofften sie auf möglichst viele Leser. Dann zogen in den Wissenschaften die Volkssprachen ein und schließlich, erst vor einigen Jahrzehnten, auch in weiten Teilen der katholischen Liturgie. So lebt die Sprache der Römer, der Kirche und der Gelehrten fast nur noch in ihren Hinterlassenschaften fort: in fachlichen Bezeichnungen von Tieren und Pflanzen beispielsweise, in ärztlichen Wendungen und natürlich in den Lehnwörtern, die in unzählige Sprachen der Welt eingegangen sind.

TEIL IV

DER ZERFALL DER REPUBLIK

IMMER AN DER SPITZE

Gaius Iulius Caesar schwang sich zum Alleinherrscher auf – nach einer glänzenden Laufbahn als Jurist, Redner, Machtpolitiker und Feldherr. War er wirklich der Totengräber der Republik?

Von Jan Puhl

Die Iden des März sind da, und in der Nacht hat Calpurnia schlecht geträumt. Sie bestürmt ihren Gatten: Bleib zu Hause heute. Unglück liegt in der Luft. Doch auf weibische Ängste will er, der mächtigste Mann der Welt, keine Rücksicht nehmen.

Gegen elf Uhr hat Gaius Iulius Caesar die Toga angelegt und macht sich auf den Weg zum Theater des Pompeius, in dem der Senat tagt. Seine Leibwache aus ihm ergebenen spanischen Legionären hat er entlassen. Es sei besser, einmal zu sterben, als sich stets zu fürchten, soll er gesagt haben.

Auf dem Weg steckt ihm jemand eine Schriftrolle zu. Sie enthält die Warnung: Verschwörer trachten Dir nach dem Leben! Caesar behält sie in der Hand, aber er liest sie nicht. Nur Minuten später stirbt er, von 23 Dolchstichen getroffen, auf dem Marmor des Senatsraums.

Caesar ist tot – aber noch viele Epochen später werden sich der deutsche Kaiser und der russische Zar mit Versionen seines Namens schmücken. Sie tragen ihn als Titel. So modellhaft war seine Macht, so gewaltig seine Ausstrahlung. In Caesar starb ein begnadeter Redner, brillanter Jurist und fleißiger Schriftsteller. Er war ein kluger Machttechniker, der die Mechanismen der späten Republik durchschaute. An seinen Feinden konnte er Milde üben, aber auch um der eigenen Herrschaftsinteressen willen ganze Völker unterjochen. Deshalb polarisiert er bis heute.

Die einen sehen ihn als Totengräber der ehrwürdigen Römischen Republik. Doch räumte er keine funktionierende Volksherrschaft ab. Bürgerkrieg, Anmaßung, Diktatur hatte Rom schon vor ihm gesehen. Als er nach fast absoluter Macht griff, waren viele längst bereit, ihre Freiheit einem Alleinherrscher zu opfern, auf dass der nur Ruhe und Ordnung schaffe.

Andere wiederum haben Caesar auch in späterer Zeit noch als visionären Führer gefeiert, der am Abgrund eines Epochenbruchs den Weg wies und Rom zu neuer Größe führte. Tatsächlich habe er es wie kein anderer vor ihm verstanden, Roms politische Institutionen und Machtressourcen auf sich auszurichten, schreibt der Historiker Martin Jehne. Nur hinterließ er kein stabiles System. Auf seine Ermordung folgten wieder Bürgerkrieg und Tyrannei.

Er sei von »stattlicher Statur« gewesen, schreibt der Biograf Sueton um 120 n. Chr. »Er hatte weiße Haut, schlanke Gliedmaßen, ein etwas zu volles Gesicht und schwarze, lebhafte Augen; er soll von einer guten körperlichen Verfassung gewesen sein.« In seinen letzten Jahren fällt er mehrfach in Ohnmacht. Und das Haar sei schütter geworden. »Von allen Ehrungen, die Senat und Volk ihm zuerkannt hatten, nahm er keine lieber an und machte von keiner häufiger Gebrauch als von dem Recht, immer einen Lorbeerkranz tragen zu dürfen.«

Caesars Sippe, das Geschlecht der Iulier, galt zwar als nobel, war aber nicht sehr reich. Noch bevor die Karriere des brillanten jungen Mannes überhaupt beginnen konnte, musste er fliehen. Seine Hochzeit mit Cornelia, der Tochter des Konsuls Lucius Cornelius Cinna, und seine Verwandtschaft mit der Familie des legendären Feldherrn Gaius Marius hatten ihn in die Bredouille gebracht.

Die Partei der Marianer hatte im Machtkampf mit Lucius Cornelius Sulla den Kürzeren gezogen; Sulla schwang sich 82 v. Chr. zum Diktator auf. Wenig später aber gab er seine Machtfülle freiwillig wieder auf – für diesen Verzicht soll Caesar ihn später einen politischen »Analphabeten« geschimpft haben.

Es war die Häme eines Davongekommenen: Sulla hatte seine Gegner für vogelfrei erklärt. Jeder durfte sie töten und ihr Vermögen einsacken. Auch der junge Caesar hatte Häscher an den Fersen. 12 000 Denare kostete es ihn, sich freizukaufen. Verwandte Caesars konnten Sulla dann überzeugen, dass von dem aufstrebenden Adligen keine Gefahr ausgehe. Nach Sullas Tod 78 v. Chr. kehrte Caesar in die Metropole zurück und begann seine politische Karriere.

Den ersten großen Auftritt hat der junge Politiker, als er den ehemaligen Konsul Gnaeus Cornelius Dolabella wegen Korruption verklagt. Wahrscheinlich geht es ihm dabei nicht wirklich um die Verfehlungen des Mannes. Caesar nutzt den Prozess, um seine Fähigkeiten als Redner und Jurist darzustellen. Dass Dolabella schließlich freigesprochen wird, scheint nicht ausschlaggebend gewesen zu sein.

Nach Ende des Gerichtsverfahrens macht sich Caesar auf den Seeweg nach Rhodos, wo er sich bei dem berühmten Rhetor Molon fortbilden will. Doch kurz vor dem Ziel, an der kleinasiatischen Küste vor Milet, wird sein Schiff von kilikischen Piraten gekapert. Diese Episode ist Biografen wichtig, denn sie zeigt erstmals Caesars Entschlossenheit und seine Bereitschaft, sich über Regeln der Republik hinwegzusetzen.

Zunächst ist er darüber empört, welch geringes Lösegeld die Seeräuber für ihn verlangen – 20 Talente! Caesar schlägt 50 vor. Gleichzeitig droht er den Piraten blutige Rache an. Doch er kommt ganz gut mit ihnen aus. Während der 38 Tage Haft an Bord fordert er nur Ruhe, wenn er schlafen will. Kaum ist er freigekauft, rüstet er auf eigene Kosten eine kleine Flotte aus, bringt die Seeräuber auf und lässt sie eigenmächtig ans Kreuz schlagen, ohne auf das Urteil des zuständigen römischen Provinzstatthalters zu warten.

Noch während er im Osten reist, wird Caesar in ein mächtiges Priesterkollegium aufgenommen – er muss schon damals einen guten Ruf genossen haben. Zurück in Rom, wird er 73 zum Militärtribun gewählt. Die neuen Ämter nutzt er, um sich weiter zu profilieren. So setzt er sich dafür ein, die von Sulla beschnittenen Rechte der Volkstribunen zu erneuern.

Volkstribunen galten als Sachwalter der Plebejer. Ob Caesar damals wirklich plante, seine Karriere als Mann des Volkes anzugehen, ist unklar. Sein Engagement brachte ihn aber zum ersten Mal mit der Senatsmehrheit in Konflikt, während er bei den einfachen Römern Sympathien gewonnen haben dürfte. Nachdem er wohl 69 v. Chr. Quaestor und vier Jahre später auch Ädil geworden ist, gelingt ihm ein besonderer Coup: Er gewinnt die Wahl zum Oberpriester. Mit nur 37 Jahren hat er die Würde eines Pontifex Maximus erlangt. Bis zu seinem Tod bekleidet er das Amt des »Brückenbauers« zwischen Göttern und Menschen.

So eine Karriere kostete ein Vermögen, denn das Wohlwollen der Wähler musste Caesar sich regelrecht erkaufen, mit Brot und Spielen, die er aus eigener Tasche bezahlte. »Als Ädil ließ er 320 Fechterpaare auftreten und entfaltete bei den Aufführungen, Festzügen und öffentlichen Speisungen solchen Prunk, dass das Bemühen all seiner Vorgänger daneben verblasste«, erzählt der antike Biograf Plutarch. Selbst die Totenfeiern für Familienangehörige inszenierte er pompös mit dem Ziel, seine Popularität zu steigern.

Politische Ideale spielten in der späten Republik eigentlich keine Rolle mehr. Zu Ämtern und Würden kam man schon lange nicht mehr mit den besten Ideen für das Gemeinwohl, sondern dank der größeren Klientel. Diese Stimmgefolgschaft sicherte man sich mit Geldgeschenken, Festen, Gladiatorenspielen und ähnlichen Vergünstigungen. Ein Patronagesystem hatte alles Demokratische erstickt.

Caesars Publikumspflege war erfolgreich, seine Beliebtheit groß. Er steigerte sie wohl noch in dem Strafverfahren gegen die Verschwörer um Catilina. Während bedeutende Politiker den Tod der Aufrührer forderten, plädierte Caesar – gegen die im Senat versammelten Oligarchen – auf lebenslange Haft. Wieder schadete es ihm nicht, dass er unterlag und Catilinas Anhänger vom Henker erwürgt wurden.

Wenig später erlangte Caesar das Amt des Statthalters für das südliche Spanien. Allerdings war er – wie viele auf dieser Karrierestufe – so hoch verschuldet, dass seine Gläubiger ihn nicht abreisen lassen wollten. Erst eine Bürgschaft seines reichen Gönners Marcus Licinius Crassus machte den Weg nach Spanien frei. Wie andere vor ihm setzte er dort alles daran, seine Finanzen aufzubessern. Im seit alters her politisch heiklen Spanien erwarb Caesar ersten Ruhm als Feldherr; zudem sanierten ihn seine eigenmächtigen Kriegs- und Beutezüge. Jetzt konnte er das höchste Staatsamt ins Auge fassen: das Konsulat.

Um diese Zeit dürften entschiedene Republikaner wie Marcus Porcius Cato der Jüngere schon geahnt haben, wozu Caesar fähig war. Sie stellten sich seiner Wahl zunächst in den Weg. Doch der mittlerweile gewiefte Politiker manövrierte seine Gegner aus. Er schloss ein strategisches Bündnis mit Crassus und dem Feldherrn Gnaeus Pompeius, das sogenannte 1. Triumvirat. Pompeius war unter Sulla aufgestiegen, hatte im Osten Piraten besiegt und drei Triumphe gefeiert. Beim Volk war er beliebt, seine Veteranen vergötterten ihn. Mit Crassus setzte er durch, dass Caesar einer der beiden Konsuln wurde. Der andere, von den Gegnern ausgewählt, hieß Marcus Calpurnius Bibulus.

Diese Kombination trägt den Keim des Streits bereits in sich. Zum Anlass wird ein von Caesar eingebrachtes Siedlungsgesetz: Es soll so ausgelegt werden, dass vor allem die Veteranen des Pompeius davon profitieren – die Macht des Heerführers würde weiter wachsen. Die Debatte um das Gesetz zieht sich hin. Cato führt die Opposition, er filibustert, verhindert eine Abstimmung, indem er stundenlang redet. Irgendwann verliert Caesar die Geduld: Er lässt Cato ins Gefängnis abführen. Eine Reihe Senatoren folgt freiwillig: »Ich bin lieber mit Cato im Gefängnis als mit dir im Senat«, ruft einer Caesar zu.

Als die Abstimmung dann doch näher rückt, lässt er das Forum von eigenen Anhängern besetzen. Sie verweigern Bibulus den

Zugang. Ihm wird sogar Mist über den Kopf gekippt. Nach dieser Niederlage tritt der Mitkonsul in den Streik. Er kommentiert Caesars Regierungshandeln nur noch bissig von daheim. Man lebte, wie Spötter bemerkten, fortan unter den Konsuln Iulius und Caesar. Der Historiker Christian Meier schreibt: »Caesar wäre lieber legal ans Ziel gelangt. Da das aber nicht ging, wird es ihm um die geheiligten Institutionen nicht leid gewesen sein.«

Nach der einjährigen Amtszeit musste der bedenklich allgewaltige Konsul freilich eine Anklage fürchten. Caesar entging ihr, indem er sich mithilfe von Crassus und Pompeius die Statthalterschaft in den Provinzen Illyricum und Gallia Cisalpina sicherte – für die ungewöhnlich lange Zeit von fünf Jahren und natürlich gegen den Willen einer starken Fraktion im Senat. »Damit hatte Caesar etwas geschafft, was es bis dahin in Rom noch nie gegeben hatte: ein großes Gesetzgebungsprogramm durchzusetzen und sich der senatorischen Strafaktion zu entziehen. Er hatte den Senat schwerer und nachhaltiger geschlagen als alle anderen«, schreibt Meier. Vermutlich plante er, in Gallien solche Verdienste zu erwerben, dass der Senat ihm hätte verzeihen müssen. Doch das Kalkül ging nicht auf.

Schon lange war Rom nicht mehr in der Lage, seinen enorm gedehnten Einflussbereich wirklich zu beherrschen. Also übertrug der Senat starken Männern die Aufgabe, Unruhen zu ersticken und neue Gebiete zu unterwerfen. Männern wie Sulla und Pompeius war das gelungen – auf Kosten vieler Sympathien im Senat allerdings.

Als Prokonsul durfte auch Caesar weitgehend unabhängig von Rom agieren. Er hob selbst Soldaten aus und schwor sie auf sich persönlich ein. Diese und die schon in den Provinzen vorhandenen Legionen sollten später das Rückgrat seiner Macht bilden.

Im Gallischen Krieg festigte er ein für alle Mal seinen Ruf als charismatischer Führer, den die Legionäre verehrten. Durch ihn konnten sie Reichtümer erbeuten und Anrecht auf üppige Entschädigungen in der Zeit nach dem Militärdienst erwerben. »Auf dem Marsch befand er sich immer an der Spitze, entweder zu Pferd oder – was häufiger vorkam – zu Fuß. Er trug nichts auf dem Kopf, egal ob die Sonne schien oder ob es regnete«, schreibt Sueton.

Ein paar Helvetier aus der heutigen Schweiz boten Caesar den willkommenen Anlass, den dringend benötigten Krieg vom Zaun zu brechen: Sie wollten seine Provinz Gallia Narbonensis durchqueren, hätten also die Grenze des Römischen Reiches verletzt. Caesar trieb sie mit seinen Legionen zurück. Alsbald zog er gegen die Germanen, die sich, wie er behauptete, über den Rhein nach Gallien gewagt hatten. Auch sie warf er zurück. Dann rückte er gegen die Belger vor, welche er das tapferste Volk unter den Galliern nannte.

Sein Kampf gegen die Germanenstämme der Usipeter und Tenkterer soll 430 000 Menschen das Leben gekostet haben. Die Metzelei gilt manchen Historikern als ein frühes Beispiel von Völkermord. Mehrfach stieß Caesar auch über den Kanal nach Britannien und über den Rhein nach Germanien vor. Diese Attacken mehrten seinen Ruhm und seinen Reichtum, doch zog er sich jedes Mal schnell wieder zurück.

Der schwerste Kampf brach 52 v. Chr. aus, als sich die gallischen Stämme unter dem Arvernerhäuptling Vercingetorix erhoben. Ihm gelang ein Sieg bei Gergovia (in der Nähe des heutigen Clermont-Ferrand); wenig später hingegen verlor seine Reiterei ein Scharmützel. Vercingetorix musste sich nach Alesia im heutigen Burgund zurückziehen. Dort wurde er von Legionären eingeschlossen.

Zwar rückte noch ein gallisches Entsatzheer heran, aber letztlich gelang es Caesar, die Gallier an zwei Fronten gleichzeitig zu schlagen und Alesia einzunehmen. Vercingetorix kapitulierte; der gallische Widerstand gegen die römische Hegemonie brach zusammen. Derweil wankte die Heimatfront: Das Triumvirat zerfiel. Crassus war tot, und Pompeius, dem Caesar zu mächtig geworden war, suchte den Ausgleich mit dem Senat.

Im Jahr 49 v. Chr. eilte Caesar gen Rom. Das Gros seiner Armee lag noch in Gallien und Spanien. 5000 seiner treuesten Männer hatte er dabei, als er an der Adria den Grenzfluss Rubikon überschritt. Diese Überquerung kam einem Staatsstreich gleich, denn das römische Gesetz verbot es, Truppen in die Hauptstadt zu führen – eine vorbeugende Maßnahme gegen Militärputsche.

»Der Würfel ist geworfen«, soll Caesar gesagt haben, als er den Rubikon überschritt und so den Bürgerkrieg entfachte. Sein Vormarsch auf Rom verlief ohne nennenswerte Komplikationen. Pompeius setzte sich nach Griechenland ab.

48 v. Chr. wurde Caesar erneut zum Konsul gewählt. Er stützte seine Macht auf seine Legionen, die ihm in ungewöhnlicher Treue ergeben waren. Finanziell stand ihm jedes Mittel zur Verfügung, und er konnte zahllose Günstlinge in politische Schlüsselpositionen bringen. Noch im selben Jahr schlug er Pompeius in der Schlacht bei Pharsalos, dem schrecklichsten Gemetzel des Bürgerkrieges. In Ägypten, wohin er seinen ehemaligen Verbündeten verfolgte, ließ ihm der junge Pharao Ptolemaios XIII. den Kopf des Konkurrenten überreichen.

In Alexandria soll Caesar der 21-jährigen Schwester des Königs und Mitregentin, Kleopatra, verfallen sein. Jedenfalls zeugt er mit ihr nicht nur einen Sohn, sondern mischt sich auch in Thronwirren und Machtkämpfe des Nilreiches ein. Das Abenteuer endet beinahe fatal: Schwimmend muss sich Caesar einmal vor Feinden retten. An der Seite der anmutigen Königin scheint Caesar sein strategischer Instinkt zeitweise verlassen zu haben. Doch schließlich besiegt er die Reste der Pompeianer und räumt zuvor quasi im Vorbeigehen in Kleinasien gegen den aufmüpfigen König Pharnakes auf (»Ich kam, sah und siegte«). Als er 45 v. Chr. zurück nach Rom kommt, steht er auf dem Höhepunkt seiner Macht. Im Februar 44 tritt er die Diktatur auf Lebenszeit an.

Der Senat war nun nur noch ein Schatten seiner selbst, ein Gremium, das die Beschlüsse des Diktators abnickte. Und davon gab es etliche: Caesar reformierte die Gesetze und den Kalender, auch ließ er die von Fiebermücken verseuchten Pontinischen Sümpfe trockenlegen. Seine fast unbeschränkte Macht beruhte auf offenkundig überwältigendem Charisma, auf Legionären und Senatoren, die ihm ergeben waren, auf Ämtern und Vollmachten, die er anhäufte, auf seinem gewaltigen Vermögen und nicht zuletzt auf der Verehrung, die ihm das Volk entgegenbrachte.

Einen neuen Staat aber schuf er nicht. Er begründete keine neuen Institutionen und hat Roms politische Ordnung nicht zur Monarchie umgeformt. Ob er das je vorhatte, ist bis heute umstritten. Caesar schmückte sich durchaus mit königlichen Insignien. Er saß im Triumphalornat, mit roten Schuhen und Lorbeerkranz, auf einem goldenen Thronsessel. Senatsdelegationen empfing er im Sitzen.

Doch als ihm anlässlich eines alten Fruchtbarkeits- und Reinigungsfestes, der Lupercalien, einer der nackt durch die Straßen tanzenden Priester ein königliches Diadem antrug, wies er es zurück. Der Althistoriker Martin Jehne vermutet, er habe es wohl durchaus annehmen wollen, aber erst, wenn er sicher gewesen wäre, dass das Volk ihn auch so hätte sehen wollen. Dazu aber kam es nicht mehr. Caesars Gehabe und seine gewaltige Macht riefen Verschwörer auf den Plan, alte Pompeianer genauso wie ehemalige Günstlinge. Selbst sein enger Vertrauter Marcus Iunius Brutus war unter ihnen.

Die Mörder hatten sich für die Iden des März (also den 15. 3.) verabredet. Caesar hatte eben den Senatsraum betreten. Einer der Verschwörer, Lucius Tillius Cimber, bestürmte Caesar mit der Bitte, seinen Bruder zu begnadigen. Als der ablehnte, packte Cimber Caesars Toga. »Das ist ja Gewalt«, soll Caesar ausgerufen haben. Da traf den Imperator ein erster Dolchstich am Hals. Nun hieben die Mörder von allen Seiten auf ihn ein. »Auch du, mein Sohn«, soll er Brutus zugerufen haben. Schließlich sank der mächtigste Mann der Welt zu Boden, zog mit letzter Kraft die Toga übers Gesicht und starb.

Erst jetzt zeigte sich die Schwäche des caesarischen Herrschaftssystems, aber auch die der Republik: Die Verschwörer hatten wohl gehofft, die republikanische Ordnung werde mit dem Tod des Tyrannen von selbst zurückkehren. Doch der Senat stob in Panik auseinander, das Volk zog sich zurück. Statt die Leiche durch die

Straßen zu schleifen und in den Tiber zu werfen, bereitete man Caesar ein würdiges Begräbnis.

Praktisch sofort flammte wieder der Bürgerkrieg auf zwischen Anhängern des Ermordeten und den Verschwörern. Siegreich ging daraus Gaius Octavius hervor, ein Großneffe Caesars. Er wurde nach langem Blutvergießen im Jahr 31 v. Chr. Alleinherrscher, und 27 nannte der Senat ihn Augustus, den Erhabenen. Erst unter diesem »Princeps«, der sich selbst nur »Caesar« nannte, wurde Rom dauerhaft zur Monarchie.

VORSICHT AN ÄGYPTISCHEN TAGEN

Roms Kalender war voller Feste und sehr unzuverlässig – bis Caesar aufräumte.

Von Johannes Saltzwedel

Kamen die Bauern in der frühesten Epoche Roms bei der Jahreszeiten-Berechnung mit zehn Monaten aus? Antike Gelehrte überliefern jedenfalls, erst unter König Numa oder Tarquinius Priscus seien die Monate »Ianuarius« und »Februarius« und damit ein dem Mondzyklus entsprechendes Jahr von 12 Monaten und 355 Tagen eingeführt worden. Um die über zehn Tage Unterschied zum Sonnenjahr auszugleichen, fügte man dem Februar alle zwei Jahre 22 oder 23 Tage als »Schaltmonat« an. Häufig jedoch kam die Zählung in späteren Zeiten durch Schlamperei und Sprunghaftigkeit durcheinander; Roms Kalender lief daher oft »gänzlich ins Wilde« (Theodor Mommsen).

Als Oberpriester und Diktator beendete Gaius Iulius Caesar 46 v. Chr. das Chaos. Nach Berechnungen des alexandrinischen Gelehrten Sosigenes verlängerte er die Monate auf heutiges Maß und führte das Sonnenjahr von 365 1/4 Tagen ein, sodass man nur alle vier Jahre gegen Ende Februar einen Schalttag brauchte.

Wichtig war die Regelung des Datums nicht nur für Behörden und Händler: Roms Jahreslauf wurde von so vielen Ritualferien, Festspielen, »ägyptischen Tagen« mit bösem Omen und anderen Sonderereignissen unterbrochen, dass jede Konfusion das öffentliche Leben störte. Darum gab es in Rom und anderswo »Fasti«: marmorne Tafeln mit der amtlichen Ordnung des Kalenderjahres. Die abgebildeten Bruchstücke stammen aus den »Fasti Praenes-

Bruchstücke aus dem »Fasti Praenestini«

tini«, die im latinischen Ort Praeneste gefunden wurden. Vermutlich entstand das heute in Rom gehütete Monument zur Zeit des Augustus, der wie Caesar kalendarisch verewigt worden ist: Die römischen Monate Quintilis und Sextilis wurden 44 und 8 v. Chr. zu ihren Ehren in »Iulius« und »Augustus« umbenannt.

DÄMON IM SENAT

Catilina gilt als Aufrührer schlechthin. Schon die Zeitgenossen sahen ihn als Verkörperung römischer Dekadenz.

Von Andreas Wassermann

Rarus, der Sekretär und Sklave eines gewissen Gaius Iulius Caesar, ist ein aufmerksamer Beobachter. Ihm bleiben weder die Liebesaffären seines Herrn verborgen noch dessen oft fragwürdige Geschäfte. Natürlich entgeht es ihm nicht, wenn Caesar seinen politischen Ambitionen mit dem Kauf von Wählerstimmen nachhilft. Und auch worüber andere mächtige Politiker und einflussreiche Geschäftsleute der Urbs tuscheln, verfolgt Rarus mit spitzen Ohren.

Es wird viel getratscht und geklatscht in den Wandelgängen am Forum Romanum in jenem Herbst 63 v. Chr. Die Zeiten sind unruhig, der Republik droht Gefahr von einem Populisten. Lucius Sergius Catilina, ein politisch gescheiterter, hoch verschuldeter Adliger, hat einen wilden Haufen aus Kriegsveteranen, verarmten Landbesitzern und Wutbürgern um sich geschart. Sie sollen sich schon vor den Toren Roms bewaffnet zusammengerottet haben. Putschgerüchte machen die Runde.

Rarus weiß, was die wohlhabenden Römer über Catilina denken, und notiert in seinem Tagebuch: »Der Kerl hätte nie den Zulauf, wenn die Herren vom Senat nicht wieder versuchten, die ganze asiatische Kriegsbeute, für die wir alle mit Blut und Geld gezahlt haben, ausschließlich in ihre eigenen Taschen zu leiten.«

Noch aber setzt die römische Oberschicht auf Marcus Tullius

Cicero, der erst wenige Monate zuvor zum Konsul gewählt wurde. Der Anwalt aus Latium gilt als gewiefter Taktiker und weniger korrupt als andere im Senat. Solange Cicero in Rom noch etwas zu sagen hat, so glauben Adel und Ritterstand, habe Catilina keine Chance, die Macht an sich zu reißen. Das scheint auch der Verschwörer zu ahnen. Catilina beschließt mit seinen Mitstreitern, Cicero ermorden zu lassen. Doch der Plan fliegt auf, und Cicero weiß nun, wer zum inneren Kreis der Konspiration zählt. Viele gehören oder gehörten dem Senat an. »Das ist Hochverrat, schlicht und einfach«, stellt er fest.

Zwar stammt die Szene aus »Titan«, einem historischen Politthriller des britischen Autors Robert Harris – aber so ähnlich abgespielt haben könnte sie sich durchaus. Auch Rarus (deutsch: der Seltene) ist eine fiktive Gestalt: Bertolt Brecht hat sie ersonnen für sein Romanfragment »Die Geschäfte des Herrn Julius Cäsar«. Beide Autoren haben sich weitgehend an historische Fakten und zeitgenössische Texte gehalten.

Eine der Quellen, die seit zwei Jahrtausenden das Bild der römischen Staatsaffäre geprägt hat, stammt von dem ehemaligen Politiker Gaius Sallustius Crispus, gewöhnlich knapp Sallust genannt: »De coniuratione Catilinae« zeichnet ein ernüchterndes Sittengemälde der letzten Phase der Römischen Republik. Intrigen, Ranküne und Korruption regieren auf den Hügeln am Tiber. Catilina, der mehrmals vergebens versucht hat, legal das Konsulat zu erlangen, ist für den eine Generation jüngeren Sallust die dämonische Verkörperung dieses Sittenverfalls. Nur schrieb Sallust in seinem historischen Erstling zwar abgehoben, aber nicht unparteiisch – da sind sich die Historiker heute weitgehend einig. Er wollte vor allem Caesar in gutem Licht erscheinen lassen. Cicero selbst taugt erst recht nicht als objektiver Zeuge. Seine Reden vor dem Senat, die »Orationes in Catilinam«, hat er erst drei Jahre später, aus der Erinnerung ergänzt, herausgegeben. Sie sind geschliffen formuliert und sollten seinen Ruf als brillanter Redner festigen. Zudem zeigen sie, was auch sonst, Cicero als selbstlosen Retter der Republik, nur dem Guten, Wahren und Schönen verpflichtet.

Im Palazzo Madama, dem Sitz des italienischen Senats, sind mehrere Wandfresken des Historienmalers Cesare Maccari zu sehen. Das berühmteste stammt von 1888 und trägt den Titel »Cicero klagt Catilina an«. Es zeigt eine Schlüsselszene der antiken Politaffäre, und zwar so, dass es wohl auch dem selbstbewussten Konsul gefallen hätte. Wie ein Impresario auf der Bühne steht Cicero im Zentrum der Senatsrunde, den Blick fest aufs Auditorium gerichtet, die Arme weit geöffnet. Catilina, der Beschuldigte, der Verschwörer, sitzt mit gesenktem Kopf am rechten Bildrand, argwöhnisch und verachtungsvoll beobachtet von den anderen Senatoren.

Es ist der 7. November 63 v. Chr. Mit der Anwesenheit Catilinas hatte kaum einer gerechnet. Schließlich hatte man wenige Wochen zuvor den Ausnahmezustand verhängt und Cicero freie Hand bei der Verfolgung der Verschwörer gelassen. Der Konsul, so legt es zumindest seine überlieferte Rede nahe, ist angriffslustig: »Wie lange noch, Catilina, wirst du unsere Geduld missbrauchen?« Dann berichtet er von den Attentatsplänen. Und es fällt jene Bemerkung, die noch heute selbst Menschen geläufig ist, die nie von der Verschwörung des Catilina gehört haben: »O tempora, o mores« – »Was für Zeiten, was für Sitten!«

Catilina dementiert, dass er in vermeintliche Mordpläne eingeweiht sei oder sie gar ausgeheckt habe. Doch die Stimmung im Senat ist gegen ihn. Er zieht es vor, Rom zu verlassen, gibt seine Umsturzpläne aber nicht auf. Als Konsul hätte Cicero seinen Widersacher noch an Ort und Stelle verhaften lassen können. Doch er verzichtet auf die Machtdemonstration, wohl wissend oder zumindest ahnend, dass unter den Senatoren, die ihm gerade noch Beifall zollen, einige mit den Verschwörern sympathisieren oder zumindest in der Vergangenheit sympathisiert haben.

Denn Catilina hatte die Römer mit einem recht simplen Programm geködert, das auch für etliche Politiker attraktiv war: Allen Anhängern wollte er nach der Machtübernahme die privaten Schulden erlassen. Auch mancher Senator hatte sein Wohlleben fast vollständig auf Pump finanziert. Orgien, Geliebte, die Villa auf dem Land und nicht zuletzt der damals verbreitete Stimmenkauf verschlangen Unsummen; das trieb selbst jene Politiker, die zuvor Provinzen hatten ausplündern dürfen, irgendwann zum Geldverleiher.

Außerdem nutzen einige die unübersichtliche Lage, um ihre eigene Position zu stärken. Allen voran Caesar, der in der Causa Catilina taktiert: Mal setzt er sich für den Aufrührer ein, mal spricht er gegen ihn, wie es gerade opportun erscheint. »Es war unschwer zu erkennen, dass Caesar mehr und mehr eine selbstständige Rolle zu spielen gedachte«, urteilt der Althistoriker Karl Christ in seiner magistralen Abhandlung zu »Krise und Untergang der Römischen Republik«.

Nach Catilinas Rückzug aus Rom fällt es Cicero schwer, das Bedrohungsszenario aufrechtzuerhalten. Doch dann gelangt der Konsul in den Besitz kompromittierender Briefe, die Beweise für einen drohenden Staatsstreich liefern. Am 3. Dezember 63 v. Chr. werden fünf Spießgesellen Catilinas, die sich noch in Rom aufhalten, verhaftet, zwei Tage später nach einigem Hin und Her im Senat schließlich zum Tode verurteilt und kurz darauf im Kerker erdrosselt.

Catilina selbst hingegen, der nun offen auf Gewalt setzt und von Etrurien aus sein Putschistenheer gegen Rom führen will, wird im Januar 62 v. Chr. bei Pistoria (heute Pistoia) von Regierungstruppen gestellt und stirbt auf dem Schlachtfeld. Dieses Ende versöhnt dann auch wieder den Chronisten Sallust: »Eingedenk seiner Herkunft und seiner früheren Stellung stürzt er sich mitten in das dichteste Getümmel der Feinde und wird dort kämpfend durchbohrt.«

Auch Cicero durfte vorerst zufrieden sein: Er konnte sich rühmen, die Republik vor höchster Gefahr bewahrt zu haben. So ist Catilina sprichwörtlich geworden als Inbegriff des Aufrührers und finsteren Revoluzzers.

BEGNADETER SCHMUDDELFINK

Er war radikal lebenshungrig und sensibel zugleich:
Bis heute verblüfft der Dichter Catull durch seine
drastischen Verse.

Von Wolfgang Höbel

Sie schwärmten von ruhelosen Nächten mit fieberkranken Huren und sanften Jünglingen, sie schmähten die angeblich mickrigen Geschlechtsteile mächtiger Männer, und auch sonst verbreiteten die jungen wilden Dichter viel Schmutz, Schrecken und eine Menge Gelächter.

In Rom schlugen Anfang der Fünfzigerjahre vor Christi Geburt ein paar Kerle mit Namen wie Calvus, Cinna oder Catull derart ungewohnte Töne an, dass man ihnen einen halb ehrenvollen Gruppennamen gab: »Neoteriker« nannte man sie, »Neuerer«. Die Gedichte und Schmähgesänge der meisten aus dieser Rasselbande sind nicht überliefert, die von Gaius Valerius Catullus aber wurden weltberühmt – er war einer der begabtesten Erotomanen der Literaturgeschichte.

Die tollsten seiner Gedichte, von denen sich viele an eine Frau namens Lesbia und an einen Gespielen namens Iuventius richten, handeln von Eifersucht, Raserei und Betrug. Sie berichten von »ausgebumsten Lenden«, aber auch von »süßen Augen«, die der Liebende »dreihunderttausendmal küssen« möchte. Sie beschweren sich über technische Kalamitäten wie ein »wackelndes Bettgestell« und so kleine Gesten wie die, mit der sich der Geliebte nach dem Kuss die Lippen abwischt, als ekle er sich vor der »schmutzigen Spucke einer vollgepissten Hure«.

Vor allem aber präsentieren Catulls Gedichte ein scheinbar superpotentes Dichterego, einen Helden, der die Typen, die seine Verse nicht so grandios finden wie er, namentlich bedroht: »Ich werde euch in den Hintern und in den Mund vögeln, dich Aurelius, du Tunte, und dich Furius, du Schwuchtel, die ihr nach dem Lesen meiner Verse urteilt, weil ihr meine Poesie lahm findet, ich sei ein lausiger Kerl.«

Erstaunlicherweise war der Dichter dieser derben Zeilen ein hochgebildeter Mann. Gaius Valerius Catullus wuchs auf als Sohn eines reichen Bürgers aus Verona und bekannte sich in vielen seiner Werke als Verehrer der griechischen Lyrikerin Sappho, des Philosophen Epikur und des hochgelehrten Dichters Kallimachos.

Catulls genaue Lebensdaten sind unklar. Wahrscheinlich wurde er um 85 v.Chr. geboren. Aus seinen eigenen Gedichten und Nachrichten über ihn aber weiß man, dass er im kleinasiatischen Bithynien um 57/56 unter dem Statthalter Memmius eine Art Militärdienst für Reichensöhnchen absolviert haben muss – und dass er wohl einen großen Teil seines Erwachsenenlebens in Rom zubrachte. Höchstwahrscheinlich wurde er nur etwa 30 Jahre alt; nach 54 gibt es kein Lebenszeichen mehr.

Der Provinzler Catull kam nach Rom in der glorreichen, aber auch politisch extrem turbulenten Zeit der späten Republik. Das Triumvirat zwischen Pompeius, Caesar und Crassus erlebte er mit, auch wie das Imperium weiter fast unablässig brutale Eroberungsfeldzüge führte und oft am Rande des Bürgerkrieges stand. Catull, in dessen Veroneser Elternhaus Caesar manchmal zu Gast gewesen sein soll, machte sich ungerührt einen Spaß daraus, Caesar und einen seiner Widersacher als »gierige Ehebrecher« zu verhöhnen oder auch als »Kampfgefährten und Rivalen bei den kleinen Mädchen«.

Wie riskant solche Unverschämtheiten waren, ist heute schwer zu beurteilen. Die sexuellen Sitten im Rom jener Zeit kennt man immerhin ziemlich genau. Die Vorstellung, die sich die römischen Bürger von der Tugend der Männlichkeit machten, darf man heute als absolut schwanzgesteuert bezeichnen: Wer sich als gestandener Mann beweisen wollte, hatte beim Sex die Rolle des Penetrierenden zu spielen – ob mit weiblichen oder männlichen Gespielen, war eher zweitrangig.

Offenbar trieben es viele Bürger Roms mit männlichen und weiblichen Sklaven, mit Prostituierten und den angeheirateten Partnern. Über die bevorzugten Sexualpraktiken waren die merkwürdigsten Gossenweisheiten im Umlauf: Blässe der Haut zum Beispiel, so berichtet die Autorin Julia Haig Gaisser in ihrem anschaulichen Buch »Catull. Dichter der Leidenschaft«, wurde einem Übermaß an Oralverkehr zugeschrieben.

Viele nachgeborene Bewunderer Catulls haben sich ein bisschen neidisch gefragt, wie reich der libidinöse Erfahrungsschatz denn wirklich war, aus dem der Dichter schöpfte. Natürlich ist das »Ich« in seinen Gedichten eine dichterische Fiktion; vielleicht hat er sich die schönsten seiner Abenteuer nur erträumt, vielleicht steckt hinter Lesbia eine ungefähr zehn Jahre ältere und anderweitig verehelichte Geliebte namens Clodia. In Wahrheit ist das alles piepegal.

Fest steht, dass der große Catull, der in einem seiner Gedichte von »schreienden Betten« schrieb, sich der Darstellung des sexuellen Vollzugs von Männern mit Frauen und Männern mit Männern mit einer heiteren Hingabe gewidmet hat wie kaum ein Dichter zuvor und seither. Zugleich jedoch hat Catull den Schmerz und die Verwirrung, die alle Herzensraserei verursacht, mit einer Zartheit beschrieben, der bis heute andere Poeten bewundernd hinterherdichten.

»Immer lästert Lesbia über mich und hält niemals den Mund: Ich will verflucht sein, wenn sie mich nicht liebt«, heißt es in einem seiner tollsten Gedichte. »Woher ich das weiß? Weil ich es genauso mache. Ständig ziehe ich über sie her, aber ich will verflucht sein, wenn ich sie nicht liebe.« Kann man die Paradoxien der Liebesblödheit schöner beschreiben?

DER BEINAHE-HERRSCHER

Siege in jeder Lage, rascher Aufstieg, brillante Strategien – all das und mehr gelang Pompeius. Dennoch gilt er als der große Unterlegene. Fehlte ihm die letzte Portion Glück?

Von Nils Minkmar

Es hätte nicht viel gefehlt, und Albert Uderzo hätte als Gegenspieler seiner weltberühmten Comic-Gallier nicht den nervösen, mageren Egozentriker mit der markanten Hakennase zeichnen müssen, sondern eine Figur, die mehr dem US-Charakterdarsteller Eli Wallach ähnelt, dessen rundes Gesicht eine ebenso runde Nase ziert wie Asterix und Obelix – Pompeius.

Das Gedankenexperiment ist aufschlussreich: Wäre Caesar schon früh dem Pompeius unterlegen, hätten sich vielleicht auch dessen Schriften nicht erhalten, sondern stattdessen die Werke des Theophanes von Mytilene. Der gebürtige Grieche – Mytilene liegt auf der Insel Lesbos – war der politische Berater des Pompeius, begleitete ihn auf wichtigen Feldzügen und wohl auch bis zu dessen Tod in Ägypten.

Doch weder ein heutiger Lateinschüler noch sonst irgendjemand lernt anhand der Sätze des Hofhistorikers aus Mytilene. Sein Werk ist, bis auf wenige Fragmente, verschollen. Was davon bekannt ist, zeugt von der nahezu religiösen Verehrung, die Theophanes dem am 29. September 106 v. Chr. geborenen Feldherrn Pompeius entgegenbrachte. In der Alten Geschichte ist die Überlieferung weder zufällig noch vernünftig, sie folgt, mehr oder weniger eng, den Strukturen der Macht. Die hätte Pompeius beinahe errungen. Beinahe hätte er seine Zeit und die damals bekannte Welt beherrscht. Aber das kleine Wörtchen beinahe wirkt wie ein schwarzes Loch: Abenteuer, Pläne, Gedanken und Erfahrungen versinken darin, übrig bleibt nur der karge Verlauf von Ereignissen und Manövern.

Das Urteil der Nachwelt über Pompeius ist geprägt von seiner Niederlage im Bürgerkrieg gegen Caesar. Er bleibt der, der sich nicht getraut hat, der im entscheidenden Augenblick sein Heer auflöste, anstatt auf Rom zu marschieren. Je nach Epoche und Gedankenwelt dessen, der Pompeius aufgrund dieser Vorgaben einzuschätzen hat, kommt entweder das Bild eines ehrwürdigen, aber letztlich gescheiterten Bewahrers der späten Republik heraus oder eben das eines Zauderers, dessen Rolle in der Geschichte sich darauf beschränkt, Antagonist des großen Caesar zu sein – der letzte kleine Mann, bevor der ganz Große die Bühne der Weltgeschichte für sich beansprucht.

Lange diente ja die Beschäftigung mit der Antike der besseren Identifizierung des Erhabenen und Großen in der Geschichte. Alexander und Caesar waren der Stoff, aus dem Vorbilder gewonnen und Legenden gewoben wurden. Doch das ist heute nicht mehr so. Historische Größe ist schon als Konzept suspekt geworden, aus guten Gründen. Allzu oft übersprang man in ihrem Namen übliche Verfahren und missachtete die Konventionen, baute Rechtsbewusstsein ab und Helden auf.

Wenn man also nicht permanent auf Caesar schielt, lohnt sich ein frischer Blick auf Pompeius durchaus. Nicht, um ihn nun zu rehabilitieren und zu behaupten, mit ihm hätte die Römische Republik überlebt, und dann wäre die Geschichte der Menschheit irgendwie günstiger verlaufen. Nicht, um nun eine bloß umgepolte Erzählung zu präsentieren, nach der Pompeius der bessere, der von der Geschichte verkannte Machthaber in Rom gewesen wäre, mit dem alles erfreulicher geworden wäre.

Nein, auf Pompeius zu schauen fasziniert einfach seiner Geschichte wegen. Es ist ein verblüffender, oft genug atemraubender Lebenslauf, voller Erfolge, Katastrophen, Abenteuer und ergreifender Fehler. Würde man von diesem Leben – das der große

Historiker Karl Christ 2004 in einer Biografie gewürdigt hat – allein das, was bis dato bekannt ist, verfilmen oder zum Gegenstand eines Romans machen, ergäbe sich eine solche Fülle an Wendungen und Spannungsbögen, dass manche Fiktion dagegen verblassen müsste.

Was wäre allein über den Vater zu erzählen! Gnaeus Pompeius senior wurde allgemein nur Strabo genannt, der Schielende. Es lässt sich, gemessen an unseren heutigen wie auch an den antiken Idealen, kaum eine grässlichere Figur denken als dieser Mann.

Zwar gelang ihm der Sprung aus seiner Heimatprovinz, rund um Picenum zwischen Apennin und Adria, zu höheren militärischen und politischen Aufgaben, ja bis in das Amt des Konsuls. Aber das wichtigste Gut der antiken Gesellschaft, Ehre, erlangte er nicht. Seinen Ruf verspielte er bald mit überbordender Grausamkeit, etwa als er die Bevölkerung der von ihm eingenommenen Stadt Asculum (heute Ascoli Piceno) zu großen Teilen hinrichten ließ.

Hinzu kam eine selbst für das alte Rom übermäßige Gier: Er ließ die in Asculum gemachte Beute nicht der Allgemeinheit, also der Staatskasse zukommen, sondern behielt sie selbst. Schon dass diese zwei Entscheidungen, die ganz gegen die antiken Ideale liefen, überliefert sind, zeugt davon, wie heftig die Zeitgenossen sie verachteten. Dazu passt, dass der Leichnam des Strabo von einer rasenden Menge von der Bahre gezogen wurde – erst in letzter Minute konnte eine weitere Schändung verhindert werden. Einen größeren Ehrverlust kennt die damalige Welt nicht.

Das Erbe des Vaters erwies sich zunächst als gehörige Last: Der Sohn musste sich im Jahr 86 v. Chr. einem Gerichtsverfahren stellen, in dem es um die Beuteunterschlagung seines Vaters ging. Es gelang ihm, wichtige Persönlichkeiten als Fürsprecher zu gewinnen, Papirius Carbo etwa und den Redner Quintus Hortensius. Auch der Vorsitzende Richter Publius Antistius war auf seiner Seite, wurde er doch bald darauf sein Schwiegervater.

Nicht viel später wurde Pompeius richtig berühmt. Der Coup war derart bemerkenswert, dass er sein ganzes weitere Leben bestimmte. Es ging um eine Schlacht: Pompeius hatte sich entschlossen, auf der Seite von Sulla zu kämpfen. Nach und nach stellte er in seiner Provinz eine eigene Legion zusammen, was man in Rom erst unterschätzte, dann aber entschieden bekämpfte.

Gleich drei Formationen wurden gegen den jungen Sulla-Anhänger in Gang gesetzt. Doch in der entscheidenden Schlacht erwies sich Pompeius zur allgemeinen Verblüffung als mutiger, sich selbst der Gefahr stellender Befehlshaber. Er griff persönlich den ersten keltischen Reiter mit der Lanze an und stieß ihn vom Pferd. Daraufhin wurden alle Reiter der regulären Truppe panisch, kehrten um – und das gab auch der Infanterie ein sicheres Zeichen, dass die Sache verloren war.

Alle drei Heere, die die Regierung in Rom gegen Pompeius losgeschickt hatte, gaben ihm den Weg frei. Nun wurde der Zulauf zum jungen Befehlshaber noch stärker. Aus seiner eigenen ersten wurden drei Legionen; für Sulla entstand eine zweite Front. Als sich die beiden dann zum ersten Mal trafen, geschah abermals etwas Unerhörtes. Plutarch berichtet, Pompeius habe seine blendend beeindruckende Truppe dem Sulla präsentiert und ihn »wie natürlich« als Imperator angeredet. Auch Sulla sei vom Pferd gesprungen, und er »begrüßte auch seinerseits den Pompeius als Imperator, da doch kein Mensch erwartet hätte, dass er einem jungen Manne, der noch nicht einmal dem Senat angehörte, diesen Titel zuteilwerden lassen würde, um den er mit Männern wie Scipio und Marius Krieg führte«.

Rasant beschleunigte sich nun die Karriere des Pompeius. Bald wurde er als Propraetor entsandt, um Sizilien aus der Hand der Sulla-Gegner zurückzugewinnen. Im Zuge dieser Operation nahm er auch den Mann gefangen, der ihn einst im Prozess wegen der Beuteunterschlagung des Vaters unterstützt hatte, Carbo. Er stand auf Sullas Proskriptionsliste weit oben. Es kam, wie es kommen musste: Der dreimalige Konsul wurde nach einem Gerichtsverfahren zum Tode verurteilt, sein Kopf Sulla zugestellt.

Niemand kann sagen, mit welchen Gefühlen Pompeius in diesem Fall agierte, ob es Alternativen gegeben hätte. Maßstäbe der

Menschlichkeit wären fehl am Platz. Die Macht des Pompeius, schon die seines Vaters, beruhte schließlich auf der Virtuosität im physischen Eliminieren von Gegnern. Der gewaltsame Tod war nicht nur Alltag und Teil der Unterhaltungsindustrie, er war in dieser wie in vielen anderen großen Familien das angestammte Handwerk.

Aber auch das antike Ideal des Maßhaltens blieb gewahrt: Zur Bilanz der Herrschaft des Pompeius über Sizilien zählt, dass er gegenüber Mitläufern und der städtischen Zivilbevölkerung Milde walten ließ. Gnadenakte sind Herrschersache – mit ihnen bewies der junge Feldherr, dass er in der ersten Liga mitzuspielen gedachte. Bald schon wurde er allenthalben »Magnus« genannt, der Große.

Sizilien und die nächste Mission in Nordafrika waren so erfolgreich, dass Pompeius bei seiner Rückkehr auf einem Triumphzug bestand. Dazu fehlten ihm zwar alle formalen Voraussetzungen. Er erhöhte aber stetig den Druck auf Sulla, der aus unklaren Motiven schließlich nachgab. Nach Plutarch soll sich Pompeius sogar zu der auch heute noch frechen, für damalige sittenstrenge Zeiten geradezu rüpelhaften Bemerkung erdreistet haben, die aufgehende Sonne verfüge nun mal über mehr Verehrer als die untergehende.

Der Triumph fand dann tatsächlich statt, am 12. März 79 v. Chr. Er prägte das öffentliche Bild des Pompeius, freilich nicht unbedingt in der erhofften Weise. Erstmals in der römischen Geschichte zog ein erst 27-jähriger Ritter als Imperator in Rom ein – aber das war ihm nicht genug. Er wollte seinen Wagen nicht durch eine Quadriga von Pferden, sondern von vier Elefanten ziehen lassen. Dafür war der Triumphbogen allerdings gar nicht breit genug. Die Maßlosigkeit im Triumph – er sollte noch zwei weitere zugesprochen bekommen – ist eines der Merkmale, die Zeitgenossen unangenehm in Erinnerung blieben.

Trotz seines immensen Ehrgeizes respektierte Pompeius stets die hergebrachte Ordnung. Spektakuläre Inszenierungen zu seinen Ehren in Rom erfreuten ihn. Seine großen Begabungen entfaltete er am besten, wenn er im Auftrag eines Mannes über ihm oder des ganzen Senats auszog. Dann konnte er unerhörte Leistungen vollbringen.

Mit der Hilfe des Metellus Pius gelang es ihm, den Krieg gegen den legendären Quintus Sertorius in Spanien zu gewinnen und dann 71 in Italien die letzten Anhänger des Rebellen Spartacus zu erledigen. Diese Aufträge zur Machtstabilisierung mit militärischen Mitteln gelangen glanzvoll. Ein zweiter Triumph wurde fällig. Im Jahr 70 wird Pompeius dann auch noch Konsul. Dazu lässt er sich, immer der fleißige Aufsteiger, von seinem Freund, dem Gelehrten Varro, ein Handbuch für das Prozedere im Senat schreiben.

Vom 16. August bis zum 1. September 70 spendiert er den Römern überdies prächtige Spiele. Schon winkt dem Mann der Stunde die nächste Mission: Krieg gegen die Seeräuber, deren zunehmende Aktivitäten sich zur Demütigung für Rom auswachsen. Den Oberbefehl gegen diese Piraten zu erhalten und sie auch zu besiegen, dann den pontischen König Mithridates zu überwinden und den Osten des Römischen Reiches neu zu ordnen – das sind Leistungen von historischem Ausmaß. Pompeius operiert keineswegs nur mit Gewalt, sondern ersinnt für die Piraten eine Art Resozialisierungspolitik, indem er sie an diversen Küsten regulär ansiedelt.

Wo auch immer in dem weiten Reich Rebellion, Chaos und kriminelle Umtriebe beklagt wurden, konnte man also auf Pompeius vertrauen, dass er mit diversen, meist aber zeittypisch brutalen Mitteln die alten Machtstrukturen neu sicherte.

Man kann sich heute kaum konkret vorstellen, welches Geschick unter damaligen Gegebenheiten notwendig war, militärische Aktionen zu koordinieren und die dazu notwendige Logistik zu meistern. Wie war es überhaupt zu schaffen, das Meer gegen Piraterie zu sichern, wo dies heute, mit Radaren, Helikoptern und GPS-Peilungen kaum gelingt? Pompeius beherrschte diese sehr komplexen Prozesse. Man erführe gern mehr darüber, wie sein Alltag aussah, woher er Informationen bezog und wie er seine diversen Mittel einschätzte. Historiker hat dergleichen lange nicht interessiert. Stattdessen haben sie, alles andere vernachlässigend, immer wieder eine Entscheidung des Pompeius befragt.

62 v. Chr. landet er abermals als siegreicher Feldherr in Italien. In der Hauptstadt geht es besonders chaotisch zu. Pompeius' Ruf ist immens, sein Heer unbesiegt. Und dann – schickt er die Soldaten nach Hause. Die Entscheidung wurde ihm von all jenen verübelt, die an geschichtlicher Größe in Form militärischer Machtergreifung interessiert waren. Doch nichts, außer einer kurzen Annäherung an den Alexander-Kult, deutet im Leben oder in Aussagen des Pompeius darauf hin, dass er das Ziel hegte, als Alleinherrscher in Rom zu walten. Der Beiname Magnus war ihm wichtig, ein Maximus zu werden aber nicht. Vielmehr war und blieb er auf der Suche nach Verbündeten und dann am erfolgreichsten, wenn er im Auftrag des Senats unterwegs war.

Noch etwas anderes unternahm er im Jahr 62: Er ließ sich von seiner Frau Tertia Mucia scheiden, mit der er drei Kinder hatte. Als Grund wird ein anderer Mann angegeben, der hier das Leben des Pompeius zum ersten Mal stört: Sie soll eine Liaison mit Caesar gehabt haben.

Die ganze folgende Geschichte dreht sich mehr und mehr um diesen Rivalen; auch der Fall, die Flucht und schließlich die Ermordung des Pompeius 48 in Ägypten haben mit Caesar zu tun. Historiker werden ihm vor allem dies vorwerfen: dass er nicht Caesar war. Welch ein Irrweg.

Nur wer solch trügerische Denkmuster aufgibt, beginnt zu ermessen, welches Talent in der Antike zur Entfaltung kommen konnte, welche Grausamkeit im Herzen der Kultur blühte und welch immense Fülle an Geschichten diese Epoche noch zu erzählen hat – nicht nur über Pompeius.

AM STRAND DER VENUS

Das luxuriöse Seebad Baiae war eine Art
Saint-Tropez der Antike.

Von Nils Klawitter

Toll mögen es die alten Römer damals schon in ihrer Hauptstadt am Tiber getrieben haben. Gegen den Badeort Baiae allerdings verblasste selbst die Metropole. Der verruchte Nobelkurort lag auf einer Landzunge am Golf von Neapel, kaum zwölf Stunden Seefahrt von Rom entfernt. Seit Ende des 2. Jahrhunderts v. Chr. entwickelte sich das Städtchen, in dessen Schwefelquellen sich bis dato nur Kranke Heilung erhofft hatten, zum Tummelplatz der römischen High Society. Es wurde ein Magnet für Touristen, eine Art Saint-Tropez der Antike.

Für viele römische Edelhuren sei der Saisonbeginn im März der Moment gewesen, die Geschäfte nach Baiae zu verlagern, schrieb zu Zeiten Kaiser Neros der Moralist Seneca. Der Ort, hielt der Poet Ovid kurz vor Christi Geburt in seiner »Liebeskunst« fest, sei ein ertragreicher »Jagdgrund«.

Imperialer Reichtum war hier im Übermaß zu bestaunen: Prachtvillen mit diversen Pools und Muränenteichen zogen sich die felsigen Hügel entlang. Je komplizierter die Lage, desto besser: Selbst in den Berg wurde gebaut und, auf Dämmen, ins offene Meer hinaus.

Laut dem Dichter Horaz fand sich kein anmutigerer Ort auf der Welt: Baiae profitierte vom milden Klima der Region (das allerdings auch den Malariamücken gut bekam). Hauptattraktion waren die heißen Quellen in der vulkanisch aktiven Gegend.

Manche sollen gestunken haben wie Pesthauch. Die Bewohner hielten das sprudelnde Heißwasser für Gigantenwunden, die Grotten galten als Tor zur Unterwelt.

Schon im Jahr 176 v. Chr. war Konsul Gnaeus Cornelius Scipio Hispallus nach einem Sturz in die schwefeldampfhaltige Gegend gereist. Eigentlich hatte er sich im benachbarten Cumae Linderung erhofft. Diesen Hafenort hatten Griechen an der Westseite der Halbinsel angelegt. Dann verirrte Cornelius sich zwei gute Meilen weiter südöstlich nach Baiae.

Zwar verhalf ihm der Abstecher nicht zur Heilung – aber geschäftstüchtige Ärzte und Fremdenverkehrsspezialisten sorgten bald dafür, dass die neu erschlossenen Schwefelbäder den Ruf erlangten, auch noch »die langwierigste Krankheit aus dem Körper vertreiben« zu können, wie der augusteische Architekturspezialist Vitruv schrieb. Die Liste möglicher Kuren umfasste Thermalwassertinkturen, Schlammpackungen oder Gymnastik in Salzwasser. Auch die Zähne konnte man reinigen oder den gestressten Patrizierleib von kundigen Sklaven durchkneten lassen.

Baiae boomte. Bald war der Ort, wie der Geograf Strabon berichtete, in der Größe sogar dem nahen Puteoli ebenbürtig, das damals einer der größten Häfen des Römischen Reiches war. Als einer der Ersten ließ sich Feldherr Gaius Marius (um 158 bis 86) in den Höhen mit Blick auf den Golf eine feudale Villa errichten. Staatsmänner bis hin zu Caesar, aber auch Denker und Dichter wie Varro oder Catull kamen hinzu. Cicero erwarb nahe Baiae ebenfalls ein Landgut, wo er im Jahr 44 v. Chr. ausgerechnet die Abhandlung »De officiis« (Vom rechten Handeln) schrieb. Später residierte Kaiser Nero hier; sein Nachfolger Hadrian starb 138 n. Chr. in Baiae.

Zur Grundausstattung der immensen Landsitze gehörten kunstvoll angelegte Gärten mit Myrten- und Platanenhainen und Wegen, die von gestutztem Buchsbaum eingefasst waren. Die Ferienvillen verfügten über Dutzende von Zimmern und über Privatbäder – schließlich mussten nicht nur Bedienstete unterkommen, sondern auch Gäste beherbergt werden. Meist baute man

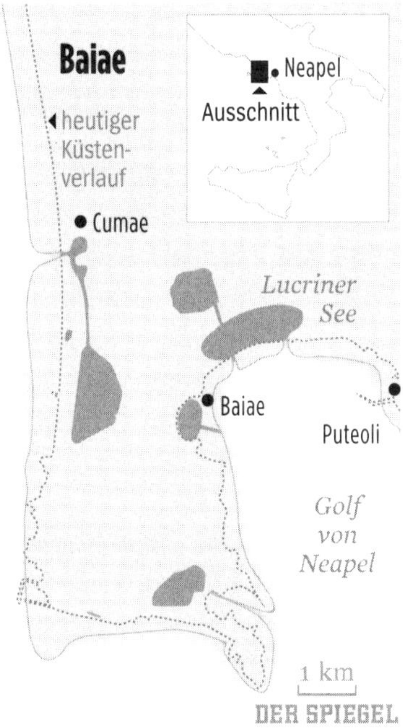

zweigeschossig, mit Sommer- und Winterbereich. Viele Räume konnten geheizt werden dank bleierner Rohrleitungen, die aus den Schwefelquellen gespeist wurden.

Gefeiert wurde aber gern im Freien. Strandfeste gehörten in Baiae zum Alltag. Man lagerte in Grüppchen an einem der beiden nahen Seen oder am »goldenen Strand der Venus«, wie der Küstenstreifen genannt wurde – auch in Anspielung auf die Vielzahl von Kurtisanen. Denn hier, schreibt der Altphilologe Karl-Wilhelm Weeber, scheinen manche der Edelprostituierten regelrecht Hof gehalten zu haben.

Von ihnen begleitet zu werden war in der römischen Welt anscheinend nicht sehr verpönt. Als der junge Politiker Marcus Caelius Rufus in Rom eines Gewaltverbrechens angeklagt war, versuchten seine Gegner, ihn als Playboy bloßzustellen. Beleg: seine Vorliebe für die »lockeren Frauenzimmer« in Baiae. Cicero als sein Verteidiger mühte sich gar nicht lange, das zu leugnen, sondern argumentierte gleich andersherum: Er hielt den Gegnern ihre Prüderie vor. Gelegentlich dürfe Lebenslust doch wohl auch einmal über die Vernunft siegen.

Laut Varro standen in Baiae allerdings nicht nur unverheiratete Frauen »zur Verfügung«, sondern auch alte, die sich wie junge gebärdeten, und Knaben, die wie Mädchen »gebraucht« werden konnten. Abends ließ sich die feine Gesellschaft in geschmückten Gondeln über die Seen fahren, Austern schlürfend und von Musikanten bespielt. Die Austernbecken des Lucriner Sees waren als Attraktion des Ortes sogar auf einer Flasche abgebildet, die eine Art Stadtplan zeigte und damals in den örtlichen Souvenirläden verkauft wurde.

Sensiblen Ohren konnte es in Baiae schnell zu laut werden. Tagsüber priesen Bader und Salber in den öffentlichen Bädern ihre Künste, abends und nachts wurde gefeiert. Nicht selten sah man Betrunkene umhertorkeln. Mit den Herren kamen auch Diener, Sklaven, Köche, Flötenspielerinnen, Tänzerinnen und Türsteher auf die Landzunge. Selbst eine Bettlerkolonie gab es in Baiae. Um die Versorgung des Volkes kümmerten sich Garküchenbesitzer, Wursthändler und Zuckerbäcker. Und alle wollten unterkommen: So gab es im teuersten Seebad Italiens jenseits der Paläste, wie Horaz erwähnt, auch dürftige Absteigen.

Wie üppig es dagegen bei den Reichen zuging, zeigt das Angebot des örtlichen Großbauern Faustinus: Auf den Foren des Ortes hielten seine Bediensteten Gänse, Pfauen, Rebhühner, Fasane und Drosseln bereit. Fleisch von Rind, Schwein, Schaf und Reh gab es ohnehin. Als Spezialität galten seine selbst gemästeten afrikanischen Perlhühner und die Zungen seiner Flamingos.

Der Abstieg Baiaes begann wie der Aufstieg: durch Mediziner. Als Kaiser Augustus an einer hartnäckigen Leberkrankheit litt, setzten ihm die fortgesetzten Schwitzbäder, durch die er Linderung erhoffte, mehr und mehr zu. Da riet ihm sein Leibarzt Antonius Musa, ein Freigelassener, zur gegenteiligen Kur: zu kalten Bädern. Augustus genas – und das sprach sich herum. Kaltwasser wurde die neue Heilmethode, Schwitzbäder kamen aus der Mode. Die Legende aber lebte fort: Als lange später vom ehemaligen Saus und Braus nur ein paar Mauerreste übrig waren, im 12. Jahrhundert, war das Kurbad dem Leibarzt von Kaiser Heinrich VI. eine Erwähnung wert. Und selbst zwei Jahrhunderte später war der Humanist Boccaccio noch fasziniert. Er sah »altes Gemäuer und doch neu für moderne Gemüter«. Nur vor einer Sache sollte man sich in Acht nehmen: Das Badeleben sei furchtbar freizügig.

EIN HELD DER PIETÄT

Roms mythischer Stammvater Aeneas wird für den Dichter Vergil zur Mahnung, sich auf die alten Tugenden zu besinnen – ein deutliches Echo der Bürgerkriegsjahrzehnte am Ende der Republik.

Von Stephan Speicher

Eine Stadt, ein Staat geht unter. Nach unendlichen Opfern entsteht aus seiner Tradition ein neuer Staat, größer, mächtiger, fester als der alte. So könnte man den Erzählbogen der »Aeneis« zusammenfassen, die bis ins 18. Jahrhundert das wirkungsmächtigste Werk der europäischen Literatur war. Und so hat wahrscheinlich ihr Schöpfer, der Dichter Vergil, auch seine eigene Zeit erlebt.

Im Jahr 70 v. Chr. wurde er in die lang gezogene Epoche der Bürgerkriege geboren. Als er 19 v. Chr. starb, war der alte Staat dahin. Augustus hatte Rom eine neue Form gegeben, den Prinzipat. Immerhin, es herrschte Frieden. Später, unter Kaiser Trajan, sollte der Historiker Tacitus den Frieden des Augustus einen blutigen nennen und bitter über die Knechtsgesinnung dieser Zeit sprechen. Aber die Jungen hätten ja nichts anderes gekannt, die meisten Alten seien zwischen den Bürgerkriegen geboren worden: »Wie wenige hatten die Republik noch gesehen!«

Vergil gehörte zu denen, die Tacitus im Blick hatte. Zwischen den Bürgerkriegen geboren, erlebte er die Krämpfe der sterbenden Republik, die militarisierte Politik, den Terror, die Enteignungen. Als nach dem Tod Caesars dessen Adoptivsohn Octavian, der spätere Kaiser Augustus, sich mit Marcus Antonius und Lepidus zum 2. Triumvirat zusammentat, da setzten Verfolgungen ein, denen

300 Senatoren und 2000 Ritter zum Opfer fielen; das schlug eine riesige blutige Schneise in die Führungsschicht. Und dann kamen die Enteignungen.

Die großen Heere verlangten nicht nur Löhnung; Veteranen hatten Anspruch auf eine Abfindung in Form eines kleinen Bauernguts. Das Land dafür wurde durch großflächige Enteignungen gewonnen. Auch Vergils Vater war betroffen. Dass dem Sohn der Schaden wiedergutgemacht wurde, möglicherweise durch einen Wink des Octavian selbst, hat ihn mit ewiger Dankbarkeit erfüllt. Man muss sich dabei vor Augen halten, dass in Rom der freie Mann von Ansehen mit und auf seinem Eigentum lebte. Etwas wie eine respektable Angestelltenexistenz kannte die Alte Welt nicht. Wer sein Eigentum verlor, steckte mit einem Schlag im Elend.

In seinen Hirtengedichten, den Bucolica oder Eklogen, ist Vergil darauf eingegangen, hat das Glück dessen, der sein Gütchen bewahren konnte, dem tiefen Schmerz des Enteigneten gegenübergestellt. Die vierte, berühmteste Ekloge sieht dann ein neues goldenes Zeitalter heraufziehen, eines des Friedens und der Fülle. Von einer Jungfrau ist die Rede, einem Kind aus himmlischer Höhe, dem Ende der Schlange – kein Wunder, dass die Christen hier eine Vorahnung der Geburt ihres Erlösers sahen (und in Vergil eine der Natur nach christliche Seele). Das ist das Gedicht gewiss nicht. Aber es ist Ausdruck einer Hoffnung auf Welterneuerung, die weit verbreitet war und sich jetzt an die neue politische Konstellation knüpfte.

Entstanden ist es vermutlich nach dem Vertrag von Brundisium, in dem 40 v. Chr. Octavian und Antonius sich nach ersten Konflikten noch einmal geeinigt hatten. Das flößte manchem Hoffnung ein; die allgemeine Weltuntergangsstimmung lichtete sich für den Moment. Tatsächlich flammte die Rivalität der Machthaber bald wieder auf; ausgekämpft war sie erst 31 v. Chr. in der Seeschlacht von Actium. Erst damit erfüllte sich die allzu oft enttäuschte Sehnsucht nach einem Ende der Kriege, in denen, wie Vergil dichtete, Sicheln zu Schwertern geschmiedet werden und »niemand mehr den Pflug ehrt«.

Als Vergil sich an sein letztes und bedeutendstes Werk, die »Aeneis«, machte, war der Bürgerkrieg entschieden. Nach langen Jahren voll Gewalt und Unrecht musste das neue Regiment die Bürger gewinnen. Die Propagandainitiative, die nun in Gang gesetzt wurde, war in der antiken Welt beispiellos. Für die großen Herren – auf die kam es an, sie mussten ihren traditionellen Einfluss aufgeben – spielte Literatur dabei eine maßgebliche Rolle.

Das galt erst recht für ein Werk, das den Aeneas-Mythos aufgriff. Aeneas war einer der Helden Troias gewesen. Aus der untergehenden Stadt hatte er sich mit Vater und Sohn gerettet, um nach langer Irrfahrt in Italien zu landen und der Stammvater der Römer zu werden.

»Solche Mühen kostete es, das römische Volk zu gründen«, heißt es in den ersten Versen; die Zeitgenossen werden es auch auf die Begründung der neuen Herrschaft bezogen haben. Aus der Vorzeit des Mythos wird bei Gelegenheit auf einzelne Ereignisse der jüngsten Geschichte vorausgeschaut, aber das ist nicht entscheidend. Zum Werk der augusteischen Epoche machen die »Aeneis« ihre grundsätzlichen Überzeugungen von der Natur guter Politik, guter römischer Politik.

Immer wieder hebt Vergil die Pietas (Frömmigkeit) des Aeneas hervor. Pietas ist es, was Augustus für sich proklamiert und dem Volk verordnet: Pflege der überkommenen Religion, Wiederherstellung der Tempel, Achtung des Willens der Götter. »Weil du dich den Göttern unterwirfst, darum herrschst du«, heißt es bei Horaz. Diesen aktuellen Geist der Restauration oder Orthodoxie predigt das Epos geradezu. Es handelt von der Vorgeschichte eines Staates. Wo es um Herrschaft und um Freiheit gehen könnte, spielt Freiheit die geringere Rolle – auch wenn in der Vorausschau auf die römische Geschichte der erste Konsul Brutus gerühmt wird, »um der schönen Freiheit willen«. Aber im Übrigen ist es die Herrschaft, für die die Römer leben.

Schon im ersten Buch sagt Jupiter von der kommenden Größe des römischen Volkes: »Herrschaft ohne Ende habe ich ihm bestimmt.« Später, im 6. Buch, darf Aeneas seinen Vater in der

Unterwelt aufsuchen, und dieser ermöglicht ihm einen Blick in die Zukunft. Über die historische Aufgabe Roms heißt es dort: Andere Völker mögen in Kunst und Wissenschaft hervorragen. »Du, Römer, gedenke, die Völker kraft Amtes zu lenken – das sind deine Künste –, Frieden und Gesetz zu schaffen, Unterworfene zu schonen und Hochmütige niederzuwerfen.« Friede ist jetzt (anders als noch in Vergils Hirtengedichten) kein gefährdetes Idyll mehr, sondern ein Rechtszustand, herbeigeführt von einer überlegenen, ordnenden Macht, von Rom. Und von Augustus, der es verstanden hatte, Roms Friedensregiment mit seiner eigenen Herrschaft zusammenfließen zu lassen.

Es ist der – politisch wie ästhetisch – heikle Zug der »Aeneis«, dass in ihr von allem Anfang an durch Prophezeiungen und Zeichen das gute Ende schon festgelegt ist: die Weltherrschaft Roms und Italiens (auf die Einbeziehung der italischen Völker legt der vergilische Held Aeneas den größten Wert, wie später dann Augustus). So erscheint auch Aeneas vorbestimmt, ja fremdbestimmt, als Funktionär eines Auftrags, marmorn, innerlich erstarrt und ohne ein Verhältnis zu sich selbst. Damit passt er zur Person des Augustus, der seinerseits eine ziemlich lederne Natur gewesen sein muss, flexibler als der Marmormann Aeneas, doch ähnlich trocken.

Ausgerechnet in den allerletzten Versen aber zeigt sich etwas Rätselhaftes. Aeneas kämpft mit seinem Gegner Turnus, bezwingt ihn selbstverständlich, Turnus ergibt sich. Doch Aeneas lässt sich nicht erweichen, nimmt Rache für einen Gefährten – wie Achill für Patroklos – und tötet den Unterworfenen. Ist das gerechtfertigt als Akt der Pietät? Auch Octavian hatte Rache für die Ermordung Caesars als Pflicht der Pietät ausgegeben. Oder wollte Vergil, nachdem er so viel über die Legitimation seines Helden und seines Landes gesprochen hatte, schließlich doch einen Hinweis geben, unter welchen Kosten der Aufstieg Roms und der des Augustus gelungen war?

Indizien wie dieses heben Vergils Werk über die politische Allegorie empor; sie beweisen, wie tief der Dichter über das Ende der Republik und das Schicksal seines Volkes nachgedacht hat.

ANHANG

CHRONIK

Roms Frühzeit	Die antike Welt
vor 900 Spuren von Siedlungen auf dem Palatin-Hügel deuten auf die allmähliche Verdichtung der Einwohnerschaft im Gebiet des späteren Roms hin.	
753 Der 21. April gilt als offizielle Gründung der Stadt. Der Universalgelehrte Varro schrieb sie im 1. Jh. v. Chr. fest; man zählte Kalenderjahre »seit Gründung der Stadt«.	**776** Mit der ersten Aufzeichnung von Siegern in Olympia beginnt traditionell die im griechischen Sprachraum lange verbreitete Zählung der Jahre nach Olympiaden.
um 600 Nach der Trockenlegung entstehen auf dem späteren Forum Romanum ein Ort für Volksversammlungen (Comitium) und die Regia (Amtssitz des Königs).	**um 620** Siedler aus der Achaier-Kolonie Sybaris am Golf von Tarent gründen südlich von Neapel die bis heute für ihre Tempelruinen berühmte Kolonie Poseidonia (Paestum).

	612 Die Herrscher von Medien und Babylonien besiegeln den Fall des Assyrischen Reiches, indem sie dessen legendäre Hauptstadt Ninive einnehmen und zerstören.
509 Traditionelles Datum für die Vertreibung des letzten Königs und die Gründung der Republik. Heute gilt die Zeit zwischen 480 und 470 als plausiblere Datierung.	**510** Athens letzter Tyrann Hippias wird vertrieben; mit den Verfassungsreformen des Kleisthenes festigt sich in den folgenden Jahren die demokratische Staatsordnung.
um 450 Erstmals werden vorwiegend zivilrechtliche Formeln in den Zwölftafelgesetzen festgehalten und öffentlich gemacht – die Adels-Oligarchie lässt Kontrolle zu.	**490–479** In mehreren Kriegsetappen, die in der Seeschlacht bei Salamis gipfeln, gelingt es den Griechen, die Übermacht des persischen Reiches dauerhaft abzuwehren.
	431–404 Die griechischen Stadtstaaten ringen im peloponnesischen Krieg verlustreich um Vorherrschaft. Den Vorteil hat langfristig das neu erstarkende Perserreich.

396 Durch die Eroberung und Unterwerfung von Veji, der reichen Rivalin im Norden, gewinnt Rom die Oberhand gegen die alte Kultur der Etrusker.

399 Der Tod des Denkers Sokrates wird zum literarisch-geistigen Ausgangspunkt der bahnbrechenden philosophischen Werke Platons und seines Schülers Aristoteles.

390/387 Roms Niederlage gegen die Gallier und die Plünderung der Stadt werden zum traumatischen Ereignis; vermutlich danach beginnt man mit dem Bau der Servianischen Mauer.

367/366 Nach langem Ringen führt ein Kompromiss zwischen den Ständen zur endgültigen Fassung des Konsulatsprinzips: Einer der beiden Konsuln darf Plebejer sein.

359–323 Makedoniens Regent Philipp II. erobert Griechenland. Nach seiner Ermordung baut sein Sohn Alexander in gewaltigen Feldzügen die Herrschaft zum Weltreich aus.

Großmacht Rom

340–290 In nahezu jährlichen Kriegszügen gegen Latiner, Samniten, Etrusker, Umbrer und Kelten baut Rom seine Herrschaft in Italien Zug um Zug aus.

Die antike Welt

281 Nach langem Ringen sind aus dem Reich Alexanders des Großen u. a. die Teilreiche Makedonien, Ägypten und in Vorderasien das Seleukidenreich entstanden.

282–272 Mit der verlustreichen Überwindung des Griechenfürsten Pyrrhos von Epiros, der über Tarent eingedrungen war, kann sich Rom als wichtigste Macht in Italien fühlen.	**um 280** Der Burgkommandant der kleinasiatischen Metropole Pergamon, Philetairos, gründet das pergamenische Reich, das 133 durch Erbschaft an Rom übergeht.
264–241 Im 1. Punischen Krieg gegen Karthago werden Roms militärische Ressourcen und seine Ausdauer bis an die Grenzen beansprucht. 241 wird Sizilien römisch.	**um 250** Vom Südosten des Kaspischen Meeres aus erobern die skythischen Parther ein Großreich auf dem Gebiet Persiens und Mesopotamiens, das Rom jahrhundertelang widersteht.
227 Mit der Gründung der Provinzen Sizilien sowie Sardinien und Korsika beginnt das Imperium sich vom dominanten Bündnisherrn zur Kolonialmacht auszuweiten.	
218–201 Im 2. Punischen Krieg kann sich Karthagos Feldherr Hannibal jahrelang in Italien halten. Schließlich wird er überwunden und 202 bei Zama in Nordafrika besiegt.	**um 200** Der Universalgelehrte Eratosthenes von Kyrene, Leiter der Bibliothek von Alexandria, brilliert in der Erdvermessung, als Chronograf, Astronom – und als Dichter.

215–196 In zwei Kriegen gegen den makedonischen Tyrannen Philipp V. baut Rom seine Macht zügig nach Osten aus. 196 wird Griechenland für »frei« erklärt.

168 Das bereits stark geschrumpfte Makedonenreich unter König Perseus wird in der Schlacht bei Pydna von den Römern besiegt und in vier Gebiete aufgeteilt.

154–133 Verluste und Inkompetenz machen den Krieg um Spanien für Rom zum Dauerproblem. Erst die Einnahme der Stadt Numantia durch Scipio Aemilianus erstickt den Konflikt.

166–160 Der Aufstand des Judas Makkabäus gegen den Seleukidenherrscher Antiochos IV. und seine Nachfolger begründet eine jüdische Monarchie in hellenistischem Stil.

146 Mit der Zerstörung Korinths besiegelt Rom seine Vormacht am östlichen Mittelmeer. Im Westen signalisiert die totale Vernichtung Karthagos Roms überragende Stellung.

148 Durch den Tod seines geschickt zwischen Rom und Karthago lavierenden Herrschers Massinissa gerät das Reich der Numider in Nordafrika rasch in Abhängigkeit vom Imperium.

Republik und Diktatur	Die antike Welt
133–121 Die Brüder Tiberius und Gaius Gracchus scheitern als Volkstribunen daran, den Landbesitz gesetzlich neu zu regeln. Beide werden gelyncht.	**116** Die nordafrikanische Region Kyrene sagt sich unter König Ptolemaios Apion vom ägyptischen Reich los, fällt aber 96 nach seinem Tod an Rom und wird 74 offiziell Provinz.

113–101 Im Kampf gegen die Kimbern und Teutonen macht Rom eine klägliche Figur, bis schließlich der Feldherr Gaius Marius die germanischen Eindringlinge niederkämpft.

112 Der römisch erzogene Numider Iugurtha erobert gegen Verwandte die Hauptstadt Cirta. Erst 105 endgültig vom Imperium besiegt, wird Iugurtha Anfang 104 in Rom erdrosselt.

91–88 Ein letzter Aufstand der mit Rom assoziierten Staaten in Italien wird im Bundesgenossenkrieg niedergeschlagen – fortan gilt Roms Bürgerrecht bis an den Rubikon.

---

88 Im Marsch auf Rom usurpiert der Patrizier Sulla die Stadt und vertreibt die Anhänger des Konkurrenten Marius. Als Diktator versucht Sulla ab 82 die Senatsherrschaft zu sichern.

89–63 Der oft mit Rom aneinandergeratene Mithridates von Pontos trotzt der Weltmacht in drei Kriegen. Von Pompeius besiegt, flieht er auf die Krim und lässt sich erstechen.

---

60 Caesar und sein Rivale, der erfolgreiche Feldherr Pompeius, einigen sich über ihre Machtinteressen und schließen mit dem Finanzier Marcus Licinius Crassus das 1. Triumvirat.

64–63 Durch rigorose Militäraktionen macht Pompeius in Syrien dem Seleukidenreich ein Ende. Er zieht nach Damaskus und Jerusalem und ordnet den gesamten Osten neu.

49 Mit dem Überschreiten des Grenzflüsschens Rubikon beginnt Caesar den Bürgerkrieg. Bis 45 besiegt er die letzten Gegner und herrscht seither praktisch uneingeschränkt.

58–51 In jährlichen Feldzügen unterwirft Caesar Gallien, setzt auch nach Britannien über und führt auf einer rasch errichteten Rheinbrücke Truppen nach Germanien.

44 Eben erst zum Diktator auf Lebenszeit ernannt, wird Caesar ermordet. In den anschließenden Machtkämpfen werden Antonius und Caesars Adoptivsohn Octavian die Hauptgegner.

47 Mit massiver Unterstützung Caesars kann sich die Ptolemäerin Kleopatra in Ägypten gegen den Regentschaftsrat und ihren Bruder Ptolemaios XIII. durchsetzen.

43 Antonius, Lepidus und Octavian (später Augustus) teilen sich die Macht im kurzlebigen 2. Triumvirat. 300 Senatoren und 2000 Ritter werden für rechtlos erklärt und ermordet.

40 Der römische Senat setzt Herodes als König von Judäa ein. Er nimmt 37 mit Gaius Sosius Jerusalem ein; um 20 beginnt er den Zweiten Israelitischen Tempel um- und auszubauen.

BUCHHINWEISE

Wolfgang Blösel: Die Römische Republik. Forum und Expansion.
Verlag C. H. Beck, München 2015.
Enorm detailreich, streng quellenkritisch und auch mit Blick auf das antike Umfeld wird hier resümiert, was man gegenwärtig über Anfänge und Aufstieg des Imperiums weiß.

Filippo Coarelli: Rom. Der archäologische Führer.
Verlag Philipp von Zabern, Mainz 2013.
Die seit Jahrzehnten bewährte Darstellung gliedert die Vielfalt der Ruinen und Funde so übersichtlich, dass man eine Stadtführung zu erleben meint.

Tom Holland: Rubikon.
Verlag Klett-Cotta, Stuttgart 2015.
Quellennah und packend stellt der britische Erfolgsautor die großen Akteure der ausgehenden Republik und ihre Machtkämpfe dar.

Martin Jehne: Die römische Republik.
Verlag C. H. Beck, München 2013.
Souverän, ja mitunter witzig erzählt der renommierte Dresdner Althistoriker vom langen, steinigen Weg Roms zur Großmacht – und analysiert danach den beunruhigend raschen Zusammenbruch der republikanischen Machtbalance.

Florian S. Knauß, Jörg Gebauer (Hrsg.): Die Etrusker. Von Villanova bis Rom.
Nünnerich-Asmus Verlag, Mainz 2015.
Der opulente, reich bebilderte Katalogband zur Ausstellung in der Münchner Antikensammlung (bis 17. Juli 2016) präsentiert die faszi-

nierende Kultur vor und neben dem frühen Rom in allen Details, die sich bisher enträtseln ließen.

Robert Maier: Römisches Kochbuch. Rezepte für die moderne Küche.
Reclam Verlag, Stuttgart 2015.
Vom Tischwein über Eingemachtes, Vor- und Hauptgerichte bis zur süßen Leckerei: Die nach antiken Quellen zusammengestellten Menüs sind auf ihre Schmackhaftigkeit getestet.

Theodor Mommsen: Römische Geschichte.
Verlag Philipp von Zabern, 2 Bände, Mainz 2015.
Auch wenn das Frühwerk des großen deutschen Historikers in Einzelheiten überholt ist: Erzählschwung und politischer Scharfblick machen seine 1854/56 erschienene Darstellung bis heute zur fesselnden Lektüre.

Wilfried Stroh: Latein ist tot, es lebe Latein! Kleine Geschichte einer großen Sprache.
List Verlag, Berlin 2008.
Beispielsatt und begeisternd erzählt Deutschlands munterster Latinist vom Leben und Nachleben der wichtigsten Muttersprache Europas.

Greg Woolf: Rom. Die Biographie eines Weltreichs.
Verlag Klett-Cotta, Stuttgart 2015.
Von den Anfängen bis zum Untergang der Kaiserherrschaft porträtiert dieser ambitionierte Band das Imperium.

AUTORENVERZEICHNIS

Felix Bohr ist promovierter Historiker und war Redakteur im Deutschlandressort des SPIEGEL.

Thomas Darnstädt war Autor im Deutschlandressort des SPIEGEL.

Bigna Fink ist freie Journalistin in Berlin.

Angelika Franz ist freie Journalistin mit Schwerpunkt Archäologie und Geschichte.

Christoph Gunkel ist Autor bei SPIEGEL ONLINE.

Wolfgang Höbel ist Autor im Kulturressort des SPIEGEL.

Nils Klawitter ist Redakteur im Wirtschaftsressort des SPIEGEL.

Charlotte Klein ist Redakteurin im Deutschlandressort des SPIEGEL.

Petra Kleinau ist Redakteurin im Deutschlandressort des SPIEGEL.

Uwe Klußmann ist Redakteur bei SPIEGEL GESCHICHTE und SPIEGEL WISSEN.

Joachim Kronsbein ist Autor im Kulturressort des SPIEGEL.

Nils Minkmar ist Autor im Kulturressort des SPIEGEL.

Joachim Mohr ist Redakteur bei SPIEGEL GESCHICHTE und SPIEGEL WISSEN.

Bettina Musall ist Redakteurin bei SPIEGEL GESCHICHTE und SPIEGEL WISSEN.

Dietmar Pieper ist Leiter der Reihen SPIEGEL GESCHICHTE und SPIEGEL WISSEN.

Norbert F. Pötzl war stellvertretender Ressortleiter bei SPIEGEL GESCHICHTE und SPIEGEL WISSEN.

Jan Puhl ist Redakteur im Auslandsressort des SPIEGEL.

Johannes Saltzwedel ist Redakteur bei SPIEGEL GESCHICHTE und SPIEGEL WISSEN.

Eva-Maria Schnurr ist Redakteurin bei SPIEGEL GESCHICHTE und SPIEGEL WISSEN.

Mathias Schreiber war Autor im Kulturressort des SPIEGEL.

Michael Sontheimer ist Redakteur im Deutschlandressort beim SPIEGEL in Berlin.

Stephan Speicher ist freier Journalist mit Schwerpunkt Geschichte.

Katharina Stegelmann ist Redakteurin im Kulturressort des SPIEGEL.

Wilfried Stroh war Professor am Institut der Klassischen Philologie der Universität München und ist einer der besten Kenner der Werke Ciceros.

Andreas Ulrich ist Redakteur im Deutschlandressort des SPIEGEL.

Marc von Lüpke ist freiberuflicher Journalist und Historiker in Hamburg.

Andreas Wassermann ist Redakteur im Deutschlandressort des SPIEGEL in Berlin.

Susanne Weingarten ist stellvertretende Ressortleiterin bei SPIEGEL GESCHICHTE und SPIEGEL WISSEN.

Christian Wüst ist Redakteur im Wissenschaftsressort des SPIEGEL.

DANK

Entstehen konnte dieser Band nur, weil viele kluge und sorgsame Kollegen die Autoren unterstützt haben. Das von Dr. Hauke Janssen geleitete SPIEGEL-Dokumentationsteam prüfte alle Beiträge gewohnt sicher und umsichtig auf sachliche Richtigkeit; beteiligt waren Jörg-Hinrich Ahrens, Ulrich Booms, Viola Broecker, Dr. Heiko Buschke, Andrea Curtaz-Wilkens, Johannes Eltzschig, Johannes Erasmus, Klaus Falkenberg, Cordelia Freiwald, Dr. André Geicke, Silke Geister, Tobias Kaiser, Ulrich Klötzer, Dr. Walter Lehmann-Wiesner, Rainer Lübbert, Dr. Petra Ludwig, Sonja Maaß, Nadine Markwaldt-Buchhorn, Tobias Mulot, Margret Nitsche, Sandra Öfner, Thorsten Oltmer, Thomas Riedel, Marko Scharlow, Rolf G. Schierhorn, Dr. Regina Schlüter-Ahrens, Dr. Claudia Stodte, Stefan Storz, Rainer Szimm, Anika Zeller und Malte Zeller. Schnell und findig besorgten die Bibliothekare Johanna Bartikowski und Heiko Paulsen die umfangreiche Fachliteratur.

Karten und Grafiken gestalteten Martin Brinker, Ludger Bollen, Max Heber, Cornelia Pfauter, Julia Saur und Michael Walter; Thomas Hammer bereitete sie für dieses Buch auf. Claus-Dieter Schmidt besorgte die Bildauswahl, Britta Krüger kümmerte sich um die Bildrechte. In der Schlussredaktion prüften Lutz Diedrichs, Reimer Nagel und Tapio Sirkka den Text noch einmal auf Stimmigkeit. Elke Mohr im Sekretariat sorgte für den reibungslosen Ablauf.

Eva Profousová beim SPIEGEL und Katharina Reinartz bei der DVA haben das gesamte Buchprojekt betreut; für die Herstellung war Andrea Mogwitz verantwortlich. Ihnen allen gilt unser herzlicher Dank für die wie immer reibungslos gute Zusammenarbeit.

Hamburg, im Frühjahr 2016

Dietmar Pieper
Johannes Saltzwedel

PERSONENREGISTER

Kursive Ziffern verweisen auf Abbildungen.

Am Mittelpunkt der Macht

Eine Talsenke nahe dem Kapitol war die Bühne, von der aus ein Weltreich regiert wurde: Hier entstand das legendäre Forum Romanum.

Chronik des Forums Entstehung der republikanischen Bauten

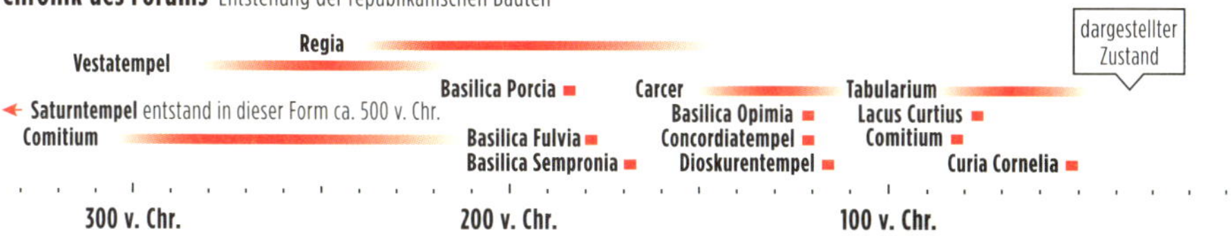

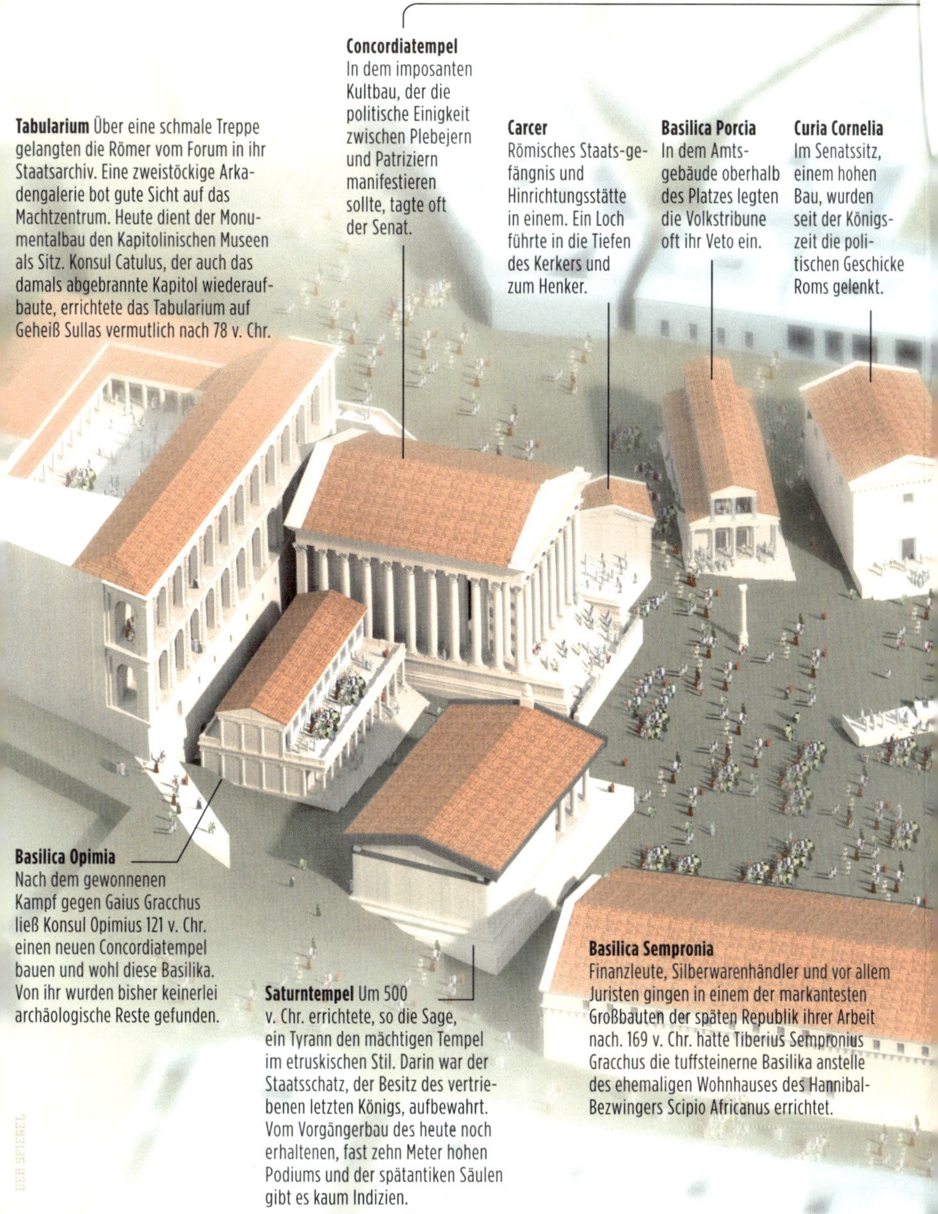

Concordiatempel In dem imposanten Kultbau, der die politische Einigkeit zwischen Plebejern und Patriziern manifestieren sollte, tagte oft der Senat.

Tabularium Über eine schmale Treppe gelangten die Römer vom Forum in ihr Staatsarchiv. Eine zweistöckige Arkadengalerie bot gute Sicht auf das Machtzentrum. Heute dient der Monumentalbau den Kapitolinischen Museen als Sitz. Konsul Catulus, der auch das damals abgebrannte Kapitol wiederaufbaute, errichtete das Tabularium auf Geheiß Sullas vermutlich nach 78 v. Chr.

Carcer Römisches Staats-gefängnis und Hinrichtungsstätte in einem. Ein Loch führte in die Tiefen des Kerkers und zum Henker.

Basilica Porcia In dem Amtsgebäude oberhalb des Platzes legten die Volkstribune oft ihr Veto ein.

Curia Cornelia Im Senatssitz, einem hohen Bau, wurden seit der Königszeit die politischen Geschicke Roms gelenkt.

Basilica Opimia Nach dem gewonnenen Kampf gegen Gaius Gracchus ließ Konsul Opimius 121 v. Chr. einen neuen Concordiatempel bauen und wohl diese Basilika. Von ihr wurden bisher keinerlei archäologische Reste gefunden.

Saturntempel Um 500 v. Chr. errichtete, so die Sage, ein Tyrann den mächtigen Tempel im etruskischen Stil. Darin war der Staatsschatz, der Besitz des vertriebenen letzten Königs, aufbewahrt. Vom Vorgängerbau des heute noch erhaltenen, fast zehn Meter hohen Podiums und der spätantiken Säulen gibt es kaum Indizien.

Basilica Sempronia Finanzleute, Silberwarenhändler und vor allem Juristen gingen in einem der markantesten Großbauten der späten Republik ihrer Arbeit nach. 169 v. Chr. hatte Tiberius Sempronius Gracchus die tuffsteinerne Basilika anstelle des ehemaligen Wohnhauses des Hannibal-Bezwingers Scipio Africanus errichtet.

Visualisierung: digitales forum romanum, Projektleitung: **Susanne Muth,** 3-D-Visualisierung: **Armin Müller.** Weitere Informationen zum Forum Romanum: **www.digitales-forum-romanum.de**